“八五”
普法
LAW

不可不懂法

公民必备法律常识

第2版

严威◎著

中国法制出版社
CHINA LEGAL PUBLISHING HOUSE

推荐序一

法律究竟应该制定给谁看？是普通民众，还是法律专家？这是中国立法过程中始终存在的争议。一些人认为，法律应当通俗易懂，因为法律是民众的行为准则；另一些人则认为，法律必须高度技术化，否则无法保证其科学性。前一种观点曾一度占据上风，以至于全国人大代表在审议法案时，“晦涩难懂”曾经成为重要的批评意见。但渐渐地，人们开始认可法律应当“专业化”而非“大众化”，措辞严谨的法律条文、刻板庄重的诉讼程序和充满被称为“法言法语”的奇怪表达的判决书，开始成为人们越来越接受和适应的日常生活的一部分。

事实上，在改革开放以前的中国，人们相互之间所发生的绝大多数利益冲突，主要是通过生活习惯或者伦理道德去解决的。但到了现代社会，随着个人财产的增加和财产利用方式以及交易方式的多样化，随着婚姻家庭观念的改变和就业方式的多样化，尤其是伴随人们私权意识的不断强化，人们相互之间的利益冲突不能不更多地借助于诉讼来了结。而面对纷繁复杂的各种社会关系，法律所确定的各种用以裁判纠纷所依据的规则，就不能不予以整体考量，不能不对生活中有可能发生的各种事实进行抽象和整理，然后用法律上的各种专门词汇予以更为精确的表达。这就是法律必须走向专业化而非大众化的原因。打个比方：法官判案犹如医生看病，法律差不多就等同于提供给医生的治疗方案。而普通民众对那些专业的医疗书籍似懂非懂，显然没有什么好奇怪的。

但法官虽然类似于医生，法律却并不等同于医学。法律来源于实际生活常识，来源于人们的公平正义理念，经过技术处理的法律表达，完全可以经过通俗的说明而为民众所理解和掌握。此项工作毫无疑问具有重大的意义：很多普通百姓家庭的书架上都摆放着的疾病防治通俗读物，不知道维护了多少人的身体健康乃至拯救了多少生命，而如果中国人民人手一册实用方便的法律通俗百科全书，则中国和谐社会的建成，不知道又会提前多少年。

为此，我不仅要向大家推荐贵州省安顺市中级人民法院的法官根据审判实践而精心写成的这本法律读物，而且要对本书作者的良苦用心和敬业精神表示钦佩。

是为序。

北京大学法学院民商法学教授　尹　田

目 录

PART 1　懂点法律常识·社会生活更明智

PART 3 懂点法律常识 · 遗产继承更顺利

PART 7　懂点法律常识·劳动工作更带劲

PART 1

懂点法律常识
社会生活更明智

人们在社会生活中必然会结成各种各样的社会关系，这些社会关系受各种不同的规范调整。可以说，民事法律关系是现代社会关系中最重要的一类，一个自然人，从出生至死亡，一个企业，从登记成立到宣布破产，无时无刻不处在各种民事法律关系中，如买卖关系、身份关系等。本章简要介绍了民法上的重要基本概念，具体法律依据为《中华人民共和国民法典》，以便读者对这些基本概念有大致的了解。

一、民事权利能力和民事行为能力

1. 完全行为能力人和限制行为能力人在法律上有哪些区别?

情景再现

小王、小张、小李三个男生从小关系就很好，不仅因为他们是同一个大院里的邻居，更巧合的是他们三个人的生日都是7月5日，基本上每年都会一起过生日，每次过生日，整个院子可热闹了，充满了欢声笑语。今年，小王19岁上了大学，小张17岁因为家境不是很好高中没念完就踏入社会挣钱养家了，小李15岁上初三。今年的生日不同往常，因为这是小王第一次离开他们所生活的城市去到外地上大学，但是生日适逢暑假，他们还是约定好一起过。与往年不同，他们今年选择不在院子里和家人一起过生日，而是三个人出去过。生日当天，小张刚好领到了工资，于是由他请客一起到烧烤店痛快地吃上一顿。但是，小李与邻桌的食客发生了口角，小张觉得小李受到了欺负，挺身而出，小王见状也冲上去，于是三人与邻桌二人大打出手。后烧烤店老板报警，警察及时出警制止了场面的恶化，邻桌二人受伤较为严重。后双方因为赔偿事宜，闹到法院。

法律分析

我国《民法典》第十七条、第十八条规定："十八周岁以上的自然人为成年人。不满十八周岁的自然人为未成年人。""成年人为完全民事行为能力人，可以独立实施民事法律行为。十六周岁以上的未成年人，以自己的劳动收入为主要生活来源的，视为完全民事行为能力人。"小王已年满18周岁，应当独立承担责任，小张虽未满18周岁，但是根据法律规定他已经以自己的劳动收入为主要生活来源，也应当独立承担责任。小李是未满18周岁的在校学生，根据《民法典》第十九条的规定，"八周岁以上的未成年人为限制民事行为能力人，实施民事法律行为由其法定代理人代理或者经其法定代理人同意、追认；但是，可以独立实施纯获利益的民事法律行为或者与其年龄、智力相适应的民事法律行为"。小李依法属于限制民事行为能力人，应由其法定代理人（父母）承担责任。法院最终判定由小王、小张以及小李的父母赔偿邻桌二人遭受的人身损害相关损失。

法官提示

我国法律关于民事行为能力主要有三种划分规定：完全民事行为能力、限制行为能力、无民事行为能力。三种不同的主体可以从事的民事活动不一样：完全民事行为能力人可以独立从事民事活动，而限制民事行为能力人只能进行与他的年龄、智力相适应的民事活动，无民事行为能力人只能由他的法定代理人代理其从事民事活动。

相关法律

《中华人民共和国民法典》

第十七条 十八周岁以上的自然人为成年人。不满十八周岁的自然人为未成年人。

第十八条 成年人为完全民事行为能力人，可以独立实施民事法律行为。

十六周岁以上的未成年人，以自己的劳动收入为主要生活来源的，视为完全民事行为能力人。

第十九条 八周岁以上的未成年人为限制民事行为能力人，实施民事法律行为由其法定代理人代理或者经其法定代理人同意、追认；但是，可以独立实施纯获利益的民事法律行为或者与其年龄、智力相适应的民事法律行为。

2. 未成年人从事哪些民事活动具有法律效力？

情景再现

小杰今年 11 岁，妈妈烧得一手好菜，小杰也长得胖乎乎的。有一天放学回家，饥肠辘辘的小杰刚到门口就闻到了家中厨房飘来的香味。妈妈已经烧好了两道他喜欢的菜——红烧肉和西红柿炒鸡蛋，妈妈还正在做他最喜欢的糖醋鱼呢。就在这时，妈妈发现家里的醋不够了，于是要小杰下楼去买瓶醋，小杰迅速买回来以后，妈妈发现买的醋是白醋不是黑醋，于是找到小卖部要求调换，但是遭到了小卖部的拒绝。妈妈称，小杰还没有成年，为限制民事行为能力人，因此买醋的行为在得不到自己追认的情况下无效，要求小卖部调换。

法律分析

我国《民法典》第十九条规定，8 周岁以上的未成年人为限制民事行为能力人，实施民事法律行为由其法定代理人代理或者经其法定代理人同意、追认；但是，可以独立实施纯获利益的民事法律行为或者与其年龄、智力相适应的民事法律行为。虽然小杰才 11 岁，但是对一个 11 岁的未成年人来说，购买醋的行为属于与其年龄、智力相适应的民事活动，理应有效，所以小杰妈妈的说法不正确。

法官提示

根据法律规定，限制民事行为能力人能够进行与他的年龄、智力相适应的民事活动，进行的民事活动是否与其年龄、智力状况相适应，可以从行为与本人生活相关联的程度、本人的智力能否理解其行为，并预见相应的行为后果，以及行为标的数额等方面认定。

相关法律

《中华人民共和国民法典》

第十九条 八周岁以上的未成年人为限制民事行为能力人，实施民事法律行为由其法定代理人代理或者经其法定代理人同意、追认；但是，可以独立实施纯获利益的民事法律行为或者与其年龄、智力相适应的民事法律行为。

3. 未成年人从事哪些民事活动在法律上是无效的？

情景再现

小菡今年 7 岁，妈妈平时会把私房钱藏在床头柜的台灯座里面，妈妈的这个小秘密被小菡无意中知道了。有一天，父母不在家，小菡独自一人在家看电视，当地电视台正播放电视购物，刚好是小菡最喜欢的迪士尼玩具系列，于是她拨通了电视购物的电话。小菡装着妈妈的声音有模有样地订购了这套售价 1888 元的玩具套装，一个小时后，货送到了，小菡从台灯座里拿出了 2000 元钱支付了货款，并说妈妈在洗手间，是妈妈打电话帮她购买的。妈妈回来后知道了这件事，找到商家要求退货。妈妈称，小菡是未满8周岁的未成年人，为无民事行为能力人，因此订购玩具的行为在得不到自己追认的情况下无效，要求商家退钱，但遭到了商家的拒绝，于是起诉到法院。

法律分析

我国《民法典》第二十条规定："不满八周岁的未成年人为无民事行为能力人，由其法定代理人代理实施民事法律行为。"小菡才7岁，依法属于无民事行为能力人，其购买价值1888元玩具的行为在得不到法定代理人即父母追认的情况下，购买行为无效。最终法院判决小菡的购买行为无效，商家为小菡妈妈办理了退货。

法官提示

根据法律规定，无民事行为能力是指完全不具有以自己的行为从事民事活动以取得民事权利和承担民事义务的资格。不满8周岁的未成年人，由于年龄太小，判断能力较弱，还不能独立进行民事活动。从保护他们的利益和保障社会秩序出发，法律不赋予他们民事行为能力。小菡才7岁，对于购买1888元玩具的行为不能独立进行，所以法院依法判定此行为无效。

相关法律

《中华人民共和国民法典》

第二十条　不满八周岁的未成年人为无民事行为能力人，由其法定代理人代理实施民事法律行为。

二、监护

1. 未成年人的法定监护人和指定监护人有哪些区别？

情景再现

小建和小刚是邻居，两人的父母都在一个化工厂上班。两人同岁，今年都满15岁了，小建家是个大家庭，除了爸爸妈妈，还有一个姐姐一个哥哥均成年，爷爷奶奶、外公外婆都健在。而小刚家就只有他和爸爸妈妈。有一天，惨剧发生，化工厂发生大爆炸，死伤惨重，两人的父母均遇难。后来小建的爷爷奶奶、外公外婆、哥哥姐姐都想要担任小建的监护人，经村委会研究决定，由小建的爷爷奶奶担任其监护人。而小刚因为没有别的亲人，小刚父亲生前好友李叔叔主动要求担任其监护人，后经村委会研究同意，李叔叔担任了小刚的监护人。

法律分析

根据我国《民法典》第二十七条第一款的规定，父母是未成年子女的监护人。故小建和小刚的法定监护人是他们的父母。根据我国《民法典》第二十七条第二款的规定，未成年人的父母已经死亡的，由祖父母、外祖父母，兄、姐，其他愿意且经未成年人住所地居委会（村委会或者民政部门）同意的其他组织和个人按顺序担任监护人。本案中，小建的爷爷奶奶和外公外婆属于第一顺序，他们都想担任小建的监护人，因此由村委会进行了指定。而李叔叔要担任小刚的监护人，也要经过村委会的同意。

法官提示

未成年人的法定监护人是由法律直接规定监护人范围和顺序的监护人。法定监护人可以由一人或多人担任。父母对子女享有亲权，是当然的第一顺位监护人。未成年人的父母死亡或没有监护能力的，依次由祖父母和外祖父母、兄姐、关系密切的亲属、父母单位和未成年人住所地的居委会或村委会、民政部门担任监护人。

未成年人的指定监护人即按照《民法典》第二十七条第二款第一项至第三项所列人员即祖父母和外祖父母、兄姐、关系密切的亲属对担任监护人有争议时，由未成年人的父、母的所在单位或者未成年人住所地的居民委员会、村民委员会在近亲属中指定监护人。对指定不服提起诉讼的，可以申请由人民法院裁决。

相关法律

《中华人民共和国民法典》

第二十七条 父母是未成年子女的监护人。

未成年人的父母已经死亡或者没有监护能力的，由下列有监护能力的人按顺序担任监护人：

（一）祖父母、外祖父母；

（二）兄、姐；

（三）其他愿意担任监护人的个人或者组织，但是须经未成年人住所地的居民委员会、村民委员会或者民政部门同意。

第三十二条 没有依法具有监护资格的人的，监护人由民政部门担任，也可以由具备履行监护职责条件的被监护人住所地的居民委员会、村民委员会担任。

2. 监护人主要享受哪些权利和承担哪些义务？

情景再现

小军和小阳是邻居，年龄相仿，是从小一起长大的好朋友，两个家庭也一直交好。一次长假，两家相约一起自驾游，途中突发山体滑坡，小军和小阳经过抢救脱离生命危险，可是双方的父母均遇难。小军的爷爷、奶奶担任了他的监护人。小阳没有别的亲人，但是母亲生前好友王阿姨主动要求并经过居委会同意，担任了他的监护人。今后，作为监护人的小军的爷爷、奶奶和王阿姨，享有哪些权利，应当履行哪些义务呢？

法律分析

作为监护人，小军的爷爷、奶奶以及王阿姨今后需要保护小军、小阳的人身、财产及其他合法权益，照顾被监护人的生活。管理和保护被监护人的财产，除为被监护人的利益外，不得处理被监护人的财产。代理被监护人进行民事活动，对被监护人进行管理和教育，在被监护人的合法权益受到侵害或者与人发生争议时，代理其进行诉讼。监护人依法履行监护的权利，受法律保护。监护人不履行监护职责或者侵害被监护人的合法权益的，应当承担赔偿责任；给被监护人造成财产损失的，应当赔偿损失。人民法院可以根据有关人员或者有关单位的申请，撤销其监护人的资格。如果因监护人管教不严，致使被监护人实施不法行为造成他人损失的，由监护人承担民事责任。监护人尽了监护职责的，可以适当减轻其民事责任。监护人在承担赔偿责任时，应首先从被监护人的财产中支付赔偿费用，不足部分由监护人以自己的财产适当承担。

法官提示

根据法律规定，监护人依法享有履行监护的权利，受到法律保护，但法律规定更多的是作为监护人的义务。

相关法律

《中华人民共和国民法典》

第三十四条 监护人的职责是代理被监护人实施民事法律行为，保护被监护人的人身权利、财产权利以及其他合法权益等。

监护人依法履行监护职责产生的权利，受法律保护。

监护人不履行监护职责或者侵害被监护人合法权益的，应当承担法律责任。

因发生突发事件等紧急情况，监护人暂时无法履行监护职责，被监护人的生活处于无人照料状态的，被监护人住所地的居民委员会、村民委员会或者民政部门应当为被监护人安排必要的临时生活照料措施。

3. 夫妻双方离婚后，一方能阻止另一方对子女行使监护权吗？

情景再现

小伟今年9岁，上小学三年级。小伟的家境不好，爸爸嗜赌成性，而且还有暴力倾向，经常对小伟的妈妈实施家庭暴力，还经常体罚小伟。小伟妈妈再三考虑后，向法院起诉与小伟爸爸离婚。法院经过权衡，最终判决准许小伟爸爸妈妈离婚，并将小伟的抚养权判归妈妈。离婚后，小伟爸爸有了悔改之意，决定戒掉赌博的恶习，也经常来看小伟母子。可是小伟妈妈认为，法院既然已经判定小伟跟随妈妈生活，爸爸自然丧失了对小伟的监护权，拒绝爸爸过问小伟的事情，也禁止爸爸与小伟见面。

法律分析

小伟妈妈认为小伟爸爸的监护权已经被取消是错误的。我国《民法典》第二十七条第一款规定："父母是未成年子女的监护人。"第一千零八十四条第一款规定："父母与子女间的关系，不因父母离婚而消除。离婚后，子女无论由父或者母直接抚养，仍是父母双方的子女。"根据法律规定，小伟爸爸妈妈虽然已经离婚，可是，小伟和爸爸的父子关系并未就此割裂，因此小伟的爸爸仍然享有对小伟的监护权，即保护被监护人的身体健康，照顾被监护人的生活和保护被监护人的财产，代理被监护人进行民事活动，对被监护人进行管理和教育，在被监护人合法权益受到侵害或者与人发生争议时，代理其进行诉讼等权利和职责。因此，夫妻离婚后，与子女共同生活的一方非因法定的情形，无权阻止对方对该子女依法行使监护权。

法官提示

依据法律的规定，父母与子女间的关系，不因父母离婚而消除。离婚后，子女无论由父方或母方抚养，仍是父母双方的子女。离婚后父母仍然享有对子女的监护权，但是也有例外，以往司法实践，夫妻离婚后，与子女共同生活的一方无权取消对方对该子女的监护权。但是未与子女共同生活的一方，对该子女有犯罪行为、虐待行为或者对该子女明显不利的，人民法院认为可以取消的除外。因此，夫妻离婚后，与子女共同生活的一方非法定的情形，无权阻止对方对该子女依法行使监护权。

相关法律

《中华人民共和国民法典》

第二十七条第一款 父母是未成年子女的监护人。

第一千零八十四条第一款 父母与子女间的关系，不因父母离婚而消除。离婚后，子女无论由父或者母直接抚养，仍是父母双方的子女。

4. 监护人将监护职责部分委托给他人，被监护人发生侵权行为的，责任怎样分摊？

情景再现

小杰今年6岁，上学前班。一天，小杰随爸爸到二叔家做客，多年不见的小叔也在二叔家。小杰自幼非常听话乖巧，小叔见到小杰后喜爱不已，一直和小杰玩游戏。后小杰要求小叔带他到二叔家附近的公园去玩，小叔在征得小杰爸爸的同意后，便带小杰到了公园。公园里面有许多小朋友，小叔刚好遇到熟人就聊了起来，于是小杰便与小朋友们开心地玩耍。不一会儿，小杰和其中一位小朋友打斗起来，可是小叔见状并没有制止，想要“锻炼”一下小杰，那位小朋友倒地而哭，头被小杰打伤了，流血不止。受伤小朋友的妈妈遂找到小叔要求赔偿，小叔辩称自己不是小杰的监护人，拒绝赔偿。

法律分析

小叔带小杰出去玩耍，征得了小杰爸爸的同意，虽然小杰爸爸才是小杰的法定监护人，但是在小叔征得小杰爸爸同意后带小杰去公园游玩期间，小杰爸爸实际上是将小杰的监护权暂时委托给了小叔行使。根据《民法典》第一千一百八十九条的规定，无民事行为能力人的监护人将监护职责委托给他人，该无民事行为能力人造成他人损害的，监护人应当承担侵权责任；受托人有过错的，承担相应的责任。本案中，小叔在带小杰出去游玩时，应当履行好监护职责，对于小杰与小朋友的打斗应当及时制止。小杰爸爸作为法定监护人，对受伤的小朋友应当承担赔偿责任。小叔因存在过错，也应当承担相应的责任。

相关法律

《中华人民共和国民法典》

第一千一百八十九条 无民事行为能力人、限制民事行为能力人造成他人损害，监护人将监护职责委托给他人的，监护人应当承担侵权责任；受托人有过错的，承担相应的责任。

5. 精神病人被宣告为限制民事行为能力人的法定条件有哪些？

情景再现

李大壮今年19岁，因为婴儿时期发烧没有及时治疗，导致其智力低于一般人，但是他并未完全丧失辨别事物的能力。鉴于李大壮年龄已越来越大，为方便其今后的生活，家人想要申请法院认定其为限制民事行为能力人，但不知道法院宣告限制民事行为能力人的法定条件有哪些。

法律分析

李大壮虽然已经年满18周岁，但是根据我国《民法典》第二十二条的规定："不能完全辨认自己行为的成年人为限制民事行为能力人，实施民事法律行为由其法定代理人代理或者经其法定代理人同意、追认……"李大壮因为不能完全辨认自己的行为，依法应当属于限制民事行为能力人。

再根据《民事诉讼法》第一百九十八条、第一百九十九条的规定，申请李大壮为限制民事行为能力人应当由其利害关系人向所在地的基层人民法院提出。在向法院提出申请的同时，最好是能获得司法鉴定机构的鉴定意见。

法官提示

依据法律的规定，不能完全辨认自己行为的成年精神病人也属于限制行为能力人，但是认定其为限制行为能力人应当由人民法院依据其利害关系人的申请来依法进行认定。

相关法律

《中华人民共和国民法典》

第二十二条 不能完全辨认自己行为的成年人为限制民事行为能力人，实施民事法律行为由其法定代理人代理或者经其法定代理人同意、追认；但是，可以独立实施纯获利益的民事法律行为或者与其智力、精神健康状况相适应的民事法律行为。

《中华人民共和国民事诉讼法》

第一百九十八条 申请认定公民无民事行为能力或者限制民事行为能力，由利害关系人或者有关组织向该公民住所地基层人民法院提出。

申请书应当写明该公民无民事行为能力或者限制民事行为能力的事实和根据。

第一百九十九条 人民法院受理申请后，必要时应当对被请求认定为无民事行为能力或者限制民事行为能力的公民进行鉴定。申请人已提供鉴定意见的，应当对鉴定意见进行审查。

三、宣告失踪和宣告死亡

1. 宣告失踪的法定条件、程序及后果是什么？

情景再现

小伟和小琴均在海滨长大，两人从小青梅竹马、两小无猜。两家人世代都以打鱼为生，生活较为艰辛。成年后，双方经父母之命，媒妁之言，结为连理。婚后一年，他们的孩子出世，为了给妻儿更好的生活，小伟更加努力地工作，加入了远海捕鱼队，每次出海都需要好几周才能回来。一次小伟出海后，台风过境，小琴再也没有收到小伟的消息，为此小琴悲痛万分。为了母子俩生活的便利，两年之后，小琴决定向法院申请宣告小伟失踪，但不知具体的流程是什么。

法律分析

本案中，小琴应当先向当地公安机关申请出具小伟下落不明的书面证明，再将小伟失踪的事实经过、时间和请求宣告失踪的理由写成书面申请，向所在地的基层人民法院递交。小伟失踪已经满两年，符合宣告失踪的时间要求，小琴系小伟的妻子，符合申请宣告失踪的主体要件。根据《民事诉讼法》规定，人民法院受理宣告失踪、宣告死亡案件后，应当发出寻找下落不明人的公告。宣告失踪的公告期间为三个月。三个月后，人民法院会依法判决宣告小伟失踪。至于宣告失踪的法律后果，《民法典》第四十二条规定，失踪人的财产由其配偶、成年子女、父母或者其他愿意担任财产代管人的人代管。代管有争议，没有前款规定的人，或者前款规定的人无代管能力的，由人民法院指定的人代管。第四十三条规定，财产代管人应当妥善管理失踪人的财产，维护其财产权益。失踪人所欠税款、债务和应付的其他费用，由财产代管人从失踪人的财产中支付。财产代管人因故意或者重大过失造成失踪人财产损失的，应当承担赔偿责任。

法官提示

申请人民法院宣告公民失踪，必须具备三个条件：必须有公民下落不明满两年的事实；必须是与下落不明的公民有利害关系的人向人民法院提出申请；必须采用书面形式提出申请。受理宣告公民失踪的法院是失踪人住所地的基层人民法院。

相关法律

《中华人民共和国民法典》

第四十二条 失踪人的财产由其配偶、成年子女、父母或者其他愿意担任财产代管人的人代管。

代管有争议，没有前款规定的人，或者前款规定的人无代管能力的，由人民法院指定的人代管。

第四十三条 财产代管人应当妥善管理失踪人的财产，维护其财产权益。

失踪人所欠税款、债务和应付的其他费用，由财产代管人从失踪人的财产中支付。

财产代管人因故意或者重大过失造成失踪人财产损失的，应当承担赔偿责任。

《中华人民共和国民事诉讼法》

第一百九十条 公民下落不明满二年，利害关系人申请宣告其失踪的，向下落不明人住所地基层人民法院提出。

申请书应当写明失踪的事实、时间和请求，并附有公安机关或者其他有关机关关于该公民下落不明的书面证明。

第一百九十二条 人民法院受理宣告失踪、宣告死亡案件后，应当发出寻找下落不明人的公告。宣告失踪的公告期间为三个月，宣告死亡的公告期间为一年。因意外事故下落不明，经有关机关证明该公民不可能生存的，宣告死亡的公告期间为三个月。

公告期间届满，人民法院应当根据被宣告失踪、宣告死亡的事实是否得到确认，作出宣告失踪、宣告死亡的判决或者驳回申请的判决。

2. 宣告死亡的法定条件、程序及后果是什么？

情景再现

小辉和小慧为夫妻。婚后一年，他们的孩子出生，为了给妻儿更好的生活，小辉找了一份伐木工作，虽然辛苦，但是收入不错。一次，小辉进山伐木，发生了山洪，经过多天的救援，仍然没有小辉的下落，根据有关部门判断，如此强大的山洪灾害之下，小辉已无生还可能。两年之后，小慧决定向法院申请宣告小辉死亡。

法律分析

本案中，小慧应当先向当地公安机关申请出具小辉下落不明的书面证明，再将小辉发生山洪后失踪的事实经过、时间和请求宣告死亡的理由写成书面申请，向所在地的基层人民法院递交。小辉因发生意外事故失踪已经满两年，符合宣告死亡的时间要求，小慧系小辉的妻子，符合申请宣告死亡的主体要件。根据《民事诉讼法》的规定，人民法院受理宣告死亡案件后，应当发出寻找下落不明人的公告。宣告死亡的公告期间为一年。因意外事故下落不明，经有关机关证明该公民不可能生存的，宣告死亡的公告期间为三个月。公告期间届满，人民法院应当根据被宣告死亡的事实是否得到确认，作出宣告死亡的判决或者驳回申请的判决。公民被宣告死亡，其法律后果与自然死亡基本相同。

法官提示

申请人民法院宣告公民死亡，必须具备三个条件：下落不明满四年，或者因意外事故下落不明满二年，或者因意外事故下落不明，经有关机关证明该公民不可能生存；必须是与该公民有利害关系的人向人民法院提出申请；必须采用书面形式提出申请。受理宣告公民死亡的法院是下落不明人住所地的基层人民法院。与宣告失踪制度的设立目的相比，宣告死亡主要解决失踪人的整个民事法律关系的状态问题，而宣告失踪则主要解决失踪人的财产管理问题。

相关法律

《中华人民共和国民法典》

第四十六条 自然人有下列情形之一的，利害关系人可以向人民法院申请宣告该自然人死亡：

（一）下落不明满四年；

（二）因意外事件，下落不明满二年。

因意外事件下落不明，经有关机关证明该自然人不可能生存的，申请宣告死亡不受二年时间的限制。

《中华人民共和国民事诉讼法》

第一百九十一条 公民下落不明满四年，或者因意外事件下落不明满二年，或者因意外事件下落不明，经有关机关证明该公民不可能生存，利害关系人申请宣告其死亡的，向下落不明人住所地基层人民法院提出。

申请书应当写明下落不明的事实、时间和请求，并附有公安机关或者其他有关机关关于该公民下落不明的书面证明。

第一百九十二条 人民法院受理宣告失踪、宣告死亡案件后，应当发出寻找下落不明人的公告。宣告失踪的公告期间为三个月，宣告死亡的公告期间为一年。因意外事件下落不明，经有关机关证明该公民不可能生存的，宣告死亡的公告期间为三个月。

公告期间届满，人民法院应当根据被宣告失踪、宣告死亡的事实是否得到确认，作出宣告失踪、宣告死亡的判决或者驳回申请的判决。

3. 被宣告死亡的人并未死亡的，实施的民事行为效力如何？

情景再现

李松在外地打工，基本上只有过年才能回家。一次李松外出后，妻子周丽再也没有收到他的消息。四年之后，周丽向法院申请宣告李松死亡。法院宣告李松死亡后两年多，李松突然出现了，原来他在打工之余学会了赌博，挣的钱都输光了，觉得无脸面对妻子孩子，便远走他乡。在被宣告死亡期间，为了度日，他没有其他手艺只能干些粗活，还向关系较好的工友张某总共借了2000元钱。后来李松实在是混不下去了，这才回到了家中。知道自己被宣告死亡，李松便以此为借口拒绝偿还工友的2000元钱。

法律分析

李松以自己被宣告死亡为由拒绝偿还工友的2000元借款是错误的。我国《民法典》第四十九条规定，自然人被宣告死亡但是并未死亡的，不影响该自然人在被宣告死亡期间实施的民事法律行为的效力。根据法律，李松是具备完全民事行为能力的成年人，其在被宣告死亡期间从事的民事法律行为有效。因此其应当承担向工友借款所产生的还款义务。

法官提示

宣告死亡与自然死亡具有相同的法律后果。被宣告死亡时间和自然死亡时间不一致的，被宣告死亡所引起的法律后果仍然有效，但自然死亡之前实施的民事法律行为与被宣告死亡引起的法律后果相抵触的，则以其实施的民事法律行为为准。有民事行为能力的人在被宣告死亡期间实施的民事法律行为有效，被宣告人的权利能力和行为能力并没有因为被宣告死亡而消失，只要他或她还活着，他或她的能力都在法律上是存在的，被宣告人仍有权利能力和行为能力从事他或她法律上允许做的事情。

相关法律

《中华人民共和国民法典》

第四十九条　自然人被宣告死亡但是并未死亡的，不影响该自然人在被宣告死亡期间实施的民事法律行为的效力。

4. 被宣告死亡的人又出现的，原来的婚姻关系效力如何？

情景再现

秦刚因发生意外事故失踪了，妻子张霞按照法定程序向人民法院申请宣告秦刚死亡。在秦刚被宣告死亡期间，为了能更好地生活下去，张霞经过秦刚家人的同意，与周礼结为夫妻，婚后，周礼对张霞和秦刚的孩子关怀备至，一家人生活幸福。法院宣告秦刚死亡后5年多，秦刚突然出现了，看到妻儿已成为别人的家人，他气愤万分，向法院请求确认张霞与周礼的婚姻无效，并要求恢复其与张霞的婚姻。

法律分析

秦刚的主张得不到法院的支持。《民法典》第五十一条规定，被宣告死亡的人的婚姻关系，自死亡宣告之日起消除。死亡宣告被撤销的，婚姻关系自撤销死亡宣告之日起自行恢复。但是，其配偶再婚或者向婚姻登记机关书面声明不愿意恢复的除外。秦刚与张霞的婚姻关系自宣告死亡之日起消灭，而且张霞已经再婚，秦刚请求确认张霞与周礼的婚姻无效于法无据，要求恢复他与张霞的婚姻关系也得不到支持。

法官提示

被宣告死亡的人重新出现后，即使其配偶尚未再婚，其与配偶的婚姻关系也并不即行恢复，而是须经过一定的程序，即死亡宣告被人民法院撤销后才恢复。如果配偶已经再婚，或者配偶再婚后又离婚或者再婚后配偶又死亡，则不得认定夫妻关系自行恢复。

相关法律

《中华人民共和国民法典》

第五十一条 被宣告死亡的人的婚姻关系，自死亡宣告之日起消除。死亡宣告被撤销的，婚姻关系自撤销死亡宣告之日起自行恢复。但是，其配偶再婚或者向婚姻登记机关书面声明不愿意恢复的除外。

四、代理

1. 什么是委托代理？

情景再现

王大海是某公司老板，身价不菲，他白手起家，靠勤劳的双手打拼到现在的位置。因为公司生意越做越大，王大海就聘请了名牌大学法学院毕业，已经获得律师执业资格的外甥作为自己的委托代理人。为了方便与生意伙伴的商事往来，王大海与其外甥签订了委托合同，写明了委托事项主要是签订合同。

法律分析

委托代理是指代理人的代理权根据被代理人的委托授权行为而产生。本案中，王大海即为委托代理关系中的被代理人，其外甥为委托代理关系中的代理人。《民法典》第一百六十二条规定："代理人在代理权限内，以被代理人名义实施的民事法律行为，对被代理人发生效力。"王大海外甥在代理王大海签订贸易合同的时候，需要以王大海的名义进行，其所签订的合同需要由王大海来承担权利义务。王大海外甥在代理王大海进行贸易合同签订的时候，只能在委托合同授权的范围内进行，超出范围签订的合同所约定的权利和义务只有经过王大海的同意才能对王大海发生法律效力，王大海才承担责任，如果王大海不同意，那么就由其外甥自己承担责任。

法官提示

民事法律行为的委托代理，可以用书面形式，也可以用口头形式。法律规定用书面形式的，应当用书面形式。书面委托代理的授权委托书应当载明代理人的姓名或者名称、代理事项、权限和期间，并由委托人签名或者盖章。在一般简单的民事法律行为中，口头形式的委托代理是可行的，但是鉴于当今社会经济发展迅速，确实需要确认委托代理关系来从事民事法律行为的，为了保障各方的合法权益，应当签订书面的代理合同并尽可能地注明代理事项、范围、期间等。

相关法律

《中华人民共和国民法典》

第一百六十一条 民事主体可以通过代理人实施民事法律行为。

依照法律规定、当事人约定或者民事法律行为的性质，应当由本人亲自实施的民事法律行为，不得代理。

第一百六十二条 代理人在代理权限内，以被代理人名义实施的民事法律行为，对被代理人发生效力。

第一百六十三条 代理包括委托代理和法定代理。

委托代理人按照被代理人的委托行使代理权。法定代理人依照法律的规定行使代理权。

第一百六十四条 代理人不履行或者不完全履行职责，造成被代理人损害的，应当承担民事责任。

代理人和相对人恶意串通，损害被代理人合法权益的，代理人和相对人应当承担连带责任。

第一百六十五条 委托代理授权采用书面形式的，授权委托书应当载明代理人的姓名或者名称、代理事项、权限和期限，并由被代理人签名或者盖章。

第一百七十一条第一款 行为人没有代理权、超越代理权或者代理权终止后，仍然实施代理行为，未经被代理人追认的，对被代理人不发生效力。

2. 什么是法定代理？

情景再现

小春今年6岁，因为生活在一个大家族里，每到过年小春都会得到很多压岁钱。爸爸妈妈认为小春年纪尚小，于是帮她把每年的压岁钱都存起来，待她以后上大学再用。

法律分析

我国《民法典》第二十七条第一款规定，父母是未成年子女的监护人。第二十条规定，不满八周岁的未成年人为无民事行为能力人，由其法定代理人代理实施民事法律行为。第二十三条规定，无民事行为能力人、限制民事行为能力人的监护人是其法定代理人。小春今年6岁，属于无民事行为能力人，由上述法律规定可知，她的爸爸妈妈是她的监护人，因此她的法定代理人就是她的爸爸妈妈，可以替她保管压岁钱。

相关法律

《中华人民共和国民法典》

第二十条 不满八周岁的未成年人为无民事行为能力人，由其法定代理人代理实施民事法律行为。

第二十三条 无民事行为能力人、限制民事行为能力人的监护人是其法定代理人。

第二十七条第一款 父母是未成年子女的监护人。

第一百六十三条 代理包括委托代理和法定代理。

委托代理人按照被代理人的委托行使代理权。法定代理人依照法律的规定行使代理权。

五、个体工商户、个人合伙

1. 个体户的民事责任如何承担？

情景再现

小军夫妇下岗后，在所住的小区开了一家小超市，并领取了营业执照。因为夫妇俩为人较好，街坊四邻都爱在他们家的小超市购买东西。有一天不幸发生了，小超市消防措施未做好，发生了火灾，所有物品毁于一旦，还未及时存到银行的货款也被烧毁了，后来供货商起诉到法院要求支付货款。

法律分析

我国《民法典》第五十六条第一款规定："个体工商户的债务，个人经营的，以个人财产承担；家庭经营的，以家庭财产承担；无法区分的，以家庭财产承担。"小军家的小超市属于个体工商户，并且是家庭经营，所以供货商的货款应当由家庭财产来承担。

法官提示

个体工商户是从事工商业经营的自然人或家庭。自然人以个人为单位，或以家庭为单位从事工商业经营，均为个体工商户。

相关法律

《中华人民共和国民法典》

第五十六条第一款 个体工商户的债务，个人经营的，以个人财产承担；家庭经营的，以家庭财产承担；无法区分的，以家庭财产承担。

2. 夫妻一方为个体户的，其债务另一方有义务偿还吗？

情景再现

丽华及丈夫原来都是国有企业的职工，后国有企业面临运营困难，丽华的丈夫保住了工作，丽华则下岗，之后她在所住的小区开了一家小卖部，并以自己的名义领取了营业执照。小卖部生意越做越红火，与供货商的贸易往来也越来越频繁。不幸的是，小卖部发生了火灾，货物被烧了个精光，货款也没了。后来供货商起诉到法院要求丽华夫妇支付货款。丽华的丈夫则认为他不是收货人，不应当承担责任。

法律分析

丽华丈夫的想法是错误的。我国《民法典》第五十六条第一款规定："个体工商户的债务，个人经营的，以个人财产承担；家庭经营的，以家庭财产承担；无法区分的，以家庭财产承担。"以往司法实践经验，在夫妻关系存续期间，一方从事个体经营或者承包经营的，其收入为夫妻共有财产，债务亦应以夫妻共有财产清偿。丽华开的小卖部属于个体工商户，并且收入是为了家用，丽华丈夫应对支付货款承担连带责任。

法官提示

虽然小卖部是丽华以个人名义申请的执照经营，但在夫妻关系存续期间，债务应以夫妻共有财产清偿，丽华的丈夫不得以自己不是收货人为由拒绝清偿。

相关法律

《中华人民共和国民法典》

第五十六条第一款 个体工商户的债务，个人经营的，以个人财产承担；家庭经营的，以家庭财产承担；无法区分的，以家庭财产承担。

3. 合伙人应承担哪些民事责任？

情景再现

张军和王力从小就是好兄弟，大学毕业后，两人回到老家商议一起合伙开个面馆。于是两人各自找亲朋好友每人筹借到5万元钱，“军力兄弟面馆”红红火火地开业了。二人约定面馆的盈利除去成本以及继续经营需要，每季度平均分配一次。后因为面馆生意越做越火，他们想要扩大经营，于是向银行贷款200万元在邻近的商场负一层租了铺面继续营业。因为商场负一层是美食广场，竞争对手多，面馆接连亏损，无奈只能关门转让。后银行起诉到法院，要求张军、王力二人偿还贷款并承担连带责任。但是二人均认为，因为出资比例以及利益分配都是对半分摊的，因此银行只能针对二人分别主张100万元的责任，拒绝承担200万元的责任。

法律分析

张军、王力的想法是错误的。我国《民法典》第九百六十九条第一款规定，合伙人的出资、因合伙事务依法取得的收益和其他财产，属于合伙财产。第九百七十二条、第九百七十三条规定，合伙的利润分配和亏损分担，按照合伙合同的约定办理；合伙合同没有约定或者约定不明确的，由合伙人协商决定；协商不成的，由合伙人按照实缴出资比例分配、分担；无法确定出资比例的，由合伙人平均分配、分担。合伙人对合伙债务承担连带责任。清偿合伙债务超过自己应当承担份额的合伙人，有权向其他合伙人追偿。因此，张军、王力都应当对200万元的合伙共同债务承担连带偿还的民事责任。银行的起诉是于法有据的。

法官提示

按照出资比例，张军、王力内部只应各自承担100万元的责任，但是对外他们是承担连带责任的。清偿合伙债务超过自己应当承担份额的合伙人，有权向其他合伙人追偿。也就是说，他们当中谁向银行偿还了200万元，可以就超出的100万元向对方进行追偿。

相关法律

《中华人民共和国民法典》

第九百六十九条 合伙人的出资、因合伙事务依法取得的收益和其他财产，属于合伙财产。

合伙合同终止前，合伙人不得请求分割合伙财产。

第九百七十二条 合伙的利润分配和亏损分担，按照合伙合同的约定办理；合伙合同没有约定或者约定不明确的，由合伙人协商决定；协商不成的，由合伙人按照实缴出资比例分配、分担；无法确定出资比例的，由合伙人平均分配、分担。

第九百七十三条 合伙人对合伙债务承担连带责任。清偿合伙债务超过自己应当承担份额的合伙人，有权向其他合伙人追偿。

4. 只提供技术性劳务，不提供资金、实物能否成为合伙人？

情景再现

何权和徐坤从小就是好兄弟，何权学习一直不错，高考过后顺利进入理想的大学，徐坤成绩不好，高考落榜后进入烹饪学校学习手艺。后来两人回到老家商议一起合伙开个餐馆。何权家境不错，父母同意出资15万元，徐坤家境不好，没有出资能力，但是双方约定徐坤以手艺作价10万元出资。“权坤食堂”红红火火地开业了。二人约定餐馆的盈利除去成本以及继续经营需要，每季度分配一次，何权得60%、徐坤得40%。

法律分析

《民法典》第九百六十七条、第九百六十八条规定，合伙合同是两个以上合伙人为了共同的事业目的，订立的共享利益、共担风险的协议。合伙人应当按照约定的出资方式、数额和缴付期限，履行出资义务。《合伙企业法》第十六条第三款规定："合伙人以劳务出资的，其评估办法由全体合伙人协商确定，并在合伙协议中载明。"根据既往司法实践经验，公民按照协议提供技术性劳务而不提供资金、实物，但约定参加盈余分配的，视为合伙人。本案中，何权以现金出资，徐坤以技术性劳务（烹饪手艺）作价出资，不违反法律的规定，两人都是合伙人。

法官提示

在个人合伙中，合伙人可以拿资金、实物、技术、技术性劳务等，作为合伙的投资。只要是符合法律和政策的要求的标的，都可作为个人合伙的投资。

相关法律

《中华人民共和国民法典》

第九百六十七条 合伙合同是两个以上合伙人为了共同的事业目的，订立的共享利益、共担风险的协议。

第九百六十八条 合伙人应当按照约定的出资方式、数额和缴付期限，履行出资义务。

《中华人民共和国合伙企业法》

第十六条 合伙人可以用货币、实物、知识产权、土地使用权或者其他财产权利出资，也可以用劳务出资。

合伙人以实物、知识产权、土地使用权或者其他财产权利出资，需要评估作价的，可以由全体合伙人协商确定，也可以由全体合伙人委托法定评估机构评估。

合伙人以劳务出资的，其评估办法由全体合伙人协商确定，并在合伙协议中载明。

PART 2

懂点法律常识

婚姻家庭更圆满

在众多的民事法律关系中，婚姻家庭关系是比较重要的一种。在我国，目前与婚姻家庭关系最为密切的法律是《中华人民共和国民法典》婚姻家庭编，涵盖婚姻家庭的基本准则、结婚的具体规定、夫妻之间的权利义务、父母与子女的关系、离婚的具体规定、救助措施与法律责任等。在日常生活中，知晓一定的婚姻家庭法律常识，定能为婚姻家庭的幸福增光添彩。

一、结婚

1. 我国法定的结婚年龄是多少岁？

情景再现

小江和小丽从小一起长大，正所谓青梅竹马、两小无猜。这一年，小江18岁，小丽17岁，两人都认为自己到了可以结为夫妻的年纪。看电视上的报道，结婚需要去领取结婚证，于是他们来到民政部门申请结婚登记。工作人员在审查了他们的身份证以后，告知两人均未达到我国的法定结婚年龄，拒绝了他们的结婚登记申请。

法律分析

根据我国《民法典》第一千零四十七条的规定，结婚年龄，男不得早于二十二周岁，女不得早于二十周岁。我国《民法典》关于婚龄的规定，并不是法律规定的必须结婚的年龄，也不能理解为法律规定的应该结婚的最佳年龄，而是界定婚姻是否合法的规定，是法律规定可以结婚的最低年龄，只有届满法定婚龄才能结婚，否则就是违法。法定婚龄不妨碍男女在自愿基础上，根据本人情况推迟结婚时间。

法官提示

法定婚龄是我国法律规定的结婚所必须具备的法定条件之一，男女双方未达到法定婚龄而结婚，并不能在婚姻登记机关进行合法登记领取结婚证。未达到法定婚龄的“结婚”仅仅只是男女双方以夫妻名义同居生活，并不是合法婚姻状态。

相关法律

《中华人民共和国民法典》

第一千零四十七条 结婚年龄，男不得早于二十二周岁，女不得早于二十周岁。

2. “姑表亲”“姨表亲”是否可以结婚？

情景再现

小菡今年21岁，她的好朋友小玉和她同岁，小刚23岁，小杰24岁，他们四人都生活在农村。四人从小关系不错，自初中毕业后就辍学在家务农，小菡和小刚、小玉和小杰也开始谈恋爱了。他们四人的家长也认为现在他们到了谈婚论嫁的年龄也都赞成他们结婚。后他们相约好一起去民政部门登记结婚，工作人员询问了相关情况后，拒绝了两对“新人”的结婚申请，不予办理结婚证。原来，小菡的妈妈是小刚的亲姑姑，而小玉的妈妈是小杰的亲二姨。

法律分析

我国《民法典》第一千零四十八条规定，直系血亲或者三代以内的旁系血亲禁止结婚。本案中，小菡和小刚系“姑表亲”，小玉和小杰系“姨表亲”，均属于三代以内的旁系血亲，是法律明文禁止的不得结婚的情况。

血亲主要指出生于同一祖先，有血缘关系的亲属，即自然血亲；也包括法律拟制的血亲，即虽无血缘关系，但法律确认其与自然血亲有同等的权利义务的亲属，如养父母与养子女，继父母与受其抚养教育的继子女。禁止血亲结婚是优生的要求。人类两性关系的发展证明，血缘过近的亲属间通婚，容易把双方生理上的缺陷遗传给后代，影响家庭幸福，危害民族健康。因此，各国法律都禁止一定范围内的血亲结婚。

法官提示

婚姻法禁止结婚的血亲有两类：

1. 直系血亲。包括父母子女间，祖父母、外祖父母与孙子女、外孙子女间。即父亲不能娶女儿为妻，母亲不能嫁儿子为夫。爷爷（姥爷）不能与孙女（外孙女）婚配，奶奶（姥姥）不能与孙子（外孙子）结合。

2. 三代以内旁系血亲。包括：（1）同源于父母的兄弟姐妹（含同父异母、同母异父的兄弟姐妹）。即同一父母的子女之间不能结婚。（2）不同辈的叔、伯、姑、舅、姨与侄（女）、甥（女）。即叔叔（伯伯）不能和兄（弟）的女儿结婚；姑姑不能和兄弟的儿子结婚；舅舅不能和姐妹的女儿结婚；姨妈不能和姐妹的儿子结婚。

相关法律

《中华人民共和国民法典》

第一千零四十八条 直系血亲或者三代以内的旁系血亲禁止结婚。

3. 异父异母的继兄妹是否可以登记结婚?

情景再现

小建和小君都在单亲家庭长大，小建和爸爸生活在一起，小君和妈妈生活在一起。小建的爸爸和小君的妈妈通过同事的撮合，最终结为夫妻。后小建和小君大学毕业后回到了老家工作，待在父母身边，陪伴他们。两人最终谈了恋爱，决定结婚。可是小君心里一直不确定，她和小建的婚姻是否合法，能不能最终领取结婚证。

法律分析

本案中，小建和小君是法律意义上的兄妹，但是他们因为异父异母实际上并没有任何血缘关系，并不属于《民法典》第一千零四十八条禁止结婚的条件。因此，只要他们达到法定结婚条件，又没有法律禁止结婚的其他问题，就可以申请登记结婚，领取结婚证。

法官提示

我国实行婚姻自由，但禁止三代以内的旁系血亲和直系血亲结婚，这是为了提高我国人口的质量，避免给子孙后代带来不良的后果，有利于下一代的健康成长，是符合我国广大人民群众的根本利益的。小建和小君是异父异母，无任何血亲关系。他们结婚不会影响下一代子女的健康成长，不在婚姻法规定的禁止结婚之列。

相关法律

《中华人民共和国民法典》

第一千零四十一条 婚姻家庭受国家保护。

实行婚姻自由、一夫一妻、男女平等的婚姻制度。

保护妇女、未成年人、老年人、残疾人的合法权益。

第一千零四十八条 直系血亲或者三代以内的旁系血亲禁止结婚。

4. 什么情况下婚姻是无效的？

情景再现

小军和小美是邻居，两人同岁，自小关系就好，今年两人都满23岁了，家里人都赞成他们结婚，两人决定到民政部门申请登记结婚，领取结婚证。但是小军和小美决定在领取结婚证之前弄清楚什么样的情形会导致婚姻无效。

法律分析

婚姻无效是指当事人双方不具备法定结婚条件或没有履行法定结婚程序而缔结的婚姻，不产生合法婚姻的法律效力。根据《民法典》第一千零五十一条规定，有下列情形之一的，婚姻无效：（1）重婚；（2）有禁止结婚的亲属关系；（3）未到法定婚龄。小美和小军并不存在法律禁止结婚的情形，他俩可以结婚，缔结合法婚姻关系并受到法律保护。

《民法典》规定了结婚的条件：第一千零四十一条规定了婚姻自由、一夫一妻、男女平等；第一千零四十六条规定了结婚必须男女双方完全自愿；第一千零四十七条规定了结婚年龄（男不得早于二十二周岁，女不得早于二十周岁）；第一千零四十八条规定了直系血亲或者三代以内的旁系血亲不能结婚。因此，男女结婚违背这些条件之一的，所缔结婚姻依法应为无效。

婚姻无效的具体原因如《民法典》第一千零五十一条所规定的内容，同时《民法典》第一千零五十四条规定了法律后果——无效或被撤销的婚姻，自始无效。当事人不具有夫妻的权利和义务。《民法典》设立的婚姻无效不包括程序方面的原因，即不能仅仅因为当事人没有依法办理结婚登记就宣布其婚姻无效。

婚姻一旦被宣布无效，就具有溯及既往的效力，从双方结婚那一天起就是无效的；当事人之间不具有夫妻的权利和义务。

相关法律

《中华人民共和国民法典》

第一千零四十一条 婚姻家庭受国家保护。

实行婚姻自由、一夫一妻、男女平等的婚姻制度。

保护妇女、未成年人、老年人、残疾人的合法权益。

第一千零四十六条 结婚应当男女双方完全自愿，禁止任何一方对另一方加以强迫，禁止任何组织或者个人加以干涉。

第一千零四十七条 结婚年龄，男不得早于二十二周岁，女不得早于二十周岁。

第一千零四十八条 直系血亲或者三代以内的旁系血亲禁止结婚。

第一千零五十一条 有下列情形之一的，婚姻无效：

（一）重婚；

（二）有禁止结婚的亲属关系；

（三）未到法定婚龄。

第一千零五十四条 无效的或者被撤销的婚姻自始没有法律约束力，当事人不具有夫妻的权利和义务。同居期间所得的财产，由当事人协议处理；协议不成的，由人民法院根据照顾无过错方的原则判决。对重婚导致的无效婚姻的财产处理，不得侵害合法婚姻当事人的财产权益。当事人所生的子女，适用本法关于父母子女的规定。

婚姻无效或者被撤销的，无过错方有权请求损害赔偿。

5. 登记结婚时未到法定婚龄，过了法定婚龄还能申请宣告婚姻无效吗？

情景再现

在小军20岁、小莉18岁那年，双方经媒人介绍，经过几个月接触后同居，在同居后2个月举行了结婚仪式，并用瞒报实际年龄等方法进行了婚姻登记。第二年，二人的孩子降生，小军工作越发有干劲。在大城市，小军努力拼搏，踏实能干，收入也越来越高，但他和小莉之间发生了微妙变化，双方通信的时间少了。没过两年，两人分居两地，干脆就断绝了往来。小军觉得自己在异地他乡孤独寂寞，遂谈起了恋爱，与一同打工的一个姑娘同居生子。小莉得到这一消息，非常震惊，自己在家带孩子照顾父母，却被丈夫无情地抛弃，她感到自己的合法权益受到了侵害，把丈夫告上法庭，要求法院宣告他们的婚姻无效。此时小军24岁，小莉22岁，均达到了法定婚龄。

法律分析

根据《民法典》第一千零五十一条第三项的规定，登记结婚时候没有达到我国的法定婚龄，婚姻应属无效。但是如果当事人起诉请求法院宣告双方婚姻无效的时候，均达到了法定婚龄，据以往司法实践，当事人依据《民法典》第一千零五十一条规定向人民法院申请宣告婚姻无效的，申请时法定的无效婚姻情形已经消失的，人民法院不予支持。因此，申请婚姻无效时双方已经达到法定结婚年龄的，属于法定无效婚姻情形已经消失，法院不予支持。本案中，小军和小莉的情况即如此。

但是结婚的双方当事人如感情确已破裂，可以搜集夫妻感情确已破裂的证据，向法院起诉离婚，请求判决解除双方婚姻关系。

本案中，小莉可以搜集夫妻感情确已破裂的证据，向法院起诉离婚，请求判决解除双方婚姻关系。

相关法律

《中华人民共和国民法典》

第一千零五十一条 有下列情形之一的，婚姻无效：

（一）重婚；

（二）有禁止结婚的亲属关系；

（三）未到法定婚龄。

6. 父母包办的婚姻，法律会保护吗？

情景再现

小建和小花青梅竹马，小建从小便许诺长大了要娶小花为妻。双方都到了谈婚论嫁的年纪后，小建托人向小花家提亲，可是小花的父母因小建家庭条件较差，坚决不同意两人的婚事。后小花的父母甚至对小花禁足，小花每日以泪洗面，怎么央求父母都得不到应允，其间甚至有过轻生的念头和举动。为了断绝小花嫁给小建的想法，小花父母寻得了他们认为门当户对的小军家的姻缘，在小军和小花父母的包办下，小花被迫嫁给了小军。可是小军因为从小娇生惯养，脾气暴躁蛮横，又感觉到小花不是真心喜欢他，婚后不到2个月便开始对小花百般折磨。无奈之下，小花起诉到法院，以求逃离这段不幸的婚姻。

法律分析

我国《民法典》第一千零四十二条第一款规定，禁止包办、买卖婚姻和其他干涉婚姻自由的行为。同时，第一千零五十二条规定，因胁迫结婚的，受胁迫的一方可以向人民法院请求撤销该婚姻。受胁迫的一方撤销婚姻的请求，应当自胁迫行为终止之日起一年内提出。被非法限制人身自由的当事人请求撤销婚姻的，应当自恢复人身自由之日起一年内提出。根据《民法典》第一千零五十四条的规定，无效或被撤销的婚姻，自始无效。

本案中，小花是在父母的强迫之下被迫嫁给小军的，她可以向人民法院起诉，请求撤销两人的婚姻关系。需要注意的是，小花应当在胁迫行为终止之日起一年内向法院提出撤销该婚姻。

法官提示

包办婚姻，是指婚姻关系以外的第三人，包括婚姻当事人的父母，违反婚姻自由原则，违背婚姻当事人的自由和意愿，强迫其缔结婚姻的行为。在我国现实生活中，包办婚姻的表现形式很多，大多是父母为子女直接选择对象，当事人双方或一方不同意时，即采取强制手段，强迫结婚；其他形式有换亲、转亲、转房和童养媳等。违背婚姻自由而被迫结婚的，被包办的婚姻的当事人可以自结婚登记之日起一年内向婚姻登记机关或人民法院请求撤销该婚姻，婚姻被撤销后，自始无效。

相关法律

《中华人民共和国民法典》

第一千零四十二条 禁止包办、买卖婚姻和其他干涉婚姻自由的行为。禁止借婚姻索取财物。

禁止重婚。禁止有配偶者与他人同居。

禁止家庭暴力。禁止家庭成员间的虐待和遗弃。

第一千零五十二条 因胁迫结婚的，受胁迫的一方可以向人民法院请求撤销婚姻。

请求撤销婚姻的，应当自胁迫行为终止之日起一年内提出。

被非法限制人身自由的当事人请求撤销婚姻的，应当自恢复人身自由之日起一年内提出。

第一千零五十四条 无效的或者被撤销的婚姻自始没有法律约束力，当事人不具有夫妻的权利和义务。同居期间所得的财产，由当事人协议处理；协议不成的，由人民法院根据照顾无过错方的原则判决。对重婚导致的无效婚姻的财产处理，不得侵害合法婚姻当事人的财产权益。当事人所生的子女，适用本法关于父母子女的规定。

婚姻无效或者被撤销的，无过错方有权请求损害赔偿。

二、家庭关系

1. 夫妻单方受赠的财产是否属于夫妻共同财产？

情景再现

小伟和小琴是小两口，婚后一年，他们的孩子出生。为了使女儿生活得不用那么艰辛，小琴的父母将城郊一处房产单独赠与小琴，办理房屋过户时登记的是小琴的名字。没过几年，夫妻俩感情破裂，小伟起诉离婚，并要求法院将小琴父母赠与小琴的房屋作为夫妻共同财产予以分割。

法律分析

根据《民法典》第一千零六十三条第三项规定，遗嘱或者赠与合同中确定只归一方的财产，属于夫妻一方的个人财产。本案中，小琴父母赠与的房屋明确只赠与小琴一人，那么依照法律规定，此房屋应为小琴的个人财产，不能视为夫妻共同财产。法院在判决准予夫妻双方离婚对财产一并分割处理的同时，不能将该房屋作为夫妻共同财产予以分割。因此，小伟请求将此房屋作为夫妻共同财产予以分割的诉讼请求得不到支持。

法官提示

虽然《民法典》第一千零六十二条第一款规定，夫妻在婚姻关系存续期间所得的继承或赠与所得的财产归夫妻共同所有，但是该条第四项同时规定，第一千零六十三条第三项规定的除外，本案即属于此种情况。此外，读者也应注意《民法典》第一千零六十三条规定的其他只能认定为夫妻一方财产的情形。

相关法律

《中华人民共和国民法典》

第一千零六十二条 夫妻在婚姻关系存续期间所得的下列财产，为夫妻的共同财产，归夫妻共同所有：

（一）工资、奖金、劳务报酬；

（二）生产、经营、投资的收益；

（三）知识产权的收益；

（四）继承或者受赠的财产，但是本法第一千零六十三条第三项规定的除外；

（五）其他应当归共同所有的财产。

夫妻对共同财产，有平等的处理权。

第一千零六十三条 下列财产为夫妻一方的个人财产：

（一）一方的婚前财产；

（二）一方因受到人身损害获得的赔偿或者补偿；

（三）遗嘱或者赠与合同中确定只归一方的财产；

（四）一方专用的生活用品；

（五）其他应当归一方的财产。

2. 夫妻一方以个人财产投资取得的收益是否属于夫妻共同财产？

情景再现

小辉和小慧是小两口。小辉大学学的金融学，毕业后在银行工作，他总会把不急用的钱做一些投资，比如买卖贵金属、期货交易、基金、外汇、股票等都有涉足。因为具备专业知识，也有较强的市场分析能力，小辉个人账户上因为投资产生的收益也越来越多。后夫妻俩感情不和，诉至法院请求解除婚姻关系并对共同财产进行分割。小辉提出，因为个人账户上的投资都是以自己的名义和收入所进行而获得的，因此认为法院不应当将该笔财产认定为夫妻共同财产进行分割。

法律分析

《最高人民法院关于适用〈中华人民共和国民法典〉婚姻家庭编的解释（一）》第二十六条规定，夫妻一方个人财产在婚后产生的收益，除孳息和自然增值外，应认定为夫妻共同财产。本案中，小辉虽然是以自己的工资收入为投资资本，也是以自己的名义进行的投资，但是根据法律规定，该收入应当认定为夫妻共同财产。因此法院会依据上述法律规定，对该笔财产以夫妻共同财产的属性来予以分割。

法官提示

现实生活中有很多《民法典》没有明确规定是否属于夫妻共同财产的情形，但是相关司法实践操作予以了补充性的规定，是否认定为夫妻共同财产法律会作出不断完善的规定。

相关法律

《最高人民法院关于适用〈中华人民共和国民法典〉婚姻家庭编的解释（一）》

第二十六条 夫妻一方个人财产在婚后产生的收益，除孳息和自然增值外，应认定为夫妻共同财产。

3. 婚后购房的房产证上只有夫妻一方的名字，该房产是否属于夫妻共同财产？

情景再现

李松和周丽大学毕业后都忙于工作，两人都快30岁了，才通过婚恋网配对成功。李松在金融机构工作，经济条件较好，因为两人婚前缺乏细致了解，李松婚后用自己的积蓄购买了两套房产，两套房产均只落李松自己的名字。在两人的孩子出生以后，李松将婚后买房的情况告诉了周丽，周丽也通情达理，表示理解。后夫妻的感情经不起时间的考验，双方协议离婚，但是对于李松婚后只落自己名字的这两套房产，周丽认为属于夫妻共同财产，李松则认为是其个人财产不能予以分割，遂闹到法院。

法律分析

根据《民法典》第一千零六十二条的规定，夫妻在婚姻关系存续期间所得的工资、奖金，生产、经营的收益，知识产权的收益等以及其他应当归共同所有的财产，属于夫妻共同财产。《民法典》对于夫妻共同财产进行了列举式的说明，法律列明的财产，在婚姻关系存续期间如夫妻双方没有特别约定，都应当视为夫妻共同财产，夫妻双方应当对共同所有的财产进行协商，平等处理，法律也明确规定了夫妻对共同财产的平等处理权。

本案中，虽然房产证上只落了夫妻一方即李松的名字，但是因为该房产系在夫妻关系存续期间所购买，如果夫妻之间并没有其他特别约定对财产进行划分，该房产应当属于夫妻共同财产。

相关法律

《中华人民共和国民法典》

第一千零六十二条 夫妻在婚姻关系存续期间所得的下列财产，为夫妻的共同财产，归夫妻共同所有：

（一）工资、奖金、劳务报酬；

（二）生产、经营、投资的收益；

（三）知识产权的收益；

（四）继承或者受赠的财产，但是本法第一千零六十三条第三项规定的除外；

（五）其他应当归共同所有的财产。

夫妻对共同财产，有平等的处理权。

4. 婚后由一方父母出资为子女购买的房子，属于夫妻共同财产吗？

情景再现

秦刚和张霞大学毕业结婚后，一直租房住，后秦刚在父母的帮助出资下购买了一套温馨的小户型房屋，房产证只落秦刚一个人的名字，父母也明确该房屋系赠送给秦刚的个人财产，两人告别漂泊不定的日子，搬进新屋。可是好景不长，后来双方觉得性格差异越来越大，矛盾冲突也越来越多，遂向法院起诉离婚，在庭审中，双方对于秦刚父母出资购买的该套房屋各执己见。张霞认为是婚后购买的财产应当属于夫妻共同财产要求进行分割，而秦刚认为按照法律规定系自己父母出资明确为赠送给自己的财产不属于夫妻共同财产，张霞无权要求分割。

法律分析

张霞的主张不符合法律规定，得不到法院的支持。我国《民法典》第一千零六十三条规定了为夫妻一方财产的情形：一方的婚前财产；一方因受到人身损害获得的赔偿或者补偿；遗嘱或赠与合同中确定只归一方的财产；一方专用的生活用品；其他应当归一方的财产。本案中，秦刚父母在出资购买房屋时已经明确说明房屋系秦刚的个人财产，因此属于上述法律规定的第三种情形，应当属于秦刚的个人财产，不能作为夫妻共同财产进行分割。

法官提示

婚后，由父母帮助出资购买房屋的情形很多，这些房产认定为个人财产还是共同财产因个别情况不同而有差异。《最高人民法院关于适用〈中华人民共和国民法典〉婚姻家庭编的解释（一）》第二十九条第二款规定，当事人结婚后，父母为双方购置房屋出资的，依照约定处理；没有约定或者约定不明确的，按照民法典第一千零六十二条第一款第四项规定的原则处理。

相关法律

《中华人民共和国民法典》

第一千零六十二条　夫妻在婚姻关系存续期间所得的下列财产，为夫妻的共同财产，归夫妻共同所有：

（一）工资、奖金、劳务报酬；

（二）生产、经营、投资的收益；

（三）知识产权的收益；

（四）继承或者受赠的财产，但是本法第一千零六十三条第三项规定的除外；

（五）其他应当归共同所有的财产。

夫妻对共同财产，有平等的处理权。

第一千零六十三条　下列财产为夫妻一方的个人财产：

（一）一方的婚前财产；

（二）一方因受到人身损害获得的赔偿或者补偿；

（三）遗嘱或者赠与合同中确定只归一方的财产；

（四）一方专用的生活用品；

（五）其他应当归一方的财产。

《最高人民法院关于适用〈中华人民共和国民法典〉婚姻家庭编的解释（一）》

第二十九条　当事人结婚前，父母为双方购置房屋出资的，该出资应当认定为对自己子女个人的赠与，但父母明确表示赠与双方的除外。

当事人结婚后，父母为双方购置房屋出资的，依照约定处理；没有约定或者约定不明确的，按照民法典第一千零六十二条第一款第四项规定的原则处理。

5. 夫妻一方的财产会因婚姻关系的建立而转化为夫妻共同财产吗？

情景再现

张建和孙慧是大学同学，两人毕业后即结了婚。张建父母为了孩子结婚后能有舒适的居住环境，在两人婚前便为张建购置了婚房，并且房屋只落张建一个人的名字。婚后，双方已不能如恋爱般甜蜜，经常为琐事吵闹甚至大打出手，后双方诉至法院请求判决离婚。争议最大的是张建父母于二人婚前购买的房产，孙慧认为虽然该房屋是张建父母于二人婚前所购买，但是婚后是他们夫妻二人居住，该房屋因为婚姻关系的产生和延续而转化为夫妻共同财产，请求予以分割，张建则认为是其个人财产不能予以分割。

法律分析

孙慧的主张不符合法律规定，得不到法院的支持。我国《民法典》第一千零六十三条规定了为夫妻一方财产的情形：一方的婚前财产；一方因受到人身损害获得的赔偿或者补偿；遗嘱或赠与合同中确定只归一方的财产；一方专用的生活用品；其他应当归一方的财产。《最高人民法院关于适用〈中华人民共和国民法典〉婚姻家庭编的解释（一）》第三十一条规定："民法典第一千零六十三条规定为夫妻一方的个人财产，不因婚姻关系的延续而转化为夫妻共同财产。但当事人另有约定的除外。"根据该规定可知，除非夫妻双方另有约定，夫妻一方所有的财产，不因婚姻关系的延续而转化为夫妻共同财产。本案中，张建父母在婚前就出资购买房屋，并且购买时已经将房屋落在张建一个人名下，因此属于上述法律规定的第三种情形，应当属于张建的个人财产，不能作为夫妻共同财产进行分割。

相关法律

《中华人民共和国民法典》

第一千零六十三条 下列财产为夫妻一方的个人财产：

（一）一方的婚前财产；

（二）一方因受到人身损害获得的赔偿或者补偿；

（三）遗嘱或者赠与合同中确定只归一方的财产；

（四）一方专用的生活用品；

（五）其他应当归一方的财产。

《最高人民法院关于适用〈中华人民共和国民法典〉婚姻家庭编的解释（一）》

第三十一条 民法典第一千零六十三条规定为夫妻一方的个人财产，不因婚姻关系的延续而转化为夫妻共同财产。但当事人另有约定的除外。

6. 夫妻一方的婚前债务，另一方有义务承担吗？

情景再现

丽丽家境贫寒，因高考成绩不理想，远赴外地打工，颇为艰辛。同是工友又是老乡的孙坚给了丽丽安全感和幸福感，不久两人便从热恋到了谈婚论嫁。两人回到老家征求父母的同意，双方父母都比较满意，于是二人便按照当地习俗举办了婚礼并到当地民政部门办理结婚登记。婚后不久，孙坚本性暴露，整天好吃懒做，脾气暴躁，动不动就对丽丽又打又骂，丽丽不堪折磨便向法院起诉离婚，在对夫妻共同财产及债务进行分割时，孙坚提出自己在婚前为了结婚欠下 5 万元的债务，并且有一部分已经用于婚后的生活，要求这 5 万元的债务由夫妻共同承担，丽丽则坚称婚后家里大部分花销都是由她所出，并且孙坚没有工作也没有拿出钱来供二人生活所需，对此债务不应当由二人共同承担。

法律分析

孙坚的主张于法无据，不能得到法院的支持。我国《民法典》第一千零八十九条规定，离婚时，夫妻共同债务应当共同偿还。孙坚的债务并不是在夫妻关系存续期间产生，也并没有证据证明其将相关款项用于夫妻共同生活，因此要求作为夫妻共同债务由丽丽分担一半于法无据。

法官提示

关于夫妻共同债务的认定，针对婚前债务的承担方式，除了《民法典》第一千零八十九条的规定之外，根据《最高人民法院关于适用〈中华人民共和国民法典〉婚姻家庭编的解释（一）》第三十三条规定，对于婚前债务要求夫妻双方共同承担的，必须有证据能够证明已经用于婚后家庭的共同生活。

相关法律

《中华人民共和国民法典》

第一千零八十九条 离婚时，夫妻共同债务应当共同偿还。共同财产不足清偿或者财产归各自所有的，由双方协议清偿；协议不成的，由人民法院判决。

《最高人民法院关于适用〈中华人民共和国民法典〉婚姻家庭编的解释（一）》

第三十三条 债权人就一方婚前所负个人债务向债务人的配偶主张权利的，人民法院不予支持。但债权人能够证明所负债务用于婚后家庭共同生活的除外。

7. 夫妻单方以个人名义所负债务，是否属于夫妻共同债务？

情景再现

小竹与小树在外地打工时相识，不久便回老家结了婚。一天，家里来了一位不速之客，小竹才知道小树婚后没有工作时的花销都是向别人借的，小竹为此伤心不已，便向法院起诉离婚。在对夫妻共同财产及债务进行分割时，小树提出自己婚姻关系存续期间所欠债务基本上都用于夫妻共同生活，应当由夫妻共同承担，小竹则认为小树以自己的名义借款，应该与自己无关，不应由二人共同负担。

法律分析

《民法典》第一千零八十九条规定，离婚时，夫妻共同债务应当共同偿还。共同财产不足清偿或者财产归各自所有的，由双方协议清偿；协议不成的，由人民法院判决。本案中，虽然借款是以小树自己的名义，但小树所欠债务实际用于了与小竹的共同生活，应当认定为夫妻共同债务，公平负担。

法官提示

法律对于夫妻共同债务负担的规定，主要是以保护善意债权人的角度出发，因为夫妻关系的亲疏远近第三方是很难具体知晓的。只要债务形成于夫妻关系存续期间，而且在双方没有对财产及债务进行特别约定以及另一方不能证明夫妻借款一方与借款人已经明确约定为其个人债务的情况下，都应当按照夫妻共同债务来处理。

相关法律

《中华人民共和国民法典》

第一千零八十九条 离婚时，夫妻共同债务应当共同偿还。共同财产不足清偿或者财产归各自所有的，由双方协议清偿；协议不成的，由人民法院判决。

8. 非婚生子女与婚生子女在权利上有差异吗?

情景再现

黄霞与陈刚经人介绍相识、结婚。结婚后经过双方努力，三十多岁的黄霞终于怀孕了，由于孩子来之不易，在孩子出生后黄霞便宠爱有加。有一天，家里来了一个不速之客，是一个比自己孩子大差不多4岁的孩子。原来这个孩子是陈刚与前女友所生，但是前女友怀孕陈刚并不知道，直到他们再次重逢，陈刚才知晓。为了弥补自己的过失尽到做父亲的责任，加之前女友也生计困难，陈刚把孩子接回家来，与黄霞共同抚养。黄霞本已经接受，但是在日后的生活中，越来越不喜欢陈刚与前女友的孩子，甚至强行要求陈刚立下承诺书，要求陈刚必须在子女抚养费用上，对自己的孩子要3倍于前女友所生的孩子。

法律分析

黄霞的要求于法无据，不能提倡。《民法典》第一千零七十一条规定：“非婚生子女享有与婚生子女同等的权利，任何组织或者个人不得加以危害和歧视。不直接抚养非婚生子女的生父或者生母，应当负担未成年子女或者不能独立生活的成年子女的抚养费。”可见，法律明确规定了非婚生子女享有与婚生子女在被抚养、接受教育、继承遗产等诸方面的同等权利，任何人不得干涉、危害、歧视。

法官提示

婚生子女是男女双方在依法确立婚姻关系后所生育的子女，而非婚生子女则是在依法确立婚姻关系前或婚外行为所生的子女，如非法同居、婚前性行为、姘居、通奸及被强奸后所生的子女。婚生子女与非婚生子女，法律均予以保护，法律地位及权利是平等的。

相关法律

《中华人民共和国民法典》

第一千零七十一条 非婚生子女享有与婚生子女同等的权利，任何组织或者个人不得加以危害和歧视。

不直接抚养非婚生子女的生父或者生母，应当负担未成年子女或者不能独立生活的成年子女的抚养费。

三、离婚

1. 离婚协议的效力如何？

情景再现

小花和小军大学毕业后经人介绍结了婚。可是由于两人工作都较忙，而且婚前沟通也不够充分，感情基础不好，两人也都较为强势，结婚后不久因矛盾重重，遂决定离婚。由于结婚不久，结婚也是租房住，二人没有什么共同财产可供分割。小花和小军认为彼此都是讲道理的人，写个离婚协议即可，不用到婚姻登记部门，更没有去法院你告我、我告你的麻烦。双方商议拟定了离婚协议书，一式两份，签字后各执一份，双方便开始了各自新的生活。

法律分析

小花和小军签署离婚协议后，并没有产生法律意义上的离婚效力，虽然双方各自开始了新的生活，但是双方还是法律意义上的夫妻关系。我国《民法典》第一千零七十六条规定，夫妻双方自愿离婚的，应当签订书面离婚协议，并亲自到婚姻登记机关申请离婚登记。离婚协议应当载明双方自愿离婚的意思表示和对子女抚养、财产以及债务处理等事项协商一致的意见。据此，小花和小军虽然就离婚的事实达成了协议，但是要实现法律意义上真正的离婚，双方必须到民政部门办理离婚登记，经审查取得离婚证以后，才是真正法律意义上的离婚。

法官提示

离婚协议是指决定解除婚姻关系的夫妻双方就离婚所涉及的各类事项，如子女抚养、共同财产分割等达成的协议。离婚协议必须为书面形式，由夫妻双方当事人签字，并经法院或婚姻登记管理部门认可，才会发生法律效力。根据《婚姻登记条例》第十一条第一款第三项的规定，办理离婚手续的男女双方必须出具双方共同签署的离婚协议书。因此，离婚协议只是办理离婚登记时需要的基础性文件之一，并非一经签署即具有法律上离婚的效力。

相关法律

《中华人民共和国我国民法典》

第一千零七十六条 夫妻双方自愿离婚的，应当签订书面离婚协议，并亲自到婚姻登记机关申请离婚登记。

离婚协议应当载明双方自愿离婚的意思表示和对子女抚养、财产以及债务处理等事项协商一致的意见。

《婚姻登记条例》

第十一条 办理离婚登记的内地居民应当出具下列证件和证明材料：

（一）本人的户口簿、身份证；

（二）本人的结婚证；

（三）双方当事人共同签署的离婚协议书。

办理离婚登记的香港居民、澳门居民、台湾居民、华侨、外国人除应当出具前款第（二）项、第（三）项规定的证件、证明材料外，香港居民、澳门居民、台湾居民还应当出具本人的有效通行证、身份证，华侨、外国人还应当出具本人的有效护照或者其他有效国际旅行证件。

离婚协议书应当载明双方当事人自愿离婚的意思表示以及对子女抚养、财产及债务处理等事项协商一致的意见。

2. 遭受家庭暴力向法院起诉离婚，会得到法院的支持吗？

情景再现

小草和小鹏都是“80后”，在父母的说合下结婚。小鹏工作压力大，时常加班，小草工作也辛苦，两人脾气都不大好，下班回家后经常吵架，后逐渐升级为大打出手，小鹏力气大，每次都将小草打得浑身是伤。后小草提出离婚，小鹏非但不同意，还对小草的暴力行为变本加厉。无奈之下，小草向法院提起离婚诉讼。

法律分析

小草不堪忍受小鹏的家庭暴力而向人民法院起诉离婚，依法会得到支持。根据我国《民法典》第一千零七十九条第三款第二项规定，小草向人民法院起诉离婚，人民法院依法会进行调解，若调解无效，因为小草属于遭受家庭暴力，人民法院会判决双方离婚。

法官提示

我国《民法典》第一千零四十二条第三款明确规定，禁止家庭暴力。除家庭暴力外，若夫妻一方与他人同居，有赌博、吸毒等恶习屡教不改，感情不和分居满二年等情形，人民法院在调解无效情况下，一般都会判决准许离婚。

针对小鹏的家庭暴力行为，小草也可以根据《反家庭暴力法》向有关单位投诉、反映或者求助，甚至可以向公安机关报案或依法向人民法院起诉。如果情况比较严重，还可以向人民法院申请人身安全保护令。

相关法律

《中华人民共和国民法典》

第一千零四十二条 禁止包办、买卖婚姻和其他干涉婚姻自由的行为。禁止借婚姻索取财物。

禁止重婚。禁止有配偶者与他人同居。

禁止家庭暴力。禁止家庭成员间的虐待和遗弃。

第一千零七十九条 夫妻一方要求离婚的，可以由有关组织进行调解或者直接向人民法院提起离婚诉讼。

人民法院审理离婚案件，应当进行调解；如果感情确已破裂，调解无效的，应当准予离婚。

有下列情形之一，调解无效的，应当准予离婚：

（一）重婚或者与他人同居；

（二）实施家庭暴力或者虐待、遗弃家庭成员；

（三）有赌博、吸毒等恶习屡教不改；

（四）因感情不和分居满二年；

（五）其他导致夫妻感情破裂的情形。

一方被宣告失踪，另一方提起离婚诉讼的，应当准予离婚。

经人民法院判决不准离婚后，双方又分居满一年，一方再次提起离婚诉讼的，应当准予离婚。

《中华人民共和国反家庭暴力法》

第十三条 家庭暴力受害人及其法定代理人、近亲属可以向加害人或者受害人所在单位、居民委员会、村民委员会、妇女联合会等单位投诉、反映或者求助。有关单位接到家庭暴力投诉、反映或者求助后，应当给予帮助、处理。

家庭暴力受害人及其法定代理人、近亲属也可以向公安机关报案或者依法向人民法院起诉。

单位、个人发现正在发生的家庭暴力行为，有权及时劝阻。

第二十三条 当事人因遭受家庭暴力或者面临家庭暴力的现实危险，向人民法院申请人身安全保护令的，人民法院应当受理。

当事人是无民事行为能力人、限制民事行为能力人，或者因受到强制、威吓等原因无法申请人身安全保护令的，其近亲属、公安机关、妇女联合会、居民委员会、村民委员会、救助管理机构可以代为申请。

3. 丈夫在外“包二奶”，妻子起诉离婚会被法院支持吗？

情景再现

李军和王丽结婚后，起初婚姻还比较美满，后李军和本单位新员工张霞通过工作协作暗生情愫，李军便背着王丽开始了与张霞的同居生活。由于李军出轨后，很少回家，引起了王丽的注意，后王丽调查确认李军和张霞同居的情况后，向李军提出离婚，但是李军死活不同意。无奈之下，王丽向人民法院提起诉讼，请求法院准许离婚。

法律分析

李军的行为，违反了夫妻双方应当尽到的忠实义务，王丽提出离婚请求，依法会得到支持。根据我国《民法典》第一千零七十九条第三款第一项规定，王丽向人民法院起诉离婚，人民法院依法会进行调解，若调解无效，因为李军属于有配偶而与他人同居，人民法院会判决准许双方离婚。

法官提示

夫妻双方应当尽到相互忠实、相互尊重，李军在与王丽婚姻关系存续期间与张霞同居，严重伤害了王丽的感情。王丽提出离婚，李军死活不同意，这样的情况人民法院依法会判决准许双方解除婚姻关系。除同居外，若夫妻一方对另一方实施家庭暴力，有赌博、吸毒等恶习屡教不改，感情不和分居满二年等情形，人民法院在调解无效情况下，一般都会判决准许离婚。

相关法律

《中华人民共和国民法典》

第一千零四十三条 家庭应当树立优良家风，弘扬家庭美德，重视家庭文明建设。

夫妻应当互相忠实，互相尊重，互相关爱；家庭成员应当敬老爱幼，互相帮助，维护平等、和睦、文明的婚姻家庭关系。

第一千零七十九条 夫妻一方要求离婚的，可以由有关组织进行调解或者直接向人民法院提起离婚诉讼。

人民法院审理离婚案件，应当进行调解；如果感情确已破裂，调解无效的，应当准予离婚。

有下列情形之一，调解无效的，应当准予离婚：

（一）重婚或者与他人同居；

（二）实施家庭暴力或者虐待、遗弃家庭成员；

（三）有赌博、吸毒等恶习屡教不改；

（四）因感情不和分居满二年；

（五）其他导致夫妻感情破裂的情形。

一方被宣告失踪，另一方提起离婚

诉讼的，应当准予离婚。

经人民法院判决不准离婚后，双方又分居满一年，一方再次提起离婚诉讼的，应当准予离婚。

4. 夫妻一方有赌博、吸毒等恶习屡教不改，另一方提出离婚会得到法院的支持吗？

情景再现

小雪初与阿力相识时，觉得阿力人还不错，两人相处不久就结婚了。婚后不久，阿力本性暴露，整天好吃懒做。一天，家里来了不速之客讨要债务，小雪才知道阿力赌博成性而且还染上了毒瘾，小雪念及夫妻情分，原谅了阿力，便要求阿力强制戒毒，可从戒毒所出来后，阿力仍然不知悔改。小雪为此伤心不已，便提出离婚，可是阿力死活不同意。无奈之下，小雪只好向人民法院提出离婚的诉讼请求。

法律分析

小雪提出离婚请求，依法会得到支持。根据我国《民法典》第一千零七十九条第三款第三项规定，小雪向人民法院起诉离婚，人民法院依法会进行调解，若调解无效，因为阿力有赌博、吸毒等恶习且屡教不改，人民法院会判决准许双方离婚。

法官提示

根据法律规定，若夫妻一方重婚或有配偶而与他人同居，对另一方实施家庭暴力，有赌博、吸毒等恶习屡教不改，感情不和分居满二年等情形，人民法院在调解无效情况下，一般都会判决准许离婚。

相关法律

《中华人民共和国民法典》

第一千零七十九条 夫妻一方要求离婚的，可以由有关组织进行调解或者直接向人民法院提起离婚诉讼。

人民法院审理离婚案件，应当进行调解；如果感情确已破裂，调解无效的，应当准予离婚。

有下列情形之一，调解无效的，应当准予离婚：

（一）重婚或者与他人同居；

（二）实施家庭暴力或者虐待、遗弃家庭成员；

（三）有赌博、吸毒等恶习屡教不改；

（四）因感情不和分居满二年；

（五）其他导致夫妻感情破裂的情形。

一方被宣告失踪，另一方提起离婚诉讼的，应当准予离婚。

经人民法院判决不准离婚后，双方又分居满一年，一方再次提起离婚诉讼的，应当准予离婚。

5. 夫妻一方下落不明，另一方可以提出离婚吗？

情景再现

李文与阿华都是旅游爱好者，一有假期就出门旅游，他们俩也是在旅途中相识而最终走进婚姻殿堂的。一次长假，阿华公司业务较忙，需要加班，两人相约出游的计划被迫改为李文和别的同伴一起去。在这次出游过程中，李文在山里不幸遇到暴风雨，从此下落不明。后李文的父母向人民法院提出宣告李文失踪，获得准许。为了继续更好地生活，阿华向法院起诉请求解除与李文的夫妻关系。

法律分析

阿华此时向人民法院提出离婚请求，人民法院依法会准许双方解除婚姻关系。我国《民法典》第一千零七十九条第四款规定：“一方被宣告失踪，另一方提起离婚诉讼的，应当准予离婚。”可见，根据法律规定，李文已经被依法宣告失踪，阿华此时提出诉讼离婚，于法有据，理应得到支持。

法官提示

在我国，离婚案件在人民法院审理过程中，一般都会先经由调解程序，如感情确已破裂，调解无效，人民法院才会判决准许离婚。但是，本案中，因为夫妻一方的妻子李文已经依法被宣告失踪，根据法律的明确规定，阿华起诉离婚会得到法院的准许。

相关法律

《中华人民共和国民法典》

第一千零七十九条 夫妻一方要求离婚的，可以由有关组织进行调解或者直接向人民法院提起离婚诉讼。

人民法院审理离婚案件，应当进行调解；如果感情确已破裂，调解无效的，应当准予离婚。

有下列情形之一，调解无效的，应当准予离婚：

（一）重婚或者与他人同居；

（二）实施家庭暴力或者虐待、遗弃家庭成员；

（三）有赌博、吸毒等恶习屡教不改；

（四）因感情不和分居满二年；

（五）其他导致夫妻感情破裂的情形。

一方被宣告失踪，另一方提起离婚诉讼的，应当准予离婚。

经人民法院判决不准离婚后，双方又分居满一年，一方再次提起离婚诉讼的，应当准予离婚。

6. 夫妻一方要求离婚，另一方不同意的，该怎么办？

情景再现

李霞和小军结婚后，双方常常为了一些小事冷战，有时候还会大吵大闹甚至发生肢体冲突。李霞觉得这样的婚姻没有什么值得留恋的，趁还没有孩子，便提出了离婚，可是小军坚决不同意。为此李霞向人民法院提起诉讼请求解除双方婚姻关系。

法律分析

为保证婚姻严肃性，离婚应当符合法定条件，人民法院才会判决准许离婚。《民法典》第一千零七十九条第三款规定的准许离婚的情形有：重婚或与他人同居的；实施家庭暴力或虐待、遗弃家庭成员的；有赌博、吸毒等恶习屡教不改的；因感情不和分居满二年的；其他导致夫妻感情破裂的情形。李霞应当提交充分证据证明夫妻感情确已破裂。

相关法律

《中华人民共和国民法典》

第一千零七十九条 夫妻一方要求离婚的，可以由有关组织进行调解或者直接向人民法院提起离婚诉讼。

人民法院审理离婚案件，应当进行调解；如果感情确已破裂，调解无效的，应当准予离婚。

有下列情形之一，调解无效的，应当准予离婚：

（一）重婚或者与他人同居；

（二）实施家庭暴力或者虐待、遗弃家庭成员；

（三）有赌博、吸毒等恶习屡教不改；

（四）因感情不和分居满二年；

（五）其他导致夫妻感情破裂的情形。

一方被宣告失踪，另一方提起离婚诉讼的，应当准予离婚。

经人民法院判决不准离婚后，双方又分居满一年，一方再次提起离婚诉讼的，应当准予离婚。

7. 在女方怀孕期间，男方可以提出离婚吗？

情景再现

李丹与张强各自都有过较长时间的恋爱经历，但是最终都未能与各自的恋人结成连理。后经共同好友介绍，两人相识，迫于家庭的压力，便快速登记结婚。婚后不久，李丹怀孕，怀孕期间，张强前女友找到张强，因为与李丹相识时间不算长，也没有太深厚的感情，反倒前女友的出现让张强内心的涟漪重起，张强便向李丹提出离婚。李丹伤心不已，但是坚决不同意，张强便将李丹告上法庭，起诉离婚。

法律分析

根据我国相关法律规定，张强的离婚请求不会得到法院的支持。根据《民法典》第一千零八十二条的规定，女方在怀孕期间、分娩后一年内或者终止妊娠后六个月内，男方不得提出离婚。因此，在李丹怀孕期间，张强是不得提出离婚的。

法官提示

根据《民法典》第一千零八十二条的规定，不仅在李丹怀孕期间，就是李丹生下孩子后一年内或者李丹遭遇意外终止妊娠后的六个月内，张强都不得提出离婚。法律之所以这样规定，主要是在特定期间内对妇女、胎儿和婴儿的保护。在上述期间内妇女的身心都处于比较虚弱的状态，此期间男方提出离婚，对女方的身心健康和胎儿、婴儿的健康都将产生极为不利的影响。

相关法律

《中华人民共和国民法典》

第一千零八十二条 女方在怀孕期间、分娩后一年内或者终止妊娠后六个月内，男方不得提出离婚；但是，女方提出离婚或者人民法院认为确有必要受理男方离婚请求的除外。

8. 离婚后又以夫妻名义生活在一起，就算是自动复婚了吗？

情景再现

孙伟和周丽自打高中时就开始早恋，后经过高考，两人分别到了不同的大学上学，但是恋爱关系没有断绝。大学毕业后，两个人都回到老家工作并登记结婚，婚后双方因为各种琐事经常争吵，便离了婚。可是因为两人在一起生活多年，感情深厚，离婚不久便又重修于好，并有了孩子，但是，双方一直以来都没有办理复婚手续。

法律分析

孙伟和周丽原是合法夫妻，但是又

依法办理了离婚手续，现两人自愿复合重新开始夫妻关系，但是从法律意义上来讲，他们并没有当然地恢复法律意义上的夫妻关系。根据我国《民法典》第一千零八十三条规定，离婚后，男女双方自愿恢复婚姻关系的，应当到婚姻登记机关重新进行结婚登记。因此，孙伟和周丽必须到婚姻登记机关进行复婚登记，才能享有合法的夫妻关系地位。

相关法律

《中华人民共和国民法典》

第一千零八十三条 离婚后，男女双方自愿恢复婚姻关系的，应当到婚姻登记机关重新进行结婚登记。

9. 父母离婚时，不满两周岁的子女一般会判给谁？

情景再现

徐丽和王建通过婚恋节目相识并结婚。婚后一年，两人的孩子出生了。孩子出生没有多久，王建受到提拔做了公司总经理助理，事情变得繁杂，工作任务也加重了。于是王建每天下班回家对妻子不像以前那么关心呵护，甚至有的时候为了小事争执不休。徐丽提出夫妻经济生活“AA 制”，分房睡。此时孩子九个月左右，双方觉得这样的生活没有意义，于是协议离婚。可是双方对于孩子的抚养权问题一直无法达成协议，遂起诉至法院。

法律分析

双方此时向人民法院提出离婚请求，对于离婚都达成了协议，人民法院依法会准许双方解除婚姻关系。只是对于孩子的抚养问题，根据我国《民法典》第一千零八十四条第三款规定，离婚后，不满两周岁的子女，以由母亲直接抚养为原则。已满两周岁的子女，父母双方对抚养问题协议不成的，由人民法院根据双方的具体情况，按照最有利于未成年子女的原则判决。子女已满八周岁的，应当尊重其真实意愿。本案中，孩子不满两周岁，而且还在哺乳期，通常情况下法院会将孩子判由母亲抚养。

法官提示

本案中，双方对于离婚没有任何争议，主要是对孩子抚养权问题争执不休。其实，法律对于孩子判由谁抚养，都只是从便于孩子成长来考虑，而父母与孩子的血缘关系和父母对孩子的抚养义务不会因为父母婚姻的终结而改变。正如《民法典》第一千零八十四条第一款、第二款的规定，父母与子女间的关系，不因父母离婚而消除。离婚后，子女无论由父或母直接抚养，仍是父母双方的子女。离婚后，父母对于子女仍有抚养、教育、保护的权利和义务。

相关法律

《中华人民共和国民法典》

第一千零八十四条 父母与子女间的关系，不因父母离婚而消除。离婚后，子女无论由父或者母直接抚养，仍是父母双方的子女。

离婚后，父母对于子女仍有抚养、教育、保护的权利和义务。

离婚后，不满两周岁的子女，以由母亲直接抚养为原则。已满两周岁的子女，父母双方对抚养问题协议不成的，由人民法院根据双方的具体情况，按照最有利于未成年子女的原则判决。子女已满八周岁的，应当尊重其真实意愿。

10. 父母离婚时，两周岁以上的子女一般会判给谁？

情景再现

李刚与妻子王芹的孩子出生没有多久，李刚就遭遇到公司裁员，不得已重新找了工作。新工作压力较大且薪酬大不如前，为此李刚经常闷闷不乐，情绪也变得暴躁起来，对妻子不像以前那么关心呵护，失去了耐心，时常为了小事争执不休。在孩子两岁半左右的时候，双方觉得这样的生活没有意思，于是协议离婚。可是双方对于孩子的抚养权问题一直无法达成协议，遂起诉至法院。

法律分析

对于孩子的抚养问题，根据我国《民法典》第一千零八十四条第三款规定，离婚后，不满两周岁的子女，以由母亲直接抚养为原则。已满两周岁的子女，父母双方对抚养问题协议不成的，由人民法院根据双方的具体情况，按照最有利于未成年子女的原则判决。子女已满八周岁的，应当尊重其真实意愿。

同时，《最高人民法院关于适用〈中华人民共和国民法典〉婚姻家庭编的解释（一）》第四十六条规定，对已满两周岁的未成年子女，父母均要求直接抚养，一方有下列情形之一的，可予优先考虑：（1）已做绝育手术或者因其他原因丧失生育能力；（2）子女随其生活时间较长，改变生活环境对子女健康成长明显不利；（3）无其他子女，而另一方有其他子女；（4）子女随其生活，对子女成长有利，而另一方患有久治不愈的传染性疾病或者其他严重疾病，或者有其他不利于子女身心健康的情形，不宜与子女共同生活。第四十七条规定，父母抚养子女的条件基本相同，双方均要求直接抚养子女，但子女单独随祖父母或者外祖父母共同生活多年，且祖父母或者外祖父母要求并且有能力帮助子女照顾孙子女或者外孙子女的，可以作为父或者母直接抚养子女的优先条件予以考虑。

综上，两周岁以上的子女由谁抚养，需依照以上法律规定，视具体情况而定。

相关法律

《中华人民共和国民法典》

第一千零八十四条 父母与子女间的关系，不因父母离婚而消除。离婚后，子女无论由父或者母直接抚养，仍是父母双方的子女。

离婚后，父母对于子女仍有抚养、教育、保护的权利和义务。

离婚后，不满两周岁的子女，以由母亲直接抚养为原则。已满两周岁的子女，父母双方对抚养问题协议不成的，由人民法院根据双方的具体情况，按照最有利于未成年子女的原则判决。子女已满八周岁的，应当尊重其真实意愿。

《最高人民法院关于适用〈中华人民共和国民法典〉婚姻家庭编的解释（一）》

第四十六条 对已满两周岁的未成年子女，父母均要求直接抚养，一方有下列情形之一的，可予优先考虑：

（一）已做绝育手术或者因其他原因丧失生育能力；

（二）子女随其生活时间较长，改变

生活环境对子女健康成长明显不利；

（三）无其他子女，而另一方有其他子女；

（四）子女随其生活，对子女成长有利，而另一方患有久治不愈的传染性疾病或者其他严重疾病，或者有其他不利于子女身心健康的情形，不宜与子女共同生活。

第四十七条 父母抚养子女的条件基本相同，双方均要求直接抚养子女，但子女单独随祖父母或者外祖父母共同生活多年，且祖父母或者外祖父母要求并且有能力帮助子女照顾孙子女或者外孙子女的，可以作为父或者母直接抚养子女的优先条件予以考虑。

11. 父母离婚时，由祖父母、外祖父母带大的子女一般会判给谁？

情景再现

王畅和张洋都是名牌大学毕业，毕业后工作较忙。后经他人介绍，两人结婚。结婚后孩子顺利降生，因为张洋工作非常繁忙，而王畅休完产假以后也面临着加班加点地工作，两人都无暇照顾孩子，经过两人协商将孩子送到张洋老家由孩子的爷爷奶奶代为抚养。孩子回到张洋老家后，两人工作蒸蒸日上，更是忙得不可开交，交流越来越少，矛盾也越来越多，后升级为对彼此“冷暴力”。经过多番考虑双方打算协议离婚，可是对于已经5岁的孩子的抚养问题，双方争执不休，张洋认为孩子由爷爷奶奶抚养，并且爷爷奶奶也愿意和有能力抚养孩子，孩子抚养权应当归属他，遂诉至法院，请求裁决。

法律分析

《民法典》第一千零八十四条第三款规定，离婚后，不满两周岁的子女，以由母亲直接抚养为原则。已满两周岁的子女，父母双方对抚养问题协议不成的，由人民法院根据双方的具体情况，按照最有利于未成年子女的原则判决。子女已满八周岁的，应当尊重其真实意愿。本案中，孩子已经五岁，过了哺乳期，法院会根据具体情况予以判决。孩子自小由张洋的父母抚养，根据既往司法实践经验，父方与母方抚养子女的条件基本相同，双方均要求子女与其共同生活，但子女单独随祖父母或外祖父母共同生活多年，且祖父母或外祖父母要求并且有能力帮助子女照顾孙子女或外孙子女的，可作为子女随父或母生活的优先条件予以考虑。本案中，张洋父母一直帮助抚养孩子，且表示愿意和有能力照顾孩子，法院依法会支持张洋的诉讼请求，判决孩子归其抚养。

相关法律

《中华人民共和国民法典》

第一千零八十四条 父母与子女间的关系，不因父母离婚而消除。离婚后，子女无论由父或者母直接抚养，仍是父母双方的子女。

离婚后，父母对于子女仍有抚养、教育、保护的权利和义务。

离婚后，不满两周岁的子女，以由母亲直接抚养为原则。已满两周岁的子女，父母双方对抚养问题协议不成的，由人民法院根据双方的具体情况，按照最有利于未成年子女的原则判决。子女已满八周岁的，应当尊重其真实意愿。

12. 父母双方可以协议轮流抚养子女吗？

情景再现

小月和小阳经他人介绍相识，两人恋爱一段时间后，决定结婚。孩子出生后，两人工作依然忙碌，都未把精力放在家庭经营上，矛盾也越来越多。经过亲朋好友多番劝说，两人还是坚决要离婚，但是对于孩子的抚养问题，因为都住得不算远，双方拟定了协议轮流抚养，即男女双方各自带一周。

法律分析

《民法典》没有对夫妻轮流抚养孩子作出明文规定，《最高人民法院关于适用〈中华人民共和国民法典〉婚姻家庭编的解释（一）》第四十八条规定，在有利于保护子女利益的前提下，父母双方协议轮流直接抚养子女的，人民法院应予支持。其实，法律对于孩子判由谁抚养，都是从便于孩子成长来考虑，而父母与孩子的血缘关系和父母对孩子的抚养义务不会因为父母婚姻的终结而改变。正如《民法典》第一千零八十四条第一款、第二款的规定，父母与子女间的关系，不因父母离婚而消除。离婚后，子女无论由父或者母直接抚养，仍是父母双方的子女，父母对于子女仍有抚养、教育、保护的权利和义务。

相关法律

《中华人民共和国民法典》

第一千零八十四条 父母与子女间的关系，不因父母离婚而消除。离婚后，子女无论由父或者母直接抚养，仍是父母双方的子女。

离婚后，父母对于子女仍有抚养、教育、保护的权利和义务。

离婚后，不满两周岁的子女，以由母亲直接抚养为原则。已满两周岁的子女，父母双方对抚养问题协议不成的，由人民法院根据双方的具体情况，按照最有利于未成年子女的原则判决。子女已满八周岁的，应当尊重其真实意愿。

《最高人民法院关于适用〈中华人民共和国民法典〉婚姻家庭编的解释（一）》

第四十八条 在有利于保护子女利益的前提下，父母双方协议轮流直接抚养子女的，人民法院应予支持。

13. 父母离婚的，子女抚养费的数额该如何确定？

情景再现

小伟和小丽结婚一年后，女儿顺利降生。可是由于双方工作都较忙，而且婚前感情基础不好，结婚后不久双方就矛盾频发。最后双方协议离婚，对于孩子的抚养问题，双方多次商讨以后，决定女儿归小丽抚养，而小伟经济条件较好，应当由小伟定期支付孩子的抚养费。但是关于抚养费的多少，双方都说不好，遂诉至法院，请求法院依法裁决。

法律分析

我国《民法典》第一千零八十五条规定，离婚后，子女由一方直接抚养的，另一方应当负担部分或者全部抚养费。负担费用的多少和期限的长短，由双方协议；协议不成的，由人民法院判决。前款规定的协议或者判决，不妨碍子女在必要时向父母任何一方提出超过协议或者判决原定数额的合理要求。《最高人民法院关于适用〈中华人民共和国民法典〉婚姻家庭编的解释（一）》第四十九条规定，子女抚养费的数额，可根据子女的实际需要、父母双方的负担能力和当地的实际生活水平确定。有固定收入的，抚养费一般可按其月总收入的百分之二十至百分之三十的比例给付。负担两个以上子女抚养费的，比例可适当提高，但一般不得超过月总收入的百分之五十。无固定收入的，抚养费的数额可依据当年总收入或同行业平均收入，参照上述比例确定。有特殊情况的，可适当提高或降低上述比例。

相关法律

《中华人民共和国民法典》

第一千零八十五条 离婚后，子女由一方直接抚养的，另一方应当负担部分或者全部抚养费。负担费用的多少和期限的长短，由双方协议；协议不成的，由人民法院判决。

前款规定的协议或者判决，不妨碍子女在必要时向父母任何一方提出超过协议或者判决原定数额的合理要求。

《最高人民法院关于适用〈中华人民共和国民法典〉婚姻家庭编的解释（一）》

第四十九条 抚养费的数额，可以根据子女的实际需要、父母双方的负担能力和当地的实际生活水平确定。

有固定收入的，抚养费一般可以按其月总收入的百分之二十至三十的比例给付。负担两个以上子女抚养费的，比例可以适当提高，但一般不得超过月总收入的百分之五十。

无固定收入的，抚养费的数额可以依据当年总收入或者同行业平均收入，参照上述比例确定。

有特殊情况的，可以适当提高或者降低上述比例。

14. 在离婚诉讼期间，双方均拒绝抚养子女的，该怎么处理？

情景再现

张丽和李星工作都很忙，两人都无暇照顾孩子，经过协商，两人将孩子送到张丽老家由孩子的外公外婆代为抚养。随着夫妻二人交流越来越少，矛盾也日益堆积。经过多番考虑，双方打算协议离婚，可是对于孩子的抚养问题，双方争执不休，遂诉至法院。在法院审理案件过程中，双方矛盾升级，甚至出现上门“抢孩子”、打电话报警等闹剧，更荒谬的是，在法院判决没有下来之前，双方为了赌气，均拒绝抚养孩子。

法律分析

《最高人民法院关于适用〈中华人民共和国民法典〉婚姻家庭编的解释（一）》第六十条规定，在离婚诉讼期间，双方均拒绝抚养子女的，可以先行裁定暂由一方抚养。

双方同时拒绝抚养子女是一种严重的违法行为。当出现这种情形时，人民法院会以有利于孩子身心健康为原则，综合双方的经济条件、品格、职业等因素，先行裁定子女暂时由一方抚养。等待案件审理结束之后，正式判决孩子归父亲或者母亲抚养。如果被指定的一方拒不履行抚养义务，法院可以采取制裁措施迫使其履行自己的义务。

孩子的抚养问题，是权利更是义务，这种义务不会因为夫妻双方离婚而予以免除，无论父方或者母方对孩子都有一定的应尽义务。现实生活中，绝大多数情形是父母自觉自愿地履行其义务，法律不必过多干预或介入。但是，并不排除少数人自私自利，生而不养，公然背离作为父母应承担的道义责任和法律义务。在此情形下，则必须借助法律，强制父母履行抚养义务。本案中，因为孩子一直和外公、外婆生活在一起，法院应当会裁定孩子暂时由女方张丽抚养。

相关法律

《中华人民共和国民法典》

第一千零八十四条 父母与子女间的关系，不因父母离婚而消除。离婚后，子女无论由父或者母直接抚养，仍是父母双方的子女。

离婚后，父母对于子女仍有抚养、教育、保护的权利和义务。

离婚后，不满两周岁的子女，以由母亲直接抚养为原则。已满两周岁的子女，父母双方对抚养问题协议不成的，由人民法院根据双方的具体情况，按照最有利于未成年子女的原则判决。子女已满八周岁的，应当尊重其真实意愿。

《最高人民法院关于适用〈中华人民共和国民法典〉婚姻家庭编的解释（一）》

第六十条 在离婚诉讼期间，双方均拒绝抚养子女的，可以先行裁定暂由一方抚养。

15. 离婚时，夫妻共同财产通常如何处理？

情景再现

张倩和李华大学毕业后决定结婚，并在双方父母的帮助下购买了婚房，登记在两人名下。因为婚前的接触时间较短，缺乏了解，婚后双方都难以一下子适应两个人的生活，张倩一直坚持自己女强人的梦想和做法，而李华则希望能有家庭的温馨。双方经常小吵小闹，后矛盾升级，双方对此段婚姻失去了信心，并都同意离婚，可是对于夫妻共同的财产，双方则要求多分给自己，遂诉至法院，请求法官裁判。

法律分析

根据我国《民法典》第一千零六十二条第一款的规定，夫妻共同财产有如下几种：（一）工资、奖金、劳务报酬；（二）生产、经营、投资的收益；（三）知识产权的收益；（四）继承或者受赠的财产，但是本法第一千零六十三条第三项规定的除外；（五）其他应当归共同所有的财产。而《民法典》第一千零八十七条同时规定了离婚时夫妻共同财产的处理原则是协商：离婚时，夫妻的共同财产由双方协议处理；协议不成的，由人民法院根据财产的具体情况，按照照顾子女、女方和无过错方权益的原则判决。对夫或者妻在家庭土地承包经营中享有的权益等，应当依法予以保护。

夫妻共同财产由双方协议处理，是指由夫妻双方对于共同财产如何分割协商解决。协议可以在人民法院调解过程中进行，也可以在其他时间地点进行。协议的内容应记载在离婚调解书上。之所以由夫妻双方协议，是因为夫妻双方对财产的用途、性质、功能有更加深刻的了解，可以使达成的协议不致脱离实际情况，同时也有助于双方的自觉履行。

只要分割共同财产的协议合法有效，人民法院一般不得主动干预。如果协议不成，人民法院才会依照前述方式予以判决。

在我国，离婚案件在人民法院审理过

程中，一般都会先经由调解程序，如感情确已破裂，调解无效，人民法院才会判决准许离婚。本案中，双方已无和好可能，法院会认定双方感情确已破裂，对于共同财产的分割，一般会照顾子女和女方的权益，但是这也并不是绝对的，如果女方经济收入及经济能力等明显高于男方，那通常的处理方式就是一人一半。

相关法律

《中华人民共和国民法典》

第一千零六十二条　夫妻在婚姻关系存续期间所得的下列财产，为夫妻的共同财产，归夫妻共同所有：

（一）工资、奖金、劳务报酬；

（二）生产、经营、投资的收益；

（三）知识产权的收益；

（四）继承或者受赠的财产，但是本法第一千零六十三条第三项规定的除外；

（五）其他应当归共同所有的财产。

夫妻对共同财产，有平等的处理权。

第一千零八十七条　离婚时，夫妻的共同财产由双方协议处理；协议不成的，由人民法院根据财产的具体情况，按照照顾子女、女方和无过错方权益的原则判决。

对夫或者妻在家庭土地承包经营中享有的权益等，应当依法予以保护。

16. 离婚时，一方付出较多的，是否有权向另一方请求补偿？

情景再现

小春和小刚虽经过自由恋爱结婚，但婚前二人相处时间较短，互相了解不深入。双方为了小事经常冷战，有时候会大吵大闹甚至发生肢体冲突。小春觉得这样的婚姻没有什么值得留恋的，趁还没有孩子，便提出了离婚。但是小刚则常年加班很少顾家，小春婚后照顾小刚生病的父亲尽心尽力，家里的大事小事基本都是小春帮忙处理，因此，小春认为自己尽到了更多的义务，造成离婚很大的原因是小刚不顾家所致，要求小刚予以补偿。

法律分析

根据我国《民法典》第一千零八十八条的规定，夫妻一方因抚育子女、照料老年人、协助另一方工作等负担较多义务的，离婚时有权向另一方请求补偿，另一方应当给予补偿。具体办法由双方协议；协议不成的，由人民法院判决。这实际上认可了家务劳动及照顾家庭付出的价值，从而保障了奉献方的利益。但是这种补偿的请求必须满足以下条件：（1）提出请求者是在婚姻关系存续期间为抚育子女、照顾老人、协助另一方付出较多；（2）对“家庭补偿”的请求只能在离婚时提出，才能得到法院的支持，离婚后，双方就没有相互帮扶的义务了。本案中，小春确实尽到了更多义务，根据法律规定，她享有请求小刚予以补偿的权利。

法官提示

《民法典》实际上是认可了家务劳动及照顾家庭付出的价值，从而保障了奉献方的利益。我国《民法典》其实是规定了离婚时对财产进行分割的四项原则——照顾原则、补偿原则、赔偿原则和帮助原则。一般情况下夫妻离婚时只能适用照顾、帮助或赔偿原则，只有在书面约定婚姻关系存续期间各自所得财产归各自所有时才适用补偿原则。

相关法律

《中华人民共和国民法典》

第一千零八十八条 夫妻一方因抚育子女、照料老年人、协助另一方工作等负担较多义务的，离婚时有权向另一方请求补偿，另一方应当给予补偿。具体办法由双方协议；协议不成的，由人民法院判决。

17. 离婚时，如何处理夫妻共同债务？

情景再现

宋丹与赵山在大城市相遇、相爱，不久就决定结婚了。两人虽都有工作，但是都来自农村，在大城市打拼也不容易。两人结婚举两家之力，也各自向朋友借了不少钱终于买了一套两居室。起初两人还过得比较温馨，可是随着时间的推移，双方不和的地方越来越多，以至于大吵大闹甚至大打出手，双方冷静考虑后决定离婚。但是对于借款买的房子谁都不主张要，也不愿意承担所欠债务，为此闹到法院，请求法院裁决。

法律分析

根据《民法典》第一千零八十九条的规定，离婚时，夫妻共同债务应当共同偿还。共同财产不足清偿或者财产归各自所有的，由双方协议清偿；协议不成的，由人民法院判决。本案中，双方都不要房子，可以将房子变卖偿还债务，若还有不足以偿还的部分，双方都有偿还的义务。

法官提示

根据《民法典》规定及既往司法实践经验，可以得知，处理夫妻共同债务，一般遵循以下原则：（1）以夫妻共同财产偿还的原则。（2）协商一致的原则。（3）依法保护债权人合法权益不受侵害的原则。（4）男女平等与保护妇女利益相结合、考虑双方当事人实际履行能力的原则。

相关法律

《中华人民共和国民法典》

第一千零八十九条 离婚时，夫妻共同债务应当共同偿还。共同财产不足清偿或者财产归各自所有的，由双方协议清偿；协议不成的，由人民法院判决。

18. 离婚时，如一方生活困难，另一方是否应当给予适当帮助？

情景再现

张贤和李菊婚后不久就想要孩子。为了能够更好地照顾家庭和为生孩子做准备，李菊辞掉了工作做全职太太。但是，双方还是时常为了小事冷战，更有时候会大吵大闹甚至发生肢体冲突。李菊觉得这样的婚姻没有什么值得留恋的，趁还没有孩子，便提出了离婚，但是她已经辞掉了工作，婚后照顾家庭也尽心尽力，因此，李菊认为张贤应当给予其适当的补偿。

法律分析

根据我国《民法典》第一千零九十条的规定，离婚时，如果一方生活困难，有负担能力的另一方应当给予适当帮助。本案中，李菊已经辞掉了原有的工作，其生活来源主要是依靠丈夫张贤，若离婚，李菊没有工作也失去了张贤的扶助，生活会面临较大困难，而且其另寻工作也需要一定的时间。因此，根据法律规定，李菊请求张贤予以适当补偿的请求，双方可以协商，若协商不成，人民法院依法会酌情予以支持。

法官提示

夫妻关系存续期间，彼此互相扶养的义务是无条件的。但是夫妻离婚后，相关的人身关系和权利义务关系随离婚而消失，一方对另一方提供经济帮助是有条件的。在现实生活中，由于各种原因，夫妻双方之间的经济收入会有一定的差距，法律基于双方的收入状况，规定一方给予另一方适当的经济帮助，有利于消除经济较弱且生活困难一方在离婚问题上的顾虑，有利于保障离婚自由，同时也有利于防止离婚后造成不良社会后果。

相关法律

《中华人民共和国民法典》

第一千零九十条 离婚时，如果一方生活困难，有负担能力的另一方应当给予适当帮助。具体办法由双方协议；协议不成的，由人民法院判决。

19. 离婚纠纷中的无过错方在哪些情形下有权请求损害赔偿？

情景再现

春花和小军都是事业心很强的人，结婚后二人也没什么改变。小军工作压力大，时常加班，春花工作也辛苦，两人脾气都不大好，下班回家后经常吵架，后逐渐升级为大打出手，小军力气大，每次都将春花打得浑身是伤。后春花提出离婚，小军不同意不说，还对春花的暴力行为变本加厉。无奈之下，春花向法院提出离婚，并请求法院判令小军予以损害赔偿。

法律分析

春花不堪忍受小军的家庭暴力而向人民法院起诉离婚，依法会得到支持。至于她提出来请求法院判令小军予以损害赔偿的主张，根据《民法典》第一千零九十一条规定，在重婚，与他人同居，实施家庭暴力，虐待、遗弃家庭成员，有其他重大过错的情形下，无过错一方可以请求损害赔偿。小军对春花的家庭暴力导致双方婚姻终结，春花属于无过错方，因此其主张于法有据。

相关法律

《中华人民共和国民法典》

第一千零九十一条 有下列情形之一，导致离婚的，无过错方有权请求损害赔偿：

（一）重婚；

（二）与他人同居；

（三）实施家庭暴力；

（四）虐待、遗弃家庭成员；

（五）有其他重大过错。

20. 离婚时一方隐藏、转移共同财产，另一方在离婚后发现的该怎么办？

情景再现

小奇和小娟在一次学校活动中相遇结识，并确立了恋爱关系。小奇学的是金融投资与风险管理专业，大学毕业后到一家外资银行工作；小娟也找到了称心如意的工作，两人便登记结婚。小奇发挥专业所长，一直都在投资理财，收益也不错。后夫妻俩感情不和，双方诉至法院请求解除婚姻关系并对共同财产进行分割。在案件审理过程中，小奇指出，此前投资的那些钱因为投资失策全部付诸东流了，小娟也知道投资市场的风险，遂没有深究。但在两人离婚之后，小娟无意中得知，小奇其实是将投资所得隐瞒并转移到了小奇妹妹的名下，为此，小娟再次诉至法院，请求对此财产进行分割。

法律分析

本案中，对于共同财产的问题，小娟出于善良，相信小奇所说该笔财产系投资风险导致的灭失，但是这并不是事实。根据《民法典》第一千零九十二条之规定，夫妻一方隐藏、转移、变卖、毁损、挥霍夫妻共同财产，或者伪造夫妻共同债务企图侵占另一方财产的，在离婚分割夫妻共同财产时，对该方可以少分或者不分。离婚后，另一方发现有上述行为的，可以向人民法院提起诉讼，请求再次分割夫妻共同财产。故此，本案中法院会依法受理小娟的诉请，并依法再次分割该笔财产。

法官提示

随着经济社会的日益发展，人们收入来源的方式多种多样，除了工资收入，还会有其他投资性收益，从而手中持有的财产形式也越来越多样化。在大部分家庭中，由于夫妻双方的经济收入和来源各不相同，对婚姻内外财产没有作出明确的分割，往往在离婚的时候会出现占绝对优势的一方故意隐瞒部分隐形夫妻共同财产的现象。为了保护善意一方，法律作出了保护性的规定，赋予善意一方离婚后的请求权。

在司法实践中，分割夫妻共同财产只能以诉讼当时已经查明的财产为准，有的当事人在萌生离婚之意时就有可能先下手蓄意将夫妻共同财产予以隐匿、转移、变卖等，而从离婚诉讼中获得不正当利益。在这种情况下，另一方当事人可以请求人民法院按照如下方式处理：

（1）如果是在离婚诉讼中发现对方有隐藏、转移、变卖、毁损夫妻共同财产或伪造债务的行为，一经认定，在分割夫妻共同财产时可以少分或者不分。

（2）如果一方在起诉离婚时就夫妻共同财产向法院申请了财产保全，法院也作出了财产保全的裁定，同时对夫妻共同财产进行了查封、扣押或财产已被清点并责令其保管，而另一方仍然实施隐藏、转移、变卖、毁损的行为，人民法院这时可以根据情节轻重予以罚款、拘留；构成犯罪的，依法追究刑事责任。

（3）如果是在离婚以后另一方发现一方有上述行为，可以向人民法院提起诉讼，请求再次分割夫妻共同财产，诉讼时效为三年，从一方当事人发现对方隐藏、转移共同财产等行为之日起计算。

相关法律

《中华人民共和国民法典》

第一千零九十二条 夫妻一方隐藏、转移、变卖、毁损、挥霍夫妻共同财产，或者伪造夫妻共同债务企图侵占另一方财产的，在离婚分割夫妻共同财产时，对该方可以少分或者不分。离婚后，另一方发现有上述行为的，可以向人民法院提起诉讼，请求再次分割夫妻共同财产。

21. 按照习俗给付的彩礼，当事人能要求返还吗？

情景再现

小竹与小树在外务工时相识，相处一段时间后，两人就恋爱了。后两人双方互见了家长，双方父母都比较满意，于是小树按照习俗给小竹家送去彩礼钱 28000 元。媒妁之言之后，两人很快就同居了，但一直没有办理结婚登记。不久小树本性暴露，整天好吃懒做，脾气暴躁，还动不动对小竹又打又骂。小竹不堪折磨，一气之下重新外出打工并拒绝再与小树往来和联系。后小树无奈之下，向法院起诉，要求小竹家返还彩礼钱 28000 元。

法律分析

鉴于彩礼是我国长期以来的婚姻习惯，而且至今仍广泛存在于民间，我国法律对此专门作出了规定。彩礼的返还主要分为以下两种情况：其一，双方尚未办理结婚登记手续的。无论举行婚礼与否，只要没有在民政部门办理结婚登记，双方就不存在婚姻关系，按照以往司法实践经验，当事人请求返还彩礼的，法院应当予以支持。其二，双方已办理结婚登记手续的。依据《最高人民法院关于适用〈中华人民共和国民法典〉婚姻家庭编的解释（一）》的规定，双方离婚时，若双方还未共同生活，或婚前给付彩礼导致给付人生活困难的，法院应当对于返还彩礼予以支持。据此，本案双方仅是同居生活，并未办理结婚登记，属于第一种情形，小树主张返还彩礼钱于法有据，会得到人民法院的适当支持。

法官提示

所谓彩礼其实是婚约财产，即男女双方以缔结婚姻关系为目的而交付的财产。可以看出，交付彩礼的目的是缔结婚姻关系，如果双方未缔结婚姻关系，或者缔结了婚姻关系但实际上并未共同生活，那么与当初交付彩礼的初衷背道而驰，故此法律规定在特定情形下婚约财产可以予以返还。

相关法律

《最高人民法院关于适用〈中华人民共和国民法典〉婚姻家庭编的解释（一）》

第五条 当事人请求返还按照习俗给付的彩礼的，如果查明属于以下情形，人民法院应当予以支持：

（一）双方未办理结婚登记手续；

（二）双方办理结婚登记手续但确未共同生活；

（三）婚前给付并导致给付人生活困难。

适用前款第二项、第三项的规定，应当以双方离婚为条件。

22. 离婚后，无抚养权的一方如何行使自己的探望权？

情景再现

周强与张欣经法院判决离婚，判决书认定女儿的抚养权归女方张欣，男方周强每月支付抚养费 600 元，周强周六或周日可以接女儿共同生活一天。某日，周强接女儿时遭到张欣拒绝，理由是周强经常带女儿去打电子游戏，张欣认为这样对女儿的健康成长不利。后虽经周强家人及相关单位多番调解，张欣及其家人仍然拒绝周强接女儿共同生活。之后，周强向法院起诉要求张欣履行离婚判决书上的义务，允许自己每周六或周日接女儿回家生活。

法律分析

我国《民法典》第一千零八十六条规定："离婚后，不直接抚养子女的父或者母，有探望子女的权利，另一方有协助的义务。行使探望权利的方式、时间由当事人协议；协议不成的，由人民法院判决。父或母探望子女，不利于子女身心健康的，由人民法院依法中止探望；中止的事由消失后，应当恢复探望。"据此可知，父或母享有对子女的探望权，但权利的行使应该在法律规定的范围内。如果其行使探望权不利于子女身心健康，由人民法院依法中止探望的权利，中止的事由消失后，应当恢复探望的权利。

本案中，周强享有对女儿的探望权，但是周强经常带女儿去玩电子游戏，对女儿的健康成长是不利的，根据法律的规定，张欣可以请求人民法院中止周强的探望权，但应走法律程序，而不应该私自决定不让周强行使探望权。

父母对子女的探望权，是亲权中的一项基本而重要的权利，它是基于父母子女关系而享有的身份权的合法体现。探望权的设立，一方面是为了保障间接抚养方对子女探望的权利，满足其思念子女的情感需要；另一方面也能使子女对父母的感情不因家庭的破碎而变化，尽量减少离婚给子女造成的伤害，有利于子女的身心健康。但是，如果探望权行使不当，就另当别论了。

相关法律

《中华人民共和国民法典》

第一千零八十六条 离婚后，不直接抚养子女的父或者母，有探望子女的权利，另一方有协助的义务。

行使探望权利的方式、时间由当事人协议；协议不成的，由人民法院判决。

父或者母探望子女，不利于子女身心健康的，由人民法院依法中止探望；中止的事由消失后，应当恢复探望。

23. 协议离婚后一方对财产分割方案反悔向法院起诉的，法院会如何处理？

情景再现

张倩和李华是一对结婚时间并不太长的小夫妻。婚后，张倩一直坚持自己的梦想和事业，而李华则希望张倩把精力放在家庭上。双方经常小吵小闹，后矛盾升级，都对此段婚姻失去了信心，双方协议离婚并办理了手续。对于夫妻共同的财产，张倩觉得自己不需要依靠男人而活，遂多半财产分给了男方。婚后不久，张倩工作变故，失去了稳定收入，对于离婚时的财产分割方案反悔，起诉到人民法院。

法律分析

根据以往司法实践经验，男女双方协议离婚后就财产分割问题反悔，请求撤销财产分割协议的，人民法院应当受理。但是，就此类问题，人民法院审理后，未发现订立财产分割协议时存在欺诈、胁迫等情形的，应当依法驳回当事人的诉讼请求。

婚姻其实是一件严肃的事情，结婚之前要考虑清楚，离婚之前也要思量再三。即便是夫妻感情真的确已破裂且无和好之可能，对于子女抚养、共同财产等问题也要思前想后综合考虑后作出决定。本案中，夫妻双方在离婚时，将多半财产分给李华是张倩自愿的行为，订立财产分割协议时李华并没有任何欺诈、胁迫张倩的行为。离婚后张倩因个人经济收入变故，对离婚时的分割方案反悔，重新分割财产的请求于法无据，不能得到法院的支持。

相关法律

《最高人民法院关于适用〈中华人民共和国民法典〉婚姻家庭编的解释（一）》

第七十条 夫妻双方协议离婚后就财产分割问题反悔，请求撤销财产分割协议的，人民法院应当受理。

人民法院审理后，未发现订立财产分割协议时存在欺诈、胁迫等情形的，应当依法驳回当事人的诉讼请求。

24. 夫妻分居满两年，一方提出离婚，另一方不同意该怎么办？

情景再现

林江与李红是大学同学，大学期间就一直是恋人关系，感情不错。大学毕业后，两人便登记结婚了。林江的公司是做工程建设的，林江因为表现优异被抽调到位于北京的总公司工作。自此，夫妻两人就过着分居两地的生活。虽然时有相聚，但两人的矛盾越来越多，后来林江索性提出离婚，但是李红坚决不同意。林江便不回家，也拒绝和李红联系，这样的情况已经持续了两年多。之后，林江再次提出离婚，李红仍然坚决不同意，后林江向法院提起诉讼，请求判决自己与李红离婚。

法律分析

根据《民法典》第一千零七十九条第三款的规定，有下列情形之一，调解无效的，应准予离婚：（1）重婚或与他人同居的；（2）实施家庭暴力或虐待、遗弃家庭成员的；（3）有赌博、吸毒等恶习屡教不改的；（4）因感情不和分居满二年的；（5）有其他导致夫妻感情破裂的情形。分居满两年属于第四种情形，即使一方坚决不同意离婚，法院综合认定以后，确认夫妻感情确已破裂且调解无效的，会直接判决双方解除婚姻关系。

法官提示

在我国，离婚案件在人民法院审理过程中，一般都会先经由调解程序，如感情确已破裂，调解无效，人民法院才会判决准许离婚。但是，本案中，因夫妻感情不和已经分居达两年以上，根据法律的明确规定，林江起诉离婚会得到法院的准许。

相关法律

《中华人民共和国民法典》

第一千零七十九条 夫妻一方要求离婚的，可以由有关组织进行调解或者直接向人民法院提起离婚诉讼。

人民法院审理离婚案件，应当进行调解；如果感情确已破裂，调解无效的，应当准予离婚。

有下列情形之一，调解无效的，应当准予离婚：

（一）重婚或者与他人同居；

（二）实施家庭暴力或者虐待、遗弃家庭成员；

（三）有赌博、吸毒等恶习屡教不改；

（四）因感情不和分居满二年；

（五）其他导致夫妻感情破裂的情形。

一方被宣告失踪，另一方提起离婚诉讼的，应当准予离婚。

经人民法院判决不准离婚后，双方又分居满一年，一方再次提起离婚诉讼的，应当准予离婚。

PART 3

懂点法律常识

遗产继承更顺利

在目前我国的法律制度体系中，规范继承的法律主要是《中华人民共和国民法典》继承编以及《最高人民法院关于适用〈中华人民共和国民法典〉继承编的解释（一）》。主要包含了继承应当遵循的主要原则、法定继承、遗嘱继承和遗赠、遗产的处理等方面的内容。继承在大多数的家庭生活中都会出现，掌握一定的关于继承的法律常识，能为家庭生活的和睦与家庭成员间的友好团结提供法律保障。

一、遗产和继承权

1. 法律规定的继承方式有哪些?

情景再现

张大爷今年已经80岁高龄，老伴多年前因病去世。张大爷有三个女儿和四个儿子，均已成家并都有各自的子女。张大爷早年积蓄尚有存款80万元，房屋三套价值合计约1000万元。随着年纪的增长张大爷身体状况越来越不好，几位子女商议轮流照顾他，在私底下也商议着老人后事办理以及去世后遗产的处理，但是协商不是很顺利，兄弟姐妹之间产生了隔阂，为此，张大爷决定依照法律规定来处理去世后的遗产分配问题。张大爷找到一家律师事务所寻求律师的帮助，主要想了解法律规定的继承方式有哪些。

法律分析

我国《民法典》第一千一百二十三条对继承的方式作出了明确的规定，继承开始后，按照法定继承办理；有遗嘱的，按照遗嘱继承或者遗赠办理；有遗赠扶养协议的，按照协议办理。可知继承的方式主要有法定继承、遗嘱继承、遗赠三种。

法官提示

法定继承指按照法律规定的继承人的范围、先后顺序和遗产分配原则而发生的继承关系。遗嘱继承是指定由法定继承人中的一人或数人继承遗产。遗赠继承即指定法定继承人以外的人继承遗产。如果有合法有效的遗嘱，首先应当按遗嘱处理遗产，则不存在法定继承的问题。法定继承是指在被继承人没有对其遗产的处理立有遗嘱的情况下，由法律直接规定继承人的范围、继承顺序、遗产分配的原则的一种继承形式。

相关法律

《中华人民共和国民法典》

第一千一百二十三条 继承开始后，按照法定继承办理；有遗嘱的，按照遗嘱继承或者遗赠办理；有遗赠扶养协议的，按照协议办理。

第一千一百三十三条 自然人可以依照本法规定立遗嘱处分个人财产，并可以指定遗嘱执行人。

自然人可以立遗嘱将个人财产指定由法定继承人中的一人或者数人继承。

自然人可以立遗嘱将个人财产赠与国家、集体或者法定继承人以外的组织、个人。

自然人可以依法设立遗嘱信托。

2. 父母的对外债权属于遗产吗?

情景再现

李婶儿今年已经80岁高龄，老伴多年前因病去世。李婶儿与老伴儿多年积蓄有存款50万元，老屋一套价值约400万元，另外还有借出去的外债总计30万元。随着年纪的增长，李婶儿身体状况也越来越不好，不久前不幸去世。李婶儿生前没有将借出去外债30万元的情况告诉孩子们，子女在整理老人遗产时发现了借条总计30万元，列明了借款期限、借款人、借款用途等，兄弟姐妹几个人认为这30万元的债权也属于李婶儿的遗产，为此，李婶儿的子女决定讨回此30万元借款，并公平分配。

法律分析

我国《民法典》第一千一百二十二条第一款规定了遗产的具体范围，遗产是自然人死亡时遗留的个人合法财产。同时，根据既往司法实践经验，公民可继承的其他合法财产包括有价证券和履行标的为财物的债权等。李婶儿对外30万元的债权是借款，属于李婶儿合法财产的范畴，也属于履行标的为财物的债权，因此属于李婶儿的遗产。

法官提示

《民法典》对于遗产的具体范围作了界定，但是并不完全，因此对于遗产范围的具体确定，要综合参照其他法规、司法解释及司法实践经验等的具体规定来看。一般属于被继承人合法财产以及财产权益范畴，只要法律无其他特别例外规定，可以认定为被继承人的遗产。

相关法律

《中华人民共和国民法典》

第一千一百二十二条 遗产是自然人死亡时遗留的个人合法财产。

依照法律规定或者根据其性质不得继承的遗产，不得继承。

3. 人身保险金属于遗产吗？

情景再现

李先生是一家企业的负责人，收入颇丰，他为自己投了一份人身保险，以防万一，并指定了母亲为保险受益人。在一次出差过程中，李先生遭遇车祸不幸身亡。后保险公司依据保险合同向李先生的母亲支付了120万元的保险金。事后不久，李先生的妻子提出，该保险金应当属于李先生的遗产，应当按照遗产分配规则来处理。但是李先生的母亲认为依据保险合同，受益人是她本人，因此只能由她享有保险金。双方为此争执不休遂诉至法院。

法律分析

因为人身保险金属于人身保险合同约定的合同内容，因此可以适用《保险法》相关规定。我国《保险法》第四十二条第一款规定，被保险人死亡后，有下列情形之一的，保险金作为被保险人的遗产，由保险人向被保险人的继承人履行给付保险金的义务：（1）没有指定受益人，或者受益人指定不明无法确定的；（2）受益人先于被保险人死亡，没有其他受益人的；（3）受益人依法丧失受益权或者放弃受益权，没有其他受益人的。在这些情况下，保险金应当作为被保险人的遗产。但是本案中的情况并不符合上诉三种情形的任何一种，因此该保险金不能作为李先生的遗产来处理。本案中，李先生购买人身保险的时候，明确将自己的母亲指定为受益人，因此根据法律规定，该保险对应的人身保险金归李先生的母亲所有，不能作为李先生的遗产来处理。故李先生的妻子要求将该人身保险金作为遗产来处理于法无据，不能得到法院的支持。

法官提示

根据保险法的规定可知，人身保险金能否列入被保险人的遗产，取决于被保险人是否指定了受益人。指定了受益人的，被保险人死亡后，其人身保险金应付给受益人；未指定受益人的，被保险人死亡后，其人身保险金应作为遗产处理，可以用来清偿债务或者赔偿。

相关法律

《中华人民共和国保险法》

第四十二条 被保险人死亡后，有下列情形之一的，保险金作为被保险人的遗产，由保险人依照《中华人民共和国继承法》的规定履行给付保险金的义务：

（一）没有指定受益人，或者受益人指定不明无法确定的；

（二）受益人先于被保险人死亡，没有其他受益人的；

（三）受益人依法丧失受益权或者放弃受益权，没有其他受益人的。

受益人与被保险人在同一事件中死亡，且不能确定死亡先后顺序的，推定受益人死亡在先。

4. 既有遗赠扶养协议，又有遗嘱的，该怎么进行继承？

情景再现

孙大爷和张奶奶育有一女，女儿大学本科毕业后出国深造并留在了国外工作且已成家。二老相依为命，后他们以自己年老体弱多病，身边又没有亲人为由，共同与居民委员会签订了遗赠扶养协议：由居民委员会照顾他们的日常生活并负责二老去世后的安葬。二老共有的位于市中心的楼房一套，在他们去世后归居民委员会所有。女儿婚后虽未负担二老的全部生活费用，但也会回来探望他们。后二老相继离世，居民委员会负责安葬等后事。后女儿回国发展，准备出售父母留下的楼房。居民委员会认为，女儿的行为违反了其父母与居民委员会所签订的协议，而她则拿出母亲生前所写遗嘱，遗嘱中称其死后一切遗产均归其女儿。双方争执不休，居民委员会遂向法院提起诉讼，要求法院确认居民委员会与二老所签订的遗赠扶养协议的效力。

法律分析

我国《民法典》第一千一百二十三条规定，继承开始后，按照法定继承办理；有遗嘱的，按照遗嘱继承或者遗赠办理；有遗赠扶养协议的，按照协议办理。从条文意义可以看出，遗赠扶养协议的效力先于遗嘱，因此法院会依法将二老留下的房屋根据遗赠扶养协议的约定判归居民委员会所有。本案中，因孙大爷和张奶奶签订了遗赠扶养协议，居委会按照约定履行了自己的义务，因此二老共有的位于市中心的楼房应归居委会所有。虽然女儿有二老的遗嘱，但只要遗赠扶养协议是合法有效的，遗赠扶养协议的效力就优于遗嘱，故女儿不能依照遗嘱来继承二老的房屋。

法官提示

现实生活中，遗赠扶养协议、遗嘱并存的现象时有发生，在发生冲突的时候，应该是遗赠扶养协议优先，其次是遗嘱，遗嘱和遗赠扶养协议没有涉及的，由法定继承来解决。

相关法律

《中华人民共和国民法典》

第一千一百二十三条 继承开始后，

按照法定继承办理；有遗嘱的，按照遗嘱继承或者遗赠办理；有遗赠扶养协议的，按照协议办理。

5. 相互有继承关系的几个人在同一事件中死亡，继承如何进行？

情景再现

李先生事业有成，是一家企业的老板，今年是父亲“八十大寿”，于是李先生出钱请父母、兄弟姐妹和他们的部分子女等一同到外地旅游庆祝。为了方便一家人的出行，李先生请专人精心设计路线并租用专门的豪华旅游巴士全程服务。不幸的是，途中发生泥石流，整车颠覆，全车人全部罹难，无一幸免。在清理遗产并进行分配过程中，没有参加旅游而幸免于难的家人请了律师来提供专业服务，处理继承事宜。

法律分析

《民法典》第一千一百二十一条第二款规定，相互有继承关系的数人在同一事件中死亡，难以确定死亡时间的，推定没有其他继承人的人先死亡。都有其他继承人，辈份不同的，推定长辈先死亡；辈份相同的，推定同时死亡，相互不发生继承，由他们各自的继承人分别继承。本案中，死亡的家人之间彼此存在着继承关系，关于本案继承的处理，如果能够确定他们死亡的时间，应当以此为继承的开始。如果不能确定，应当依照上述规定来确定和处理。

法官提示

几个相互有继承关系的人在同一时间中死亡的，通常都无法确定死亡的先后顺序，《民法典》的规定可以有效避免继承纠纷的产生，有利于继承纠纷的顺序解决。

相关法律

《中华人民共和国民法典》

第一千一百二十一条 继承从被继承人死亡时开始。

相互有继承关系的数人在同一事件中死亡，难以确定死亡时间的，推定没有其他继承人的人先死亡。都有其他继承人，辈份不同的，推定长辈先死亡；辈份相同的，推定同时死亡，相互不发生继承。

6. 子女虐待父母的，还有继承权吗？

情景再现

周大爷与老伴育有两个儿子，老伴已经去世多年。大儿子从小学习成绩优异，大学毕业以后进入世界五百强公司工作，并很快成为高管，工作较为繁忙，但是会经常来看望周大爷。小儿子生性调皮，叛逆心很重，从小就不让父母省心，高中毕业后参军入伍，复员后一直游手好闲，同周大爷住在一起，兄弟俩商议由弟弟照顾周大爷的饮食起居，大哥负责大部分费用。由于小儿子没有收入来源，经常向周大爷要，动不动就对周大爷虐待打骂，还经常不给老人饭吃。但是大哥对此并不知情，周大爷也不好向大儿子说明这些情况，总觉得自己已经年老不愿再给大儿子添麻烦。周大爷去世后留有房屋两套，存款 40 万元。在遗产分配过程中，大儿子从街坊口中得知弟弟的各种行径，悔恨不已的同时对弟弟非常痛恨，坚持不让弟弟分配老人留下的遗产，兄弟俩为此闹至法院。

法律分析

对于周大爷小儿子的行为是否导致其丧失了遗产的继承权，根据《民法典》第一千一百二十五条第一款、第二款的规定，继承人有下列行为之一的，丧失继承权：(1) 故意杀害被继承人的；(2) 为争夺遗产而杀害其他继承人的；(3) 遗弃被继承人的，或者虐待被继承人情节严重的；(4) 伪造、篡改、隐匿或者销毁遗嘱，情节严重的；(5) 以欺诈、胁迫手段迫使或者妨碍被继承人设立、变更或者撤回遗嘱，情节严重的。继承人有前款第三项至第五项行为，确有悔改表现，被继承人表示宽恕或者事后在遗嘱中将其列为继承人的，该继承人不丧失继承权。小儿子的行为属于虐待被继承人的范畴，但是是否当然地丧失继承权，法院还是要综合认定，只有达到情节严重的地步，才会导致继承权的丧失。如果虐待真实存在，该继承人会被法院判定少分遗产。

法官提示

从法律层面，赡养父母是子女的法定义务。从道德层面，孝顺父母是社会正义的具体要求。作为子女，应认真履行赡养父母的法定义务，传递社会正能量。

相关法律

《中华人民共和国民法典》

第一千一百二十五条 继承人有下列行为之一的，丧失继承权：

（一）故意杀害被继承人；

（二）为争夺遗产而杀害其他继承人；

（三）遗弃被继承人，或者虐待被继承人情节严重；

（四）伪造、篡改、隐匿或者销毁遗嘱，情节严重；

（五）以欺诈、胁迫手段迫使或者妨碍被继承人设立、变更或者撤回遗嘱，情节严重。

继承人有前款第三项至第五项行为，确有悔改表现，被继承人表示宽恕或者事后在遗嘱中将其列为继承人的，该继承人不丧失继承权。

受遗赠人有本条第一款规定行为的，丧失受遗赠权。

7. 子女伪造遗嘱的，还有继承权吗?

情景再现

李大爷有一儿一女。女儿从小学习成绩优异，大学毕业以后找到了不错的工作成为白领阶层。虽然工作较为繁忙，但是女儿会经常来看望李大爷，料理家务。儿子生性调皮，叛逆心很重，从小就不让父母省心，高中毕业后就踏入社会，工作不固定还游手好闲，一直与李大爷住在一起，但是平时李大爷的生活费用基本上都是女儿承担。李大爷去世后留有房屋两套，存款50万元，生前并未立遗嘱对遗产进行分配。在遗产分配过程中，儿子伪造遗嘱，将两套房屋全部列为己有，将存款转移隐瞒，致使姐姐不能分到任何遗产。后经亲朋好友、街坊邻居支持，姐弟俩将此事交由法院裁决。案件处理过程中，经鉴定确认，遗嘱属儿子造假所为。

法律分析

根据《民法典》第一千一百二十五条第一款、第二款的规定，继承人有下列行为之一的，丧失继承权：（1）故意杀害被继承人的；（2）为争夺遗产而杀害其他继承人的；（3）遗弃被继承人的，或者虐待被继承人情节严重的；（4）伪造、篡改、隐匿或者销毁遗嘱，情节严重的；（5）以欺诈、胁迫手段迫使或者妨碍被继承人设立、变更或者撤回遗嘱，情节严重的。继承人有前款第三项至第五项行为，确有悔改表现，被继承人表示宽恕或者事后在遗嘱中将其列为继承人的，该继承人不丧失继承权。李大爷儿子的行为属于上述第四种情形，且其生前对老人的照顾不周，没有尽到良好的赡养义务，其伪造遗嘱妄图将全部遗产霸为己有，已经达到情节严重的地步，会导致继承权的丧失。

法官提示

本案中，李大爷儿子在其生前未妥善尽到赡养义务，在李大爷去世后还伪造遗嘱企图霸占所有财产，行为恶劣，理应得到法律的制裁。

相关法律

《中华人民共和国民法典》

第一千一百二十五条 继承人有下列行为之一的，丧失继承权：

（一）故意杀害被继承人；

（二）为争夺遗产而杀害其他继承人；

（三）遗弃被继承人，或者虐待被继承人情节严重；

（四）伪造、篡改、隐匿或者销毁遗嘱，情节严重；

（五）以欺诈、胁迫手段迫使或者妨碍被继承人设立、变更或者撤回遗嘱，情节严重。

继承人有前款第三项至第五项行为，确有悔改表现，被继承人表示宽恕或者事后在遗嘱中将其列为继承人的，该继承人不丧失继承权。

受遗赠人有本条第一款规定行为的，丧失受遗赠权。

二、法定继承

1. 法定继承的继承人有哪些？

情景再现

孙大娘的老伴多年前因病去世，她与老伴有一个女儿和两个儿子，均已成家并都有各自的子女。近年来孙大娘身体状况越来越不好，并查出身体患有癌症。孙大娘认为自己病重，需要将与老伴多年的积蓄和名下的几套房产合理分配给子女，就让子女们先行协商。结果三个子女协商不成不说，彼此之间还产生了隔阂。无奈之下，孙大娘决定依照法律规定来处理去世后的遗产分配问题，她想了解一下法律规定的其去世后遗产具体是哪些人可以参与继承。

法律分析

我国《民法典》第一千一百二十七条第一款、第二款规定，遗产按照下列顺序继承：第一顺序：配偶、子女、父母。第二顺序：兄弟姐妹、祖父母、外祖父母。继承开始后，由第一顺序继承人继承，第二顺序继承人不继承。没有第一顺序继承人继承的，由第二顺序继承人继承。《民法典》所说的子女，包括婚生子女、非婚生子女、养子女和有扶养关系的继子女。所说的父母，包括生父母、养父母和有扶养关系的继父母。所说的兄弟姐妹，包括同父母的兄弟姐妹、同父异母或者同母异父的兄弟姐妹、养兄弟姐妹、有扶养关系的继兄弟姐妹。综合到本案，孙大娘的配偶、父母均已去世，因此其第一顺序继承人就是她的三个子女，孙大娘的遗产继承也不会发生第二顺序继承人的继承。

法官提示

《民法典》所说的子女、父母、兄弟姐妹的含义，该法第一千一百二十七条有明确规定。

相关法律

《中华人民共和国民法典》

第一千一百二十七条 遗产按照下列顺序继承：

（一）第一顺序：配偶、子女、父母；

（二）第二顺序：兄弟姐妹、祖父母、外祖父母。

继承开始后，由第一顺序继承人继承，第二顺序继承人不继承；没有第一顺序继承人继承的，由第二顺序继承人继承。

本编所称子女，包括婚生子女、非婚生子女、养子女和有扶养关系的继子女。

本编所称父母，包括生父母、养父母和有扶养关系的继父母。

本编所称兄弟姐妹，包括同父母的兄弟姐妹、同父异母或者同母异父的兄弟姐妹、养兄弟姐妹、有扶养关系的继兄弟姐妹。

2. 法定继承的继承顺序是怎样的？

情景再现

孙先生是一家私营企业老总，生意做得很大，家财万贯，但是其在一次车祸中遭遇不幸，经抢救无效去世。孙先生父亲健在，母亲去世但是外婆健在；孙先生与太太育有两个女儿一个儿子，均已成家并育有子女，大女儿因为急性癌症早年已去世；孙先生还有三个弟弟一个妹妹。孙先生生前并未立下任何遗嘱。在孙先生下葬以后，家人对于其巨额遗产的分配争执不休，都想分一杯羹，后闹至法院，请法院依法裁决。

法律分析

我国《民法典》第一千一百二十七条第一款、第二款规定，遗产按照下列顺序继承：第一顺序：配偶、子女、父母。第二顺序：兄弟姐妹、祖父母、外祖父母。继承开始后，由第一顺序继承人继承，第二顺序继承人不继承。没有第一顺序继承人继承的，由第二顺序继承人继承。综合到本案，孙先生的第一顺序继承人有太太、健在的女儿和儿子，还有孙先生的父亲。因此本案不会发生第二顺序的继承。本案还存在一个特殊情况，就是孙先生的大女儿先于他去世，根据《民法典》第一千一百二十八条第一款、第三款规定，被继承人的子女先于被继承人死亡的，由被继承人的子女的直系晚辈血亲代位继承。代位继承人一般只能继承被代位继承人有权继承的遗产份额。代位继承人一般只能继承他的父亲或者母亲有权继承的遗产份额，所以孙先生大女儿的孩子可以代位继承其大女儿应得的份额。综上，孙先生的遗产继承人有孙太太、大女儿的孩子、二女儿、儿子、孙先生的父亲，他们都属于第一顺序继承人，且根据《民法典》第一千一百二十六条的规定，继承权男女平等，上述几人按照平等份额继承孙先生的财产。

法官提示

第一顺序、第二顺序继承人是指法定继承遗产的继承顺序，依照法律规定，继承开始后，由第一顺序继承人继承，第二顺序继承人不继承。没有第一顺序继承人继承的，由第二顺序继承人继承。

相关法律

《中华人民共和国民法典》

第一千一百二十六条 继承权男女平等。

第一千一百二十七条 遗产按照下列顺序继承：

（一）第一顺序：配偶、子女、父母；

（二）第二顺序：兄弟姐妹、祖父母、外祖父母。

继承开始后，由第一顺序继承人继承，第二顺序继承人不继承；没有第一顺序继承人继承的，由第二顺序继承人继承。

本编所称子女，包括婚生子女、非婚生子女、养子女和有扶养关系的继子女。

本编所称父母，包括生父母、养父母和有扶养关系的继父母。

本编所称兄弟姐妹，包括同父母的兄弟姐妹、同父异母或者同母异父的兄弟姐妹、养兄弟姐妹、有扶养关系的继兄弟姐妹。

第一千一百二十八条 被继承人的子女先于被继承人死亡的，由被继承人的子女的直系晚辈血亲代位继承。

被继承人的兄弟姐妹先于被继承人死亡的，由被继承人的兄弟姐妹的子女代位继承。

代位继承人一般只能继承被代位继承人有权继承的遗产份额。

3. 非婚生子女是否有继承权？

情景再现

周先生是一家私营企业老总。周先生与太太早年一直没能生育孩子，因担心家产后继无人，周先生与另外一名女士生育了一子并带回家中抚养，周太太没有表示反对。后经过多方寻医问药，周太太顺利怀孕并产下一子。兄弟俩感情一直非常要好。后周先生因出差飞机失事，不幸去世，在遗产处理过程中，周太太私欲膨胀，认为大儿子并非自己所生，其不是婚生子女，不享有合法的继承地位，遂不让其参与遗产分配。后大儿子的亲生母亲不服，代儿子诉至法院，请求讨回公道。

法律分析

根据《民法典》第一千一百二十七条的规定，该法所说的子女，包括婚生子女、非婚生子女、养子女和有扶养关系的继子女。大儿子虽然不是婚生子女，但是属于继承法规定的“子女”的范畴，并且是第一顺序继承人。周太太的做法违反了法律规定，大儿子亲生母亲的主张依法能够得到法院的支持。

法官提示

婚生子女是男女双方在依法确立婚姻关系后所生育的子女，而非婚生子女则是在依法确立婚姻关系前或婚外行为所生的子女。婚生子女与非婚生子女的法律地位是相同的，承担相同的权利和义务。

相关法律

《中华人民共和国民法典》

第一千一百二十七条 遗产按照下列顺序继承：

（一）第一顺序：配偶、子女、父母；

（二）第二顺序：兄弟姐妹、祖父母、外祖父母。

继承开始后，由第一顺序继承人继承，第二顺序继承人不继承；没有第一顺序继承人继承的，由第二顺序继承人继承。

本编所称子女，包括婚生子女、非婚生子女、养子女和有扶养关系的继子女。

本编所称父母，包括生父母、养父母和有扶养关系的继父母。

本编所称兄弟姐妹，包括同父母的兄弟姐妹、同父异母或者同母异父的兄弟姐妹、养兄弟姐妹、有扶养关系的继兄弟姐妹。

4. 养子女是否有继承权？

情景再现

常女士是一家私营企业老总，是位名副其实的女强人，生意做得很大。常女士与丈夫早年一直没能生育孩子，夫妇俩协商一致到福利院领养了一名男孩，夫妻俩对这个孩子关怀备至，视同己出。后经过多方寻医问药，常女士顺利怀孕并产下一子。后常女士因遭遇车祸，不幸去世，在遗产处理过程中，常女士的丈夫认为大儿子与夫妻俩均没有任何血缘关系，不享有合法的继承地位，遂不让其参与遗产分配。后在福利院以及居民委员会的支持协助下，大儿子诉至法院，申请讨回公道。

法律分析

根据《民法典》第一千一百二十七条之规定，该法所说的子女，包括婚生子女、非婚生子女、养子女和有扶养关系的继子女。大儿子虽然不是婚生子，但他是夫妻二人的养子，属于继承法规定的“子女”的范畴，并且是第一顺序继承人。常女士丈夫的做法违反了法律规定，福利院及居委会的请求依法能够得到法院的支持。

法官提示

根据《民法典》相关规定，自收养关系成立之日起，养父母与养子女间的权利义务关系，适用法律关于父母子女关系的规定；养子女与养父母的近亲属间的权利义务关系，适用法律关于子女与父母的近亲属关系的规定。虽然养子女与养父母没有血缘关系，法律地位与亲生子女却是相同的，承担相同的权利和义务。

相关法律

《中华人民共和国民法典》

第一千一百二十七条 遗产按照下列顺序继承：

（一）第一顺序：配偶、子女、父母；

（二）第二顺序：兄弟姐妹、祖父母、外祖父母。

继承开始后，由第一顺序继承人继承，第二顺序继承人不继承；没有第一顺序继承人继承的，由第二顺序继承人继承。

本编所称子女，包括婚生子女、非婚生子女、养子女和有扶养关系的继子女。

本编所称父母，包括生父母、养父母和有扶养关系的继父母。

本编所称兄弟姐妹，包括同父母的兄弟姐妹、同父异母或者同母异父的兄弟姐妹、养兄弟姐妹、有扶养关系的继兄弟姐妹。

5. 被继承人的子女先于被继承人死亡的，该如何处理？

情景再现

李婶儿今年已经80岁高龄，老伴儿多年前因病去世。李婶儿与老伴儿多年积蓄有存款50万元，老屋一套价值约400万元。李婶儿育有子女三人，两个女儿和小儿子。随着年纪的增大李婶儿身体状况也越来越不好，不久后不幸去世。李婶儿生前立下遗嘱对遗产即存款50万元和房屋两套进行分配。李婶儿的三个子女均已成家并都有各自的子女，大女儿因患白血病早些年去世，育有一子由其丈夫抚养。小女儿和儿子在李婶儿遗产分配过程中，认为大姐虽然是第一顺序继承人，但过世多年，因此遗产由二人分配即可。可大女儿的丈夫认为依照法律规定，其儿子可以行使代位继承权，为此诉至法院。

法律分析

小女儿和儿子的主张不符合法律规定，得不到法院的支持。根据《民法典》第一千一百二十八条第一款规定，被继承人的子女先于被继承人死亡的，由被继承人的子女的直系晚辈血亲代位继承。代位继承人一般只能继承他的父亲或者母亲有权继承的遗产份额，大女儿的儿子符合行使代位继承权的条件，可以参与李婶儿遗产的继承，但是继承限额为大女儿应继承的份额。

法官提示

代位继承是和本位继承相对应的一种继承制度，是法定继承的一种特殊情况。它是指被继承人的子女先于被继承人死亡时，由被继承人子女的晚辈直系血亲代替先死亡的长辈直系血亲继承被继承人遗产的一项法定继承制度，又称间接继承、承租继承。先于被继承人死亡的继承人，称为被代位继承人。代替被代位人继承遗产的人称为代位继承人。代位人代替被代位人继承遗产的权利，叫代位继承权。

相关法律

《中华人民共和国民法典》

第一千一百二十八条 被继承人的子女先于被继承人死亡的，由被继承人的子女的直系晚辈血亲代位继承。

被继承人的兄弟姐妹先于被继承人死亡的，由被继承人的兄弟姐妹的子女代位继承。

代位继承人一般只能继承被代位继承人有权继承的遗产份额。

6. 继子女是否可以同时继承继父母和生父母的遗产？

情景再现

小红今年15岁，身世有些特殊。小红的亲生父母在她8岁时因为感情不和离婚，她跟随母亲生活，后母亲改嫁，她与继父和母亲一同生活，继父与母亲婚后虽生育了一个妹妹，但是继父对小红仍然关怀有加。小红的亲生父亲也在离婚后重新组建了家庭，且与其继母生育了一个弟弟。小红的亲生父亲与继父是同一个化工厂的同事，在一次生产事故中化工厂发生爆炸，亲生父亲与继父都不幸罹难。在处理遗产的时候，继母认为小红继承了继父的遗产以后便不能再继承亲生父亲的遗产。小红母亲认为于法无据，遂诉至法院请求公正裁决。

法律分析

小红继母的主张于法无据，不能得到法院的支持。根据《民法典》第一千零七十二条第二款规定，继父或者继母和受其抚养教育的继子女间的权利义务关系，适用本法关于父母子女关系的规定。由此可知，继子女继承了继父母遗产的，不影响其继承生父母的遗产。小红在继承了继父的遗产之后，并不影响她享有对亲生父亲遗产的继承权。

法官提示

继子女的继承权条件。继子女继承继父母遗产的条件关键就是他们之间是否形成了扶养关系，只有在继子女受到继父母的扶养或扶助，继子女才有继承权。实践中，继子女与继父母间的继承关系确定的具体条件有以下几个：（1）继子女受继父母经济上的供养；（2）继子女受继父母生活上的扶养、教育；（3）继子女在经济上供养继父母；（4）继子女在生活上扶助继父母。

相关法律

《中华人民共和国民法典》

第一千零七十二条第二款 继父或者继母和受其抚养教育的继子女间的权利义务关系，适用本法关于父母子女关系的规定。

7. 养子女与亲生子女之间是否可以互相继承？

情景再现

张先生是一家私营企业的老总。张先生与太太早年一直没能生育孩子，夫妇俩协商一致到福利院领养了一个男孩。后张先生的太太怀孕并产下一子。多年后，因遭遇车祸，张先生和太太不幸去世，兄弟俩相依为命，并将父亲的事业继续发展壮大，两人也始终未婚。后来弟弟查出患有白血病，不幸离世，对于遗产的处理问题，本来哥哥认为自己继承没有什么大碍，可是祖父站出来声称，哥哥并不是张家的亲生骨肉，不能将家产拱手相让，为此诉至法院，请求公正裁决。

法律分析

祖父的主张于法无据，不能得到法院的支持。我国《民法典》第一千一百二十七条规定，该法所说的兄弟姐妹，包括同父母的兄弟姐妹、同父异母或者同母异父的兄弟姐妹、养兄弟姐妹、有扶养关系的继兄弟姐妹。本案中的哥哥与弟弟属于养兄弟关系，属于继承法规定的“兄弟”范畴。因此，哥哥与祖父一样同样属于第二顺序继承人，依法享有继承权。

法官提示

根据《民法典》的相关规定，自收养关系成立之日起，养父母与养子女间的权利义务关系，适用法律关于父母与子女关系的规定；养子女与养父母的近亲属间的权利义务关系，适用法律关于子女与父母的近亲属关系的规定。所以，养兄弟姐妹的关系适用法律关于兄弟姐妹的规定，养兄弟姐妹与亲生兄弟姐妹在法律地位上是平等的。

相关法律

《中华人民共和国民法典》

第一千一百二十七条 遗产按照下列顺序继承：

（一）第一顺序：配偶、子女、父母；

（二）第二顺序：兄弟姐妹、祖父母、外祖父母。

继承开始后，由第一顺序继承人继承，第二顺序继承人不继承；没有第一顺序继承人继承的，由第二顺序继承人继承。

本编所称子女，包括婚生子女、非婚生子女、养子女和有扶养关系的继子女。

本编所称父母，包括生父母、养父母和有扶养关系的继父母。

本编所称兄弟姐妹，包括同父母的兄弟姐妹、同父异母或者同母异父的兄弟姐妹、养兄弟姐妹、有扶养关系的继兄弟姐妹。

8. 丧偶儿媳是否享有继承权？

情景再现

去世的宋大娘留下存款50万元，老屋一套。宋大娘有两个儿子一个女儿，大儿子早年病逝，但是大儿媳一直没有改嫁，而且非常孝顺，宋大娘生前还一直与大儿媳生活在一起，饮食起居全靠大儿媳照料。宋大娘生前立下遗嘱，将老屋和存款中的10万元留给大儿媳，小儿子和女儿各得20万元存款。在遗产继承过程中，小儿子和女儿心生不平，起诉到法院，要求法院判定大儿媳不享有继承权。

法律分析

小儿子和女儿的诉请依法得不到法院的支持。我国《民法典》第一千一百二十九条规定，丧偶儿媳对公婆，丧偶女婿对岳父母，尽了主要赡养义务的，作为第一顺序继承人。本案中，宋大娘生前饮食起居全靠大儿媳照料，大儿媳当然能被认定为第一顺序继承人。况且，本案中，遗产分割按照宋大娘的遗嘱来进行分配，小儿子和女儿即使心有不平，也不能肆意剥夺大儿媳依法享有的继承权。

法官提示

在遗产继承过程中，继承人应当本着互谅互让、和睦团结的精神，协商处理继承问题。即使是第一顺序继承人，也要审查其是否对被继承人尽到了应尽的义务，若没有尽到或者有背道而驰的行径，少分甚至不分的情况也会发生。

相关法律

《中华人民共和国民法典》

第一千一百二十九条 丧偶儿媳对公婆，丧偶女婿对岳父母，尽了主要赡养义务的，作为第一顺序继承人。

三、遗嘱继承和遗赠

1. 遗嘱是否可以取消法定继承人的继承权？

情景再现

黄婶儿与老伴育有两个儿子，均已成家。老伴去世后黄婶儿一直独自生活，大儿子时常来看望，小儿子则一直不闻不问。后黄婶儿突然病重，大儿子将其接到家中照顾。得知黄婶儿病重后，小儿子多次要求老人将财产进行分割。黄婶儿心灰意冷，联系律师立下遗嘱，所有财产由大儿子继承，明确取消小儿子的继承权，并将遗嘱做了公证，交由两个孩子的舅舅保管。后黄婶儿去世，在遗产分配过程中，舅舅拿出遗嘱，小儿子不服，兄弟俩为此闹至法院。

法律分析

根据《民法典》第一千一百二十三条的规定，继承开始后，按照法定继承办理；有遗嘱的，按照遗嘱继承或者遗赠办理；有遗赠扶养协议的，按照协议办理。本案中，黄婶儿依法拟订了遗嘱，遗嘱继承的效力高于法定继承，遗产的继承依法要按照遗嘱来办理，小儿子自然不能享有继承权了。

法官提示

《民法典》规定的继承方式有三种：法定继承、遗嘱继承、遗赠。其中，法定继承的效力最低，是在没有其他两种继承方式的情形下由法律设定的继承方式。

相关法律

《中华人民共和国民法典》

第一千一百二十三条 继承开始后，按照法定继承办理；有遗嘱的，按照遗嘱继承或者遗赠办理；有遗赠扶养协议的，按照协议办理。

2. 遗嘱是否必须经过公证才有效？

情景再现

吴大爷有四个子女，因为年事已高，吴大爷身体每况愈下，诸位子女之间因财产的问题已经产生诸多隔阂。吴大爷便与老伴商议，两套房子两个儿子每人分一套，存款由两个女儿平均分配继承。立下遗嘱后，吴大爷听朋友说遗嘱必须公证才有效，于是请老伴到处打听。

法律分析

按照《民法典》的规定，遗嘱有公证遗嘱、自书遗嘱、代书遗嘱、打印遗嘱、以录音录像形式立的遗嘱，遗嘱人在危急情况下还可以立口头遗嘱。因此，只有公证遗嘱才必须经过公证，其他形式的遗嘱只要符合法定要件同样有效。

法官提示

公证不是遗嘱生效的必需条件，但是经过公证机关公证的遗嘱在认定、执行上会有很多便利之处，也有利于纠纷发生时较快化解。

相关法律

《中华人民共和国民法典》

第一千一百三十三条 自然人可以依照本法规定立遗嘱处分个人财产，并可以指定遗嘱执行人。

自然人可以立遗嘱将个人财产指定由法定继承人中的一人或者数人继承。

自然人可以立遗嘱将个人财产赠与国家、集体或者法定继承人以外的组织、个人。

自然人可以依法设立遗嘱信托。

第一千一百三十四条 自书遗嘱由遗嘱人亲笔书写，签名，注明年、月、日。

第一千一百三十五条 代书遗嘱应当有两个以上见证人在场见证，由其中一人代书，并由遗嘱人、代书人和其他见证人签名，注明年、月、日。

第一千一百三十六条 打印遗嘱应当有两个以上见证人在场见证。遗嘱人和见证人应当在遗嘱每一页签名，注明年、月、日。

第一千一百三十七条 以录音录像形式立的遗嘱，应当有两个以上见证人在场见证。遗嘱人和见证人应当在录音录像中记录其姓名或者肖像，以及年、月、日。

第一千一百三十八条 遗嘱人在危急情况下，可以立口头遗嘱。口头遗嘱应当有两个以上见证人在场见证。危急情况消除后，遗嘱人能够以书面或者录音录像形式立遗嘱的，所立的口头遗嘱无效。

第一千一百三十九条 公证遗嘱由遗嘱人经公证机构办理。

3. 什么是遗嘱中的特留份？

情景再现

李大爷有两个儿子和一个女儿。因老伴去世较早，儿女为李大爷找了一位保姆照顾李大爷多年。随着年纪的增大，李大爷身体状况越来越不好，就想订立一份遗嘱，以便去世后分配遗产。李大爷的大儿子、女儿家境不错，二儿子因为车祸导致残疾丧失劳动能力，为此，李大爷到人民法院来咨询法官如何订立遗嘱最为妥当。

法律分析

根据《民法典》第一千一百四十一条的规定，遗嘱应当为缺乏劳动能力又没有生活来源的继承人保留必要的遗产份额。因此李大爷无论怎样订立遗嘱，都应当给残疾丧失劳动能力没有生活来源的二儿子保留必要的遗产份额。

法官提示

在法律上，特留份制度有广义与狭义之分。狭义的特留份制度主要是《民法典》第一千一百四十一条的规定，即遗嘱应当为缺乏劳动能力又没有生活来源的继承人保留必要的遗产份额。同时，该法还有关于婴儿特留份的规定，即遗产分割时，应当保留胎儿的继承份额。广义的特留份制度，主要是指《民法典》其他条款的规定，涉及三类主体：第一，对岳父、岳母尽了赡养义务的丧偶女婿及对公、婆尽了主要赡养义务的丧偶儿媳；第二，生活有特殊困难的缺乏劳动能力的继承人；第三，对继承人以外的依靠被继承人扶养的缺乏劳动能力又没有生活来源的人，或者继承人以外的对被继承人扶养较多的人。

相关法律

《中华人民共和国民法典》

第一千一百四十一条 遗嘱应当为缺乏劳动能力又没有生活来源的继承人保留必要的遗产份额。

4. 数份遗嘱的内容相抵触的，该如何处理？

情景再现

孙婶儿和老伴儿育有子女五人，三个儿子，两个女儿。大儿子和大女儿事业有成，均在国外发展，但会抽空回来看望老人。孙婶儿老伴去世后，她就轮流在国内的两个儿子和一个女儿家生活，每家生活2个月。孙婶儿有存款200万元，房屋三套，儿女对老人的财产都觊觎已久。由于年老又不怎么记事儿，孙婶儿一共立下了六份遗嘱，每一份对于财产的分割方式都不一样，其中四份还都经过了公证。孙婶儿去世后，兄弟姐妹几个为了遗产分割各执己见，都拿着自己所有的那份遗嘱主张权利。

法律分析

根据《民法典》第一千一百四十二条的规定，遗嘱人可以撤回、变更自己所立的遗嘱。立遗嘱后，遗嘱人实施与遗嘱内容相反的民事法律行为的，视为对遗嘱相关内容的撤回。立有数份遗嘱，内容相抵触的，以最后的遗嘱为准。在孙婶儿立的六份遗嘱中，应当以最后的遗嘱为准。

法官提示

根据法律规定和公序良俗，孙婶儿的子女们在进行遗产分割时，应当本着互谅互让、和睦团结的精神，协商处理继承问题。这样各自为利，让老人立下多份遗嘱的行为，不仅不利于兄弟姐妹的和睦，反而在很多情况下会导致自己的企图落空。

相关法律

《中华人民共和国民法典》

第一千一百四十二条 遗嘱人可以撤回、变更自己所立的遗嘱。

立遗嘱后，遗嘱人实施与遗嘱内容相反的民事法律行为的，视为对遗嘱相关内容的撤回。

立有数份遗嘱，内容相抵触的，以最后的遗嘱为准。

5. 附义务受遗赠人如果不履行义务，该怎么处理？

情景再现

孙大爷和张奶奶育有一子，儿子大学本科毕业出国深造后，留在了国外工作且已成家。二老相依为命，儿子负责其生活费用，因不能在身边照料老人，儿子为他们请了保姆服侍。保姆照顾周到，后老两口以自己年老体弱多病，身边又没有亲人为由，共同与保姆签订了协议，约定：由保姆照顾他们的日常生活，在他们去世后名下的房子归保姆所有。协议签订以后，保姆对二老的照顾不像以前那么细致，甚至让二老饥一顿饱一顿，动不动还对二老发脾气恶语相向。二老后悔不已，想撤销协议，但是协议被保姆控制且拒不交出，无奈二老来到法院请求帮助。

法律分析

根据《民法典》第一千一百四十四条的规定，遗嘱继承或者遗赠附有义务的，继承人或者受遗赠人应当履行义务。没有正当理由不履行义务的，经利害关系人或者有关组织请求，人民法院可以取消其接受附义务部分遗产的权利。协议签订后，保姆不能履行相应赡养义务，二老可以请求人民法院取消其接受遗产的权利。

法官提示

遗赠是有偿的、相互附有条件的，体现了权利义务相一致的原则。如果受遗赠人拒不履行相应的义务，那么就丧失了接受遗赠的基础条件，在此情况下接受遗赠有违公平和诚实信用等基本原则，因此法律赋予了有关单位和个人撤销的权利。

相关法律

《中华人民共和国民法典》

第一千一百四十四条 遗嘱继承或者遗赠附有义务的，继承人或者受遗赠人应当履行义务。没有正当理由不履行义务的，经利害关系人或者有关组织请求，人民法院可以取消其接受附义务部分遗产的权利。

6. 遗嘱在什么情况下是无效的？

情景再现

邱大伯年轻时候白手起家，经过辛苦创业，积累了雄厚的财富。邱大伯与老伴育有三个子女，老伴多年前因病去世。年事已高的邱大伯身体状况不大好，几个子女轮流照顾。无意中，老人察觉到三个子女对家产的分割有各自的想法，为了一家人的和睦相处，邱大伯决定在生前立下遗嘱，以免百年之后的遗产分配伤及三个子女的感情。邱大伯想了解：怎样订立遗嘱才能避免遗嘱无效？

法律分析

我国《民法典》对无效遗嘱进行了列举式的规定，该法第一千一百四十三条规定，无民事行为能力人或者限制民事行为能力人所立的遗嘱无效，受欺诈、胁迫所立的遗嘱无效，伪造的遗嘱无效，遗嘱被篡改的，篡改的内容无效。同时《民法典》还针对各种不同类型的遗嘱确立了订立的必要条件，规定了遗嘱应当对缺乏劳动能力又没有生活来源的继承人保留必要的遗产份额。根据法律规定和邱大伯的现实状况，邱大伯属于完全民事行为能力人，可以订立遗嘱，他自愿基于自己的真实想法订立遗嘱，并且邱大伯的子女不存在丧失继承权的情形，只要订立的遗嘱符合法律规定的要件，一般来说订立的遗嘱会是有效的。

法官提示

订立遗嘱必须符合《民法典》对于

遗嘱要件、订立形式的规定，内容也应当符合法律法规的强制性规定，还必须符合诸如真实意思表示等原则性的规定。

相关法律

《中华人民共和国民法典》

第一千一百三十四条 自书遗嘱由遗嘱人亲笔书写，签名，注明年、月、日。

第一千一百三十五条 代书遗嘱应当有两个以上见证人在场见证，由其中一人代书，并由遗嘱人、代书人和其他见证人签名，注明年、月、日。

第一千一百三十六条 打印遗嘱应当有两个以上见证人在场见证。遗嘱人和见证人应当在遗嘱每一页签名，注明年、月、日。

第一千一百三十七条 以录音录像形式立的遗嘱，应当有两个以上见证人在场见证。遗嘱人和见证人应当在录音录像中记录其姓名或者肖像，以及年、月、日。

第一千一百三十八条 遗嘱人在危急情况下，可以立口头遗嘱。口头遗嘱应当有两个以上见证人在场见证。危急情况消除后，遗嘱人能够以书面或者录音录像形式立遗嘱的，所立的口头遗嘱无效。

第一千一百三十九条 公证遗嘱由遗嘱人经公证机构办理。

第一千一百四十三条 无民事行为能力人或者限制民事行为能力人所立的遗嘱无效。

遗嘱必须表示遗嘱人的真实意思，受欺诈、胁迫所立的遗嘱无效。

伪造的遗嘱无效。

遗嘱被篡改的，篡改的内容无效。

四、遗产的处理

1. 继承人明确表示放弃继承的，该如何处理？

情景再现

张大爷的老伴多年前去世，张大爷共有三个女儿。张大爷与老伴多年积蓄有存款60万元，房屋二套价值共计300万元。张大爷生前没有立下遗嘱，因为年事已高加之身患重病，后不幸离世。张大爷去世后，姐妹三人商议老人遗产的分配。大姐是企业的老总，家境很好，明确表示放弃继承张大爷的任何遗产，全部遗产由两个妹妹合理分配即可。但是两个妹妹认为，父亲生前没有立下遗嘱，也没有签订任何遗赠协议，应当是通过法定继承的方式分割遗产，姐姐自然是必须参与分配的。

法律分析

根据《民法典》第一千一百二十四条第一款的规定，继承开始后，继承人放弃继承的，应当在遗产处理前，以书面形式作出放弃继承的表示。没有表示的，视为接受继承。大姐因为自身经济条件较好，明确表示放弃继承父亲的遗产，由两个妹妹合理分配，是法律赋予她的权利，也体现了她作为大姐照顾两个妹妹的美德，这样做是可以的。

法官提示

本案中，虽然是要适用法定继承的方式来分割张大爷的遗产，但是继承人在遗产处理之前放弃继承权利的，这种放弃必须是明确表示出来的，比如写一个书面材料，而且必须在遗产处理之前提出来，如果没有表示，则视为接受继承。

相关法律

《中华人民共和国民法典》

第一千一百二十四条 继承开始后，继承人放弃继承的，应当在遗产处理前，以书面形式作出放弃继承的表示；没有表示的，视为接受继承。

受遗赠人应当在知道受遗赠后六十日内，作出接受或者放弃受遗赠的表示；到期没有表示的，视为放弃受遗赠。

2. 继承人没有参与遗产分配又未明确表示放弃继承的，该如何处理？

情景再现

李婶儿的老伴多年前去世，李婶儿共有两个儿子。李婶儿与老伴多年积蓄有存款60万元，房屋二套价值共计300万元。李婶儿和老伴生前没有立下遗嘱，李婶儿因为年事已高加之身患重病，后不幸离世。李婶儿去世后，弟弟一直想与身在外地的哥哥商议老人遗产的分配。哥哥是企业的老总，家境很好，他内心想要分得部分遗产，但是又觉得自己条件比弟弟好太多不好直接回应，因此他对此事避而不谈，甚至有意闪躲。弟弟很无奈但也不知道该怎么处理，为此，他多方咨询。

法律分析

根据《民法典》第一千一百二十四条第一款的规定，继承开始后，继承人放弃继承的，应当在遗产处理前，以书面形式作出放弃继承的表示。没有表示的，视为接受继承。本案中，李婶儿的大儿子没有参与遗产分配也未明确表示放弃继承，根据法律规定，应当视为接受继承。如果弟弟已经将遗产处理，根据既往司法实践经验，李婶儿的遗产应属兄弟两人共同共有，如果他们之间为此发生诉讼，可按析产案件处理，并参照财产来源、管理使用及实际需要等情况，进行具体分割。

法官提示

根据《民法典》第一千一百二十四条的规定，继承人只有在遗产处理前明确表示了其放弃继承才能认定为真正的放弃，如果没有则应当视为接受继承，继承遗产时必须分配给其相应的份额。

相关法律

《中华人民共和国民法典》

第一千一百二十四条 继承开始后，继承人放弃继承的，应当在遗产处理前，以书面形式作出放弃继承的表示；没有表示的，视为接受继承。

受遗赠人应当在知道受遗赠后六十日内，作出接受或者放弃受遗赠的表示；到期没有表示的，视为放弃受遗赠。

3. 夫妻一方去世时，夫妻共同财产中哪些部分属于去世方的遗产？

情景再现

张大爷和李婶儿共有三个子女，一个儿子两个女儿。老两口多年积蓄有80万元，房产两套。张大爷因为年事已高体弱多病，最终患癌症医治无效病逝，三个子女和李婶儿对于遗产的分配各执己见。李婶儿认为老伴去世后，所有财产应当归自己所有，待自己去世后才将遗产分配给孩子们。儿子认为父亲留下的遗产应当归自己所有，自己可以负责照顾母亲。两个女儿认为自己照顾老人也没有问题，遗产分割她们也有份儿。在僵持不下的情况下，李婶儿无奈诉至法院，请求法院公正裁决。

法律分析

根据《民法典》第一千一百五十三条第一款规定，夫妻在婚姻关系存续期间所得的共同所有的财产，除有约定的以外，如果分割遗产，应当先将共同所有的财产的一半分出为配偶所有，其余的为被继承人的遗产。可见，积蓄80万元和房屋两套是老两口的共同财产，也没有特别约定，应当先分出一半归李婶儿所有，剩下的一半作为遗产由李婶儿与三个子女共同来分割。

法官提示

遗产继承大多发生在家人之间，继承人应当本着互谅互让、和睦团结的精神，协商处理继承问题。遗产分割的时间、办法和份额，由继承人协商确定。如果没有特别约定和法律的例外性规定，遗产继承必须依照法律规定来进行，任何人都不能只图一己私利而恣意为之。

相关法律

《中华人民共和国民法典》

第一千一百五十三条 夫妻共同所有的财产，除有约定的外，遗产分割时，应当先将共同所有的财产的一半分出为配偶所有，其余的为被继承人的遗产。

遗产在家庭共有财产之中的，遗产分割时，应当先分出他人的财产。

4. 遗嘱未处分的遗产应如何处理？

情景再现

吴大爷今年已经80多岁，老伴去世多年。随着年纪逐渐增长，吴大爷的身体状况也是每况愈下，于是他想订立一份遗嘱，待自己百年之后两个儿子好顺利地继承遗产。吴大爷有70万元存款（分两个存折，一个50万元，一个20万元），一台轿车，两套房子。但是订立遗嘱的时候，吴大爷只记得自己50万元的存款、房子、车子，遗嘱没有对剩下的20万元进行处理。吴大爷去世以后，兄弟俩整理父亲遗物的时候找到了20万元的存折，但是因为遗嘱没有对其进行处理，因此他们来到法院寻求帮助。

法律分析

根据我国《民法典》第一千一百五十四条规定，有下列情形之一的，遗产中的有关部分按照法定继承办理：（1）遗嘱继承人放弃继承或者受遗赠人放弃受遗赠；（2）遗嘱继承人丧失继承权或者受遗赠人丧失受遗赠权；（3）遗嘱继承人、受遗赠人先于遗嘱人死亡或者终止；（4）遗嘱无效部分所涉及的遗产；（5）遗嘱未处分的遗产。本案属于上述第五种情况，因此吴大爷遗嘱中未处分的20万元存款由兄弟俩按照法定继承来分割，如无其他约定或法律规定的特别情况，兄弟俩各得一半即10万元。

法官提示

《民法典》规定了遗产继承方式主要有法定继承、遗嘱继承、遗赠三种。在有遗嘱或者遗赠协议情况下，适用之，如果没有遗嘱或遗赠协议，或者遗嘱或遗赠协议未处理部分财产，按照法定继承来处理。可以说，法定继承属于兜底性的一种继承方式。

相关法律

《中华人民共和国民法典》

第一千一百五十四条 有下列情形之一的，遗产中的有关部分按照法定继承办理：

（一）遗嘱继承人放弃继承或者受遗赠人放弃受遗赠；

（二）遗嘱继承人丧失继承权或者受遗赠人丧失受遗赠权；

（三）遗嘱继承人、受遗赠人先于遗嘱人死亡或者终止；

（四）遗嘱无效部分所涉及的遗产；

（五）遗嘱未处分的遗产。

5. 不宜分割的遗产应如何处理？

情景再现

张大娘的老伴去世多年，张大娘与老伴育有三个女儿。张大娘有30万元存款，一台车，一套房子。后张大娘病重医治无效与世长辞，三个女儿为其办理后事后，对于遗产的分割犯愁了。30万元存款可以每人10万元，但是车子一台，房子一套不知道该怎么分割。于是她们来到法院请求帮助。

法律分析

我国《民法典》第一千一百五十六条对遗产分割作了原则性的规定，同时也对不宜分割的财产的分割方式作了规定：遗产分割应当有利于生产和生活需要，不损害遗产的效用。不宜分割的遗产，可以采取折价、适当补偿或者共有等方法处理。因此对于不宜分割的车辆和房屋，三姐妹可以约定共同共有，也可以选择其中一人拥有然后折价给其他两位，也可以将房屋、车辆变卖后平分收益。

相关法律

《中华人民共和国民法典》

第一千一百五十六条 遗产分割应当有利于生产和生活需要，不损害遗产的效用。

不宜分割的遗产，可以采取折价、适当补偿或者共有等方法处理。

6. 什么是遗赠扶养协议？

情景再现

孙大爷和张奶奶育有一女在国外工作且已成家。二老共同与居民委员会签订了遗赠扶养协议：由居民委员会照顾他们的日常生活并负责二老去世后的安葬。二老共有的位于市中心的楼房一套，在他们去世后归居民委员会所有。居委会一直派专人负责照料二老的生活起居，后二老相继离世，居民委员会负责安葬等后事。后根据遗赠扶养协议居委会将二老留下的房屋产权办理到了居委会名下，并且出租，出租所得居委会按照财务规定用于办公开支。

法律分析

我国《民法典》第一千一百二十三

条规定，继承开始后，按照法定继承办理；有遗嘱的，按照遗嘱继承或者遗赠办理；有遗赠扶养协议的，按照协议办理。条文对遗产的继承方式作出了规定，主要有法定继承、遗嘱继承、遗赠三种。遗赠扶养协议是受扶养的公民和扶养人之间关于扶养人承担受扶养人的生养死葬的义务，受扶养人将财产遗赠给扶养人的协议。

相关法律

《中华人民共和国民法典》

第一千一百二十三条 继承开始后，按照法定继承办理；有遗嘱的，按照遗嘱继承或者遗赠办理；有遗赠扶养协议的，按照协议办理。

7. 无人继承的遗产应如何处理？

情景再现

李大爷和王奶奶育有两个女儿，但是两个女儿在一起车祸中均遇难。二老相依为命，相互照顾彼此生活起居，后李大爷先离世，王奶奶不久后因为伤心过度也与世长辞，居委会负责了王奶奶的安葬事务。但是，居委会在清理老人遗物时发现，二老有存款50万元，房屋两套，但是二老无亲人来继承这些遗产。居委会不知道该如何处理，于是到人民法院寻求法官帮助。

法律分析

我国《民法典》对遗产的继承方式作出了规定，主要有法定继承、遗嘱继承、遗赠三种。在没有法定继承人，也没有遗嘱和遗赠协议的情况下，法律对遗产处理作出了相应的规定。《民法典》第一千一百六十条规定，无人继承又无人受遗赠的遗产，归国家所有，用于公益事业；死者生前是集体所有制组织成员的，归所在集体所有制组织所有。因此二老的遗产依法归国家所有，将用于公益事业。

法官提示

现实生活中，通常遗产都会有继承人或者受遗赠人来继承，但是也有个别情况没有继承人或者受遗赠人，此时，根据法律规定，遗产归国家或者集体所有制组织所有。

相关法律

《中华人民共和国民法典》

第一千一百六十条 无人继承又无人受遗赠的遗产，归国家所有，用于公益事业；死者生前是集体所有制组织成员的，归所在集体所有制组织所有。

8. 遗产已被分割而未清偿债务时，该如何处理？

情景再现

周大爷和王奶奶育有三个儿子，二老有房屋两套，存款10万元。后二老相继离世，三兄弟将房屋变卖所得钱款与10万元存款一并平分继承处理了。后来周大爷的老朋友李奶奶从外国回来养老时，得知了周大爷和王奶奶都过世的消息，这才想起周大爷尚欠她20万元的债务，是当年购买新房借的，因为彼此是好朋友，李奶奶也不急着用钱，双方约定李奶奶回国后归还其20万元。因为二老已经过世，三个儿子表示对欠款有疑问，都不肯承担责任，无奈之下，李奶奶诉至法院，请求帮助。

法律分析

我国《民法典》第一千一百五十九条、第一千一百六十一条规定，分割遗产，应当清偿被继承人依法应当缴纳的税款和债务；但是，应当为缺乏劳动能力又没有生活来源的继承人保留必要的遗产。继承人以所得遗产实际价值为限清偿被继承人依法应当缴纳的税款和债务。超过遗产实际价值部分，继承人自愿偿还的不在此限。继承人放弃继承的，对被继承人依法应当缴纳的税款和债务可以不负清偿责任。因此，三兄弟继承了父母的遗产应当清偿父母所欠债务，李奶奶向他们主张权利是于法有据的，因为欠款是20万元，三兄弟是平均分配遗产的，他们应当各自承担1/3的偿还义务。

法官提示

《民法典》的规定体现了权利义务相适应的原则，也体现出对国家利益和债权人合法利益的保护。

相关法律

《中华人民共和国民法典》

第一千一百五十九条 分割遗产，应当清偿被继承人依法应当缴纳的税款和债务；但是，应当为缺乏劳动能力又没有生活来源的继承人保留必要的遗产。

第一千一百六十一条 继承人以所得遗产实际价值为限清偿被继承人依法应当缴纳的税款和债务。超过遗产实际价值部分，继承人自愿偿还的不在此限。

继承人放弃继承的，对被继承人依法应当缴纳的税款和债务可以不负清偿责任。

9. 遗产不能抵偿债务时，该如何处理？

情景再现

王大爷和吴奶奶育有三个女儿，二老有老房屋一套价值10万元。后二老相继离世，三姐妹将房屋变卖所得10万元平分继承处理了。后来王大爷的老朋友宋大娘得知二老都过世的消息，这才想起王大爷尚欠自己20万元的债务。因为二老已经过世，三姐妹虽然表示可以偿还欠款，但是二老留下的遗产只卖得10万元，谁也不能全部偿还，无奈之下宋大娘起诉到法院请求帮助。

法律分析

我国《民法典》第一千一百五十九条、第一千一百六十一条规定，分割遗产，应当清偿被继承人依法应当缴纳的税款和债务；但是，应当为缺乏劳动能力又没有生活来源的继承人保留必要的遗产。继承人以所得遗产实际价值为限清偿被继承人依法应当缴纳的税款和债务。超过遗产实际价值部分，继承人自愿偿还的不在此限。继承人放弃继承的，对被继承人依法应当缴纳的税款和债务可以不负清偿责任。因此三姐妹继承了父母的遗产就应当清偿父母所欠债务，宋大娘向她们主张权利是于法有据的，因为欠款是20万元，三姐妹是平均分配遗产的，她们应当各自承担1/3的偿还义务，但是二老遗产所得仅为10万元，三姐妹只需将各自所得的钱款用于偿还宋大娘债务即可。当然，如果三姐妹愿意替父母将钱款全部还清，法律也是不禁止的。

相关法律

《中华人民共和国民法典》

第一千一百五十九条 分割遗产，应当清偿被继承人依法应当缴纳的税款和债务；但是，应当为缺乏劳动能力又没有生活来源的继承人保留必要的遗产。

第一千一百六十一条 继承人以所得遗产实际价值为限清偿被继承人依法应当缴纳的税款和债务。超过遗产实际价值部分，继承人自愿偿还的不在此限。

继承人放弃继承的，对被继承人依法应当缴纳的税款和债务可以不负清偿责任。

PART 4

懂点法律常识

财产流转更得利

随着我国市场经济体制的逐步完善，社会经济的发展突飞猛进，人民的生活水平也日渐提高，家庭财产的买卖、转让、分割、登记等成了很多人生活中的大事。在我国现有的法律体系中，涉及财产流转的主要法律依据有《中华人民共和国民法典》（总则及合同编）《中华人民共和国城市房地产管理法》《城市房地产开发经营管理条例》《城市商品房预售管理办法》《商品房销售管理办法》等。家庭财产的买卖、转让、分割、登记等是很多普通家庭的大事，掌握一定的法律常识，势必能提供诸多保障与便利。

1. 只签字但未作登记的房屋买卖合同是否有效？

情景再现

小王与小张相识相恋，两人也到了谈婚论嫁的时候，首先是寻找房源买婚房。通过多番比较，小王终于在某综合信息网站上找到了价格合适、位置不错的房源，于是他通过网上预留的联系方式和房主李先生约定了时间看房并签订合同。签订合同以后，小王即按照合同约定支付了相应款项，李先生也将房屋钥匙给了小王。就在小王正张罗着准备装修的时候，李先生反悔了，不想转让该房屋，小王认为双方已经白纸黑字签订了合同，李先生想要反悔要负违约责任。但是李先生声称房屋还没有办理房产证也无法为小王办理登记，认为双方签订的房屋买卖合同无效，要求小王返还房屋钥匙，他会积极退款。双方为此僵持不下，遂闹至法院。

法律分析

我国《民法典》第二百一十七条规定，不动产权属证书是权利人享有该不动产物权的证明。不动产权属证书记载的事项，应当与不动产登记簿一致；记载不一致的，除有证据证明不动产登记簿确有错误外，以不动产登记簿为准。这仅说明不动产的权属由权属证书来证明，但是有没有房产证并不是房屋买卖合同是否有效的条件。《民法典》第二百一十五条对此种情况还作了规定，当事人之间订立有关设立、变更、转让和消灭不动产物权的合同，除法律另有规定或者当事人另有约定外，自合同成立时生效；未办理物权登记的，不影响合同效力。可见，小王与李先生签订的房屋买卖合同并不存在法律规定的合同无效的情形，因此李先生主张合同无效于法无据，不能肆意反悔。如拒不履行合同义务，应当依照约定和法律规定承担相应的违约责任。

法官提示

在房屋买卖交易中，往往涉及两个法律关系节点，一个是房屋物权变动，另一个是合同成立生效。根据《民法典》相关规定，不动产物权的设立、变更、转让和消灭，依照法律规定应当登记的，自记载于不动产登记簿时发生效力，这是不动产物权发生效力的条件。但是合同成立生效的条件、时间节点和物权变动的时间节点大多数情况下存在不一致的情形。大家要分清楚这两层法律关系，如果没有法律规定的合同无效的情形，一般合同都是有效的。

相关法律

《中华人民共和国民法典》

第二百一十五条 当事人之间订立有关设立、变更、转让和消灭不动产物权的合同，除法律另有规定或者当事人另有约定外，自合同成立时生效；未办理物权登记的，不影响合同效力。

第二百一十七条 不动产权属证书是权利人享有该不动产物权的证明。不动产权属证书记载的事项，应当与不动产登记簿一致；记载不一致的，除有证据证明不动产登记簿确有错误外，以不动产登记簿为准。

2.“一房两卖”的合同是否有效?

情景再现

李松打算跟女朋友结婚并购买婚房。两人找到一家较大的房产中介公司寻找房源，经过多番比较，两人决定购买王先生的房子，并签订合同支付了相应款项，王先生也将房屋钥匙交给了李松。在小两口张罗着准备装修的时候，小宋登门造访了。小宋手上也有一份与王先生签订的购房合同，而且也支付了相应的款项。双方这才知道原来王先生家将房屋“一房两卖”了。但是李松和小宋都很想要这套房屋，都不愿意退让，他们只好找到原房主王先生，要求王先生继续履行合同，将房屋过户转让。但是王先生认为“一房两卖”属于无法履行的合同，应当属于无效合同，愿意退款但是不愿意承担其他任何责任。

法律分析

我国《民法典》第二百一十五条规定，当事人之间订立有关设立、变更、转让和消灭不动产物权的合同，除法律另有规定或者当事人另有约定外，自合同成立时生效；未办理物权登记的，不影响合同效力。由此可见，李松和小宋分别与王先生签订的房屋买卖合同自合同成立时即生效，王先生应当按照合同约定履行交付房屋的义务，但是只有一套房屋，无法两个人都交付，对于不能实际交付房屋的一方，王先生除了退款以外还需要承担违约责任。

法官提示

出卖人就同一房屋分别签订数份买卖合同，在合同均为有效的前提下，买受人均要求继续履行合同的，可以按照以下顺序确定履行合同的买受人：（1）已经办理房屋所有权转移登记的；（2）均未办理房屋所有权转移登记，已经实际合法占有房屋的；（3）均未办理房屋所有权转移登记，又未合法占有房屋，应综合考虑各买受人实际付款数额的多少及先后、合同成立的先后等因素，公平合理地予以确定。

相关法律

《中华人民共和国民法典》

第二百一十五条 当事人之间订立有关设立、变更、转让和消灭不动产物权的合同，除法律另有规定或者当事人另有约定外，自合同成立时生效；未办理物权登记的，不影响合同效力。

3.权利人、利害关系人认为不动产登记簿记载的事项错误的，应如何处理?

情景再现

小李和小王小两口购买了某小区的现房一套，在入住后不久他们就领到了房产证，但是发现房产证上的房屋面积登记有明显出入，而且还将小王的一些基本信息弄错。小两口知道房产证就是证明房屋权属的证据，这下登记出错了可怎么得了，于是到登记部门寻求解决方法。

法律分析

我国《民法典》第二百二十条第一款规定，权利人、利害关系人认为不动产登记簿记载的事项错误的，可以申请更正登记。不动产登记簿记载的权利人书面同意更正或者有证据证明登记确有错误的，登记机构应当予以更正。小李和小王属于房屋的权利人，他们可以提供相应的房屋真实面积证据和小王的基本信息证据向登记机构申请更正即可。

法官提示

在不动产登记机构数据量大、工作量大的情况下，工作人员也许会出现一些失误，有时候如计算机系统错误等问题也会导致登记信息发生错误的情况，只要错误客观存在也有证据加以佐证，及时向登记机关申请变更登记即可。

相关法律

《中华人民共和国民法典》

第二百二十条 权利人、利害关系人认为不动产登记簿记载的事项错误的，可以申请更正登记。不动产登记簿记载的权利人书面同意更正或者有证据证明登记确有错误的，登记机构应当予以更正。

不动产登记簿记载的权利人不同意更正的，利害关系人可以申请异议登记。登记机构予以异议登记，申请人自异议登记之日起十五日内不提起诉讼的，异议登记失效。异议登记不当，造成权利人损害的，权利人可以向申请人请求损害赔偿。

4. 为防止开发商将房子再卖给他人，可以采取什么措施？

情景再现

张华和丽丽小两口选定了某小区的期房一套，共同与开发商签订了房屋买卖合同，他们依照合同约定支付了首付款，办理了按揭手续等，开发商承诺半年后交房。但是张华担心开发商不诚信，将自己心仪的这套房屋以高价再次出售给其他人，为此他们来到律师事务所咨询。

法律分析

我国《民法典》第二百二十一条第一款规定，当事人签订买卖房屋的协议或者签订其他不动产物权的协议，为保障将来实现物权，按照约定可以向登记机构申请预告登记。预告登记后，未经预告登记的权利人同意，处分该不动产的，不发生物权效力。因此张华和丽丽可以要求开发商与他们一起向登记机构申请预告登记，这样未经他们的同意，开发商将房屋再次出售的，不会发生房屋所有权转移的效力。

法官提示

需要注意的是，预告登记具有一定的时效性，根据《民法典》第二百二十一条第二款的规定，预告登记后，债权消灭或者自能够进行不动产登记之日起九十日内未申请登记的，预告登记失效。也就是说，在可以办理不动产登记之日起九十日内他们必须向主管部门申请登记，否则预告登记失效以后，其保障功能也相应丧失。

相关法律

《中华人民共和国民法典》

第二百二十一条 当事人签订买卖房屋的协议或者签订其他不动产物权的协议，为保障将来实现物权，按照约定可以向登记机构申请预告登记。预告登记后，未经预告登记的权利人同意，处分该不动产的，不发生物权效力。

预告登记后，债权消灭或者自能够进行不动产登记之日起九十日内未申请登记的，预告登记失效。

5. 动产转让何时发生效力？

情景再现

小军和小阳是大学同学，小军家庭条件较为优越，而小阳来自农村家庭条件不是很好。很多大学课程需要使用电脑来完成，但是购买一台新电脑对小阳来说太困难，小军知道之后，决定将自己的电脑以非常低的价格转让给小阳。双方约定小阳先付一部分钱，等一星期之后小军将数据备份好把电脑交付给小阳时再付余款。可是，在小阳付了一部分钱之后，小军左思右想觉得不划算，不想出卖这台电脑了，而打算将一台更旧的台式电脑以小阳已经支付了的钱款的价格卖给小阳。但是小阳认为自己将部分钱款付给小军时，电脑的所有权已经转移到了自己名下，电脑已经属于自己的财物，小军不能反悔。

法律分析

动产是指能够移动而不损害其经济用途和经济价值的物，一般指金钱、有价值的物品等，与土地、房屋等不动产相对。根据我国《民法典》第二百二十四条的规定，动产物权的设立和转让，自交付时发生效力，但是法律另有规定的除外。本案中，电脑的所有权按照法律规定还是属于小军，小阳主张自己已经享有电脑的所有权于法无据。但是小军在与小阳约定好买卖电脑之后又反悔，属于违约情形，小阳可以要求小军继续履行合同，在支付剩余钱款的同时要求小军将电脑交付，否则小军应当承担一定的违约责任。

法官提示

动产物权的转移和买卖合同是否生效是两个法律关系，动产的物权通常情况下依交付而转移，但是买卖合同通常成立即生效。动产物权交付转移后，所有权人才享有处分的权利。合同成立生效如果动产没有交付的话，不发生物权效力，但是当事人需要履行合同约定的义务，否则要承担违约责任。

相关法律

《中华人民共和国民法典》

第二百二十四条 动产物权的设立和转让，自交付时发生效力，但是法律另有规定的除外。

6. 汽车转让时，是否要强制登记？

情景再现

李先生经营一家小型超市，他经营有方，生意很好，也赚了不少钱。于是李先生打算换一台好车，但是为了不浪费，他准备把自己手头的这台旧车先卖掉。李先生在某中介网站发布了销售信息，不久便不断有买主来咨询，经过几番商议，李先生决定把车卖给小王。两人共同拟订了车辆买卖合同，小王支付价款后，李先生随即将车辆的钥匙和相关证件交付给了小王。过了不久，小王从朋友那里打听到说车辆买卖必须进行登记，没有登记的买卖合同是无效的，于是小王找到李先生要求解决此事。

法律分析

根据我国《民法典》第二百二十五条的规定，船舶、航空器和机动车等的物权的设立、变更、转让和消灭，未经登记，不得对抗善意第三人。所谓“善意第三人”，可以这么理解：假设有甲、乙、丙三方，甲方在进行买卖、托管、租赁等各项民事活动中，有理由相信乙方有权签订合同。在双方形成法律关系后，丙方提出自己才是所有权人，但对此甲方并不知情。那么，甲就属于善意第三人，权利应受法律保护。该条主要是说明，如果机动车辆转让未经登记，不得对抗善意第三人，也就是说，如果发生纠纷，善意第三人找到了登记车主李先生主张权利，在未办理变更登记的情况下，不能用车辆已经转让来对抗善意第三人行使合法权利。但是前述法律规定不会导致买卖合同无效，小王和李先生的买卖合同自签订之日起已经生效了，车辆本身属于动产，所有权也自车辆交付给小王时发生了转移。

法官提示

涉及机动车买卖时，合同效力主要从合同效力的条件来审查，买卖双方只要是出于真实意思表示自愿为之，合同内容不违反法律规定，买卖合同即成立生效。车辆的过户登记并不是买卖合同成立的必要条件，过户登记办理与否对买卖合同效力没有影响。也就是说，没有办理过户登记合同仍然是有效的，只是这个买卖合同不能对抗善意的第三人。例如，甲将汽车卖给乙，没有办理过户登记，此后甲又将汽车卖给了丙并办理了过户登记，那么汽车应当归属于丙，但是甲与乙之间的合同仍然有效，甲因为不能交付汽车需要承担违约责任。

相关法律

《中华人民共和国民法典》

第二百二十五条 船舶、航空器和机动车等的物权的设立、变更、转让和消灭，未经登记，不得对抗善意第三人。

7. 指示交付的物权何时发生转移？

情景再现

孙先生是一名收藏爱好者，藏品数量众多，因为有很多藏品不想收藏了，于是孙先生在某中介网站发布转让信息。小宋在网站上看到了孙先生发布的转让信息，对其中一个树脂熊非常喜欢，想要购买。经过与孙先生协商，两人签订了买卖合同。但是孙先生指出该树脂熊由自己母亲代为保管，需要小宋三日后到孙先生母亲住处自取。在合同签订当时，小宋即付了价款，孙先生即给母亲打了电话说明了情况，母亲表示三日后小宋到来以后会立即将树脂熊交予小宋。可三日后小宋到达孙先生母亲住处，孙母告诉小宋说，因为这款树脂熊是限量版，孙先生不想出让了，答应将小宋支付的价款返还。小宋认为孙先生违约，找到孙先生理论，孙先生说该树脂熊属于动产，动产权属自交付时生效，现在树脂熊还未实际交付给小宋，因此所有权还是归孙先生所有，自己当然有权不予转让，不存在违约。小宋无奈，只好起诉到法院请求公正裁决。

法律分析

根据《民法典》第二百二十七条的规定，动产物权设立和转让前，第三人占有该动产的，负有交付义务的人可以通过转让请求第三人返还原物的权利代替交付。本案中，孙先生母亲代孙先生保管树脂熊属合法占有，孙先生与小宋约定由孙母代为交付该树脂熊，此时发生了指示交付行为，物权效力自指示交付指令完成时发生变动。在这种情况下，孙先生给母亲打电话说明情况之时，树脂熊的所有权即已经转移至小宋手中，孙先生的抗辩是无效的。

相关法律

《中华人民共和国民法典》

第二百二十七条 动产物权设立和转让前，第三人占有该动产的，负有交付义务的人可以通过转让请求第三人返还原物的权利代替交付。

8. 人民法院的法律文书导致物权变更的，该物权变动何时生效？

情景再现

小王和小张通过婚恋网站交友相识，因为年纪都较大了，家里催婚压力较大，因此两人认识不久就草率结婚了。婚后两人共同出资购买了房屋一套，但是仅落了男方小王一人的名字。后两人矛盾不断增多，甚至升级至大打出手，两人认为已无和好共同生活之可能，遂决定离婚，但是对于共同财产等问题难以协商一致，遂闹至法院。后法院经过综合认定，判决准许二人解除婚姻关系，对于共同财产的分割，存款和对外债权全部归男方所有，房屋归女方所有。判决书生效后，小张要求小王办理过户手续，可是小王认为，房屋权属以权属证书登记为准，因此房屋还是属于自己所有，拒不办理过户手续。

法律分析

根据《民法典》第二百二十九条的规定，因人民法院、仲裁机构的法律文书或者人民政府的征收决定等，导致物权设立、变更、转让或者消灭的，自法律文书或者征收决定等生效时发生效力。因此，本案中的房屋已经经生效判决书判归小张所有，房屋的所有权自判决书生效之时起已经发生转移，小王拒不办理过户手续的抗辩理由不成立。

法官提示

因人民法院、仲裁机构的法律文书或者人民政府的征收决定等，导致物权设立、变更、转让或者消灭的情况属于物权变动的特例，与物权变动的一般性规定不太一样，应特别注意。

相关法律

《中华人民共和国民法典》

第二百二十九条 因人民法院、仲裁机构的法律文书或者人民政府的征收决定等，导致物权设立、变更、转让或者消灭的，自法律文书或者征收决定等生效时发生效力。

9. 因继承取得物权的，物权变动何时生效？

情景再现

宋婶儿去世时留下存款50万元，

房屋两套，儿子办理完丧事后，想要将继承得来的两套房屋转让出去。但是他觉得房屋登记的名字是宋婶儿的，不知道现在这个房屋的权属是否已经实际属于自己所有，于是他打算找人问个明白。

法律分析

根据《民法典》第二百三十条的规定，因继承取得物权的，自继承开始时发生效力。本条是具体针对继承所得的物权作出的特别规定，有特别规定的情况要适用特别规定来处理法律关系。因此，自宋婶儿的儿子继承房屋时房屋所有权已经归属于他了。

相关法律

《中华人民共和国民法典》

第二百三十条 因继承取得物权的，自继承开始时发生效力。

10. 自己的财产被别人占有了，该如何主张权利？

情景再现

孙大爷和张奶奶育有一女在外地工作。二老相依为命，女儿会给他们寄来生活费，并聘请了保姆照顾老人的生活起居。后二老相继离世，女儿回来处理安葬等后事。老人安葬以后，女儿准备出卖父母留下的楼房。可是保姆一直住在房屋里面不肯搬走，还声称张奶奶离世前口头立下遗嘱将房屋遗赠给她，但是没有任何证据能够证明此事，张奶奶的女儿也对此毫不知情。后张奶奶女儿无可奈何，找到律师寻求帮助，主要咨询可以通过什么方式取回房屋。

法律分析

根据《民法典》第二百三十三条的规定，物权受到侵害的，权利人可以通过和解、调解、仲裁、诉讼等途径解决。但是在本案中，保姆已无和解和协商之可能。张奶奶的女儿可以申请人民调解委员会进行调解，也可以申请仲裁委员会进行仲裁，还可以向人民法院起诉主张其合法权利。

法官提示

现在提倡多元化的矛盾纠纷解决机制，不一定所有矛盾纠纷都必须到法院来通过诉讼解决，现实生活中有很多矛盾纠纷可以通过诉讼以外的途径予以更快速有效的解决。在我国，和解、调解、仲裁等纠纷解决方式都是法律所规定的，当事人都可以通过这些途径来解决矛盾纠纷。

相关法律

《中华人民共和国民法典》

第二百三十三条 物权受到侵害的，权利人可以通过和解、调解、仲裁、诉讼等途径解决。

11. 邻居在家里堆放了大量易燃易爆物品，同住一个院子的住户该如何主张权利？

情景再现

张大爷家和小王家住在同一个院子里，两家人一直都和睦相处。但是有一天，小王家搬来了很多烟花爆竹的原料和半成品。原来小王的舅舅开的烟花爆竹厂倒闭了，小王想着自己也会做简易的烟花爆竹，于是搬回了家。张大爷一打听，吓了一跳，劝小王不要这样做，因为这些原料和半成品属于易燃易爆物品，应该用专门的场所存放，这样放在家里面隐患无穷。可是小王认为张大爷只是胆小怕事，经过几番交涉，小王还是不听，张大爷担心会出现意外，不知道怎么办才好。

法律分析

我国《民法典》第二百三十六条规定，妨害物权或者可能妨害物权的，权利人可以请求排除妨害或者消除危险。张大爷和小王家属于邻居，小王在家中堆放大量易燃易爆物品，这样隐患确实很大，不仅对自家危险较大，也对邻居张大爷家人的人身和财产制造了较大的安全隐患，张大爷主张小王消除危险的诉求是合理的。本着是邻里之间，张大爷已经多番和小王沟通，但是都没有效果。张大爷可以请求人民调解委员会进行调解，或者向人民法院提起诉讼等。

法官提示

《民法典》第二百八十八条规定，不动产的相邻权利人应当按照有利生产、方便生活、团结互助、公平合理的原则，正确处理相邻关系。张大爷和小王本是睦邻，小王不听劝解，一心只为自己的利益，忽略了安全问题，这样的做法实在是不可取。

相关法律

《中华人民共和国民法典》

第二百三十三条 物权受到侵害的，权利人可以通过和解、调解、仲裁、诉讼等途径解决。

第二百三十六条 妨害物权或者可能妨害物权的，权利人可以请求排除妨害或者消除危险。

第二百八十八条 不动产的相邻权利人应当按照有利生产、方便生活、团结互助、公平合理的原则，正确处理相邻关系。

12. 邻居装修导致自家墙体开裂的，该如何主张权利？

情景再现

小王和小张小两口刚买了新房，正张罗着准备装修的时候，邻居家也在装修。其间，小王发现房屋墙体有一处开裂，他清晰地记得在签订买卖合同之前，还请专人来仔细排查过房屋设施等。后经过反复确定，原来是邻居家开凿电视背景墙导致了墙体开裂。小王找到邻居协商解决办法，但是，邻居蛮横无理，认为是小王自己的装修导致了墙体开裂，小王再三证明自己才开始装修厨房卫生间，没有涉及这面墙，邻居不予理会，也拒绝再谈此事。无奈之下，小王来到人民法院请求法官的帮助。

法律分析

我国《民法典》第二百三十七条规定，造成不动产或者动产毁损的，权利人可以依法请求修理、重作、更换或者恢复原状。本案中，两家属于邻居，仅一墙之隔，小王有充分证据证明自家墙体开裂是由于邻居装修导致的，小王找到邻居协商解决的诉求是合理的。小王有权要求邻居修理或者是作出相应的赔偿。根据《民法典》第二百三十三条规定，物权受到侵害的，权利人可以通过和解、调解、仲裁、诉讼等途径解决。小王可以通过以上途径来主张自己的权利。

法官提示

《民法典》第二百八十八条还规定了，不动产的相邻权利人应当按照有利生产、方便生活、团结互助、公平合理的原则，正确处理相邻关系。邻里之间，难免会出现磕磕碰碰，但是只要本着团结互助、公平合理的原则，大可大事化小，小事化了。

相关法律

《中华人民共和国民法典》

第二百三十三条 物权受到侵害的，权利人可以通过和解、调解、仲裁、诉讼等途径解决。

第二百三十七条 造成不动产或者动产毁损的，权利人可以依法请求修理、重作、更换或者恢复原状。

第二百八十八条 不动产的相邻权利人应当按照有利生产、方便生活、团结互助、公平合理的原则，正确处理相邻关系。

13. 个人可以取得土地的所有权吗？

情景再现

张大爷家在农村，老伴儿去世多年，家里承包有农田共计20亩左右。后张大爷病重医治无效与世长辞，儿女为其操办丧事后，共同友好协商将20亩土地平均分割了。张大爷最小的儿子小军认为，土地分到自己的头上，自己就是土地的所有权人，他要将土地卖掉然后外出打拼。大哥大姐劝解他说这样不好，做法也不对，但是小军认为既然土地已经被大家公平分割了，他的事情他自己做主，不需要大哥大姐干预。

法律分析

小军的想法有一些不正确的地方。根据《土地管理法》第九条规定，城市市区的土地属于国家所有。农村和城市郊区的土地，除由法律规定属于国家所有的以外，属于农民集体所有；宅基地和自留地、自留山，属于农民集体所有。同时，该法第十条规定，国有土地和农民集体所有的土地，可以依法确定给单位或者个人使用。使用土地的单位和个人，有保护、管理和合理利用土地的义务。由此可知，不管什么样的土地，所有权要么归国家，要么归集体，不存在所有权归个人的情况。但是法律明确规定，个人可以享有土地的使用权。小军对自己所分到的土地享有使用权，但所有权还是属于集体所有。

法官提示

土地所有权是一项专有权，其权利主体有特定性。土地所有权的权利主体只能是国家或农民集体，其他任何单位或个人都不享有土地所有权。这是由我国实行土地的社会主义公有制决定的。

相关法律

《中华人民共和国土地管理法》

第九条 城市市区的土地属于国家所有。

农村和城市郊区的土地，除由法律规定属于国家所有的以外，属于农民集体所有；宅基地和自留地、自留山，属于农民集体所有。

第十条 国有土地和农民集体所有的土地，可以依法确定给单位或者个人使用。使用土地的单位和个人，有保护、管理和合理利用土地的义务。

14. 个人挖掘的文物，所有权能否归自己所有？

情景再现

小张家住在农村，在亲戚朋友的帮助之下，小张决定盖新房结婚。在挖掘地基时，小张无意中挖到了一些古钱币、瓷器等物品。小张这下乐坏了，他知道这些东西是文物应该很值钱，于是想把这些东西卖掉大赚一笔。可是有人告诉他，文物属于国家所有，他应当交给相关部门处理。小张却认为这是自己挖到的，他执意要将文物卖出去。

法律分析

根据《文物保护法》第五条第一款的规定，中华人民共和国境内地下、内水和领海中遗存的一切文物，属于国家所有。因此小张从地底下挖到的文物所有权确实属于国家，应当主动交由相关政府部门来处理。但是并不是所有的文物一律属于国家所有，《文物保护法》第七条第二款规定，属于集体所有和私人所有的纪念建筑物、古建筑和祖传文物以及依法取得的其他文物，其所有权受法律保护。文物的所有者必须遵守国家有关文物保护的法律、法规的规定。本案中，小张是从地底下挖出来的文物，按照法律规定，所有权归国家，他不能私自变卖。

法官提示

《文物保护法》是为加强对文物的保护，继承中华民族优秀的历史文化遗产，促进科学研究工作，进行爱国主义和革命传统教育，建设社会主义精神文明和物质文明，而制定的法律。文物有自身的特殊性，所有涉及文物权属和流转的程序都要依照法律规定来处理。

相关法律

《中华人民共和国文物保护法》

第五条 中华人民共和国境内地下、内水和领海中遗存的一切文物，以及中国管辖的其他海域内遗存的起源于中国的和起源国不明的文物，属于国家所有。

古文化遗址、古墓葬、石窟寺属于国家所有。国家指定保护的纪念建筑物、古建筑、古石刻、古壁画、近代现代代表性建筑等不可移动文物，除国家另有规定的以外，属于国家所有。

国有不可移动文物的所有权不因其所依附的土地的所有权或者使用权的改变而改变。

第六条 下列可移动文物，属于国家所有：

（一）中国境内地下、内水和领海以及中国管辖的其他海域内出土、出水的文物，国家另有规定的除外；

（二）国有文物收藏单位以及其他国家机关、部队和国有企业、事业单位等收藏、保管的文物；

（三）国家征集、购买或者依法没收的文物；

（四）公民、组织捐赠给国家的文物；

（五）法律规定属于国家所有的其他文物。

国有可移动文物的所有权不因其收藏、保管单位的终止或者变更而改变。

第七条 国有文物所有权受法律保护，不容侵犯。

属于集体所有和私人所有的纪念建筑物、古建筑和祖传文物以及依法取得的其他文物，其所有权受法律保护。文物的所有者必须遵守国家有关文物保护的法律、法规的规定。

15. 共有人应该如何处分共有财产？

情景再现

宋婶儿育有三个儿子一个女儿，老伴去世多年。宋婶儿生前立下遗嘱，存款90万元三个儿子每人25万元，女儿15万元，房屋大的一套留给三个儿子共同共有，比较小的一套就留给女儿。后宋婶儿病重医治无效与世长辞，儿女为其办理丧事后，按照遗嘱分割了遗产。事后大儿子认为房屋一套他们三兄弟共有，谁去住都不合适，他打算将房屋卖掉。可是两个弟弟不同意这样的做法，认为房屋是老人留下的念想，应当保留。

法律分析

我国《民法典》第三百零一条规定，处分共有的不动产或者动产以及对共有的不动产或者动产作重大修缮、变更性质或者用途的，应当经占份额三分之二以上的按份共有人或者全体共同共有人同意，但是共有人之间另有约定的除外。本案中，三兄弟对于共有的房屋并没有特别的约定，该房屋又属于共同共有的范畴，因此出卖该套房屋应当三兄弟都同意才可以。哥哥不能一意孤行卖掉房屋。

法官提示

共有主要有共同共有和按份共有两种情形，共同共有的财物的处分须经全体共有人一致同意，按份共有的财物经占份额三分之二以上的共有人或全体共有人同意才可处分。不管是何种共有，共有人之间对于共有物的处理都应当本着公平合理、友好协商的原则来进行。

相关法律

《中华人民共和国民法典》

第三百零一条 处分共有的不动产或者动产以及对共有的不动产或者动产作重大修缮、变更性质或者用途的，应当经占份额三分之二以上的按份共有人或者全体共同共有人同意，但是共有人之间另有约定的除外。

16. 共有财产的管理费用，应如何分担？

情景再现

张大娘与老伴育有三个儿子，张大娘与老伴生前立下遗嘱，将二老存款平均分配给儿子，房屋由三兄弟共同所有，后二老相继离世。三兄弟认为房屋只有一套谁去住都不合适，可房屋是老人留下的念想不能卖，于是决定将房屋租出去，但是两个弟弟都在外地工作，他们就委托大哥来处理相关事宜。

法律分析

我国《民法典》第三百条规定，共有人按照约定管理共有的不动产或者动产；没有约定或者约定不明确的，各共有人都有管理的权利和义务。本案中，三兄弟约定由大哥来进行管理，因此大哥可以行使管理的权利和履行管理的义务。《民法典》第三百零二条同时规定，对共有物的管理费用以及其他负担，有约定的，按照其约定；没有约定或者约定不明确的，按份共有人按照其份额负担，共同共有人共同负担。本案中，对于费用问题，三兄弟没有约定，那么对于房屋管理中产生的费用应当三兄弟共同负担。

法官提示

共有物的管理，法律规定都是约定优先，因此不管是共同共有还是按份共有，共有人最好能订立关于管理和管理费用负担的约定，这样便于共有物的管理。

相关法律

《中华人民共和国民法典》

第三百条 共有人按照约定管理共有的不动产或者动产；没有约定或者约定不明确的，各共有人都有管理的权利和义务。

第三百零二条 共有人对共有物的管理费用以及其他负担，有约定的，按照其约定；没有约定或者约定不明确的，按份共有人按照其份额负担，共同共有人共同负担。

17. 共有财产如需分割该怎样进行？

情景再现

韦大爷与老伴育有三个儿子，老伴去世后，韦大爷的生活起居一直由三个儿子轮流照顾。随着年事渐高，韦大爷立下遗嘱，将名下的一套房屋作为遗产由三个儿子共同继承。后韦大爷因病离世，三个儿子办理丧事后，准备按照遗嘱分割遗产。三兄弟认为房屋只有一套，谁住都不合适，于是想找一个最恰当的方式将该套房屋予以分割。

法律分析

关于共有物的分割，法律规定得较为细致。《民法典》第三百零三条规定，共有人约定不得分割共有的不动产或者动产，以维持共有关系的，应当按照约定，但是共有人有重大理由需要分割的，可以请求分割；没有约定或者约定不明确的，按份共有人可以随时请求分割，共同共有人在共有的基础丧失或者有重大理由需要分割时可以请求分割。因分割造成其他共有人损害的，应当给予赔偿。本案中，三兄弟一致同意将房屋合理分割，因此不存在约定不明的情况。

对于分割方式，《民法典》第三百零四条规定，共有人可以协商确定分割方式。达不成协议，共有的不动产或者动产可以分割且不会因分割减损价值的，应当对实物予以分割；难以分割或者因分割会减损价值的，应当对折价或者拍卖、变卖取得的价款予以分割。共有人分割所得的不动产或者动产有瑕疵的，其他共有人应当分担损失。按照此条规定，其实房屋怎么分割法律比较尊重意思自治，只要三兄弟友好协商，那么怎么分割都可以，比较好操作的方式就是将房屋变卖，然后三人平分价款。

法官提示

对于共有物的分割，法律尊重当事人意思自治，遵从约定优先。因此只要当事人都是出于真实意思表示、出于自愿，法律对于具体的分割方式不会过多干涉。

相关法律

《中华人民共和国民法典》

第三百零三条 共有人约定不得分割共有的不动产或者动产，以维持共有关系的，应当按照约定，但是共有人有重大理由需要分割的，可以请求分割；没有约定或者约定不明确的，按份共有人可以随时请求分割，共同共有人在共有的基础丧失或者有重大理由需要分割时可以请求分割。因分割造成其他共有人损害的，应当给予赔偿。

第三百零四条 共有人可以协商确定分割方式。达不成协议，共有的不动产或者动产可以分割且不会因分割减损价值的，应当对实物予以分割；难以分割或者因分割会减损价值的，应当对折价或者拍卖、变卖取得的价款予以分割。

共有人分割所得的不动产或者动产有瑕疵的，其他共有人应当分担损失。

18. 按份共有人转让自己的份额时，其他共有人享有优先购买权吗？

情景再现

张大爷在老伴去世多年后再婚了。张大爷和老伴有四个孩子，三个儿子，一个女儿。张大爷生前立下遗嘱，去世后，他拥有的别墅由现任妻子和四个孩子每人占 20% 予以继承。后张大爷病重医治无效去世，现任妻子和四个孩子依照遗嘱继承了别墅。但是在后续生活过程中，四个孩子和继母的隔阂越来越深，矛盾越来越大。继母无奈之下，提出转让自己的份额，但是不愿意转让给四个孩子，要转让给他人。但四个孩子认为自己享有优先购买权，为此闹至法院。

法律分析

依照我国《民法典》第三百零五条的规定，按份共有人可以转让其享有的共有的不动产或者动产份额。其他共有人在同等条件下享有优先购买的权利。因此，四个孩子的主张是于法有据的，但是他们的出价以及购买的条件等必须与其他想要购买的人一致，才能行使优先购买权。

法官提示

《民法典》对于优先购买权的规定，在保证其他共有人特定权益的同时，也合理保障了出让人的权利。因为法律要求必须在同等条件下才享有优先购买权，这样就有效防止其他共有人故意压低价格来行使该权利。

相关法律

《中华人民共和国民法典》

第三百零五条 按份共有人可以转让其享有的共有的不动产或者动产份额。其他共有人在同等条件下享有优先购买的权利。

19. 因共有产生的债权债务，应如何承担？

情景再现

李大爷生前立下遗嘱，去世后，自己拥有的别墅由四个孩子每人占 25% 予以继承。后张大爷病重医治无效不幸去世，四个孩子依照遗嘱继承了别墅，约定由小女儿来负责别墅的管理事宜。后银行起诉到法院，小女儿收到了法院的传票，原来父亲曾拿该栋别墅去抵押贷款。小女儿将情况告知张大爷的三个儿子，可是三个儿子认为既然由女儿来负责管理，那么该笔债务应当由她去承担，和他们三兄弟没有关系。

法律分析

《民法典》第三百零七条规定，因共有的不动产或者动产产生的债权债务，在对外关系上，共有人享有连带债权、承担连带债务，但是法律另有规定或者第三人知道共有人不具有连带债权债务关系的除外；在共有人内部关系上，除共有人另有约定外，按份共有人按照份额享有债权、承担债务，共同共有人共同享有债权、承担债务。偿还债务超过自己应当承担份额的按份共有人，有权向其他共有人追偿。

据此可知，该笔债务，在对外关系上，四兄妹承担的是连带责任，谁都有偿还的义务，银行找谁主张权利都可以。在内部关系上，四兄妹应当各自按照继承的份额来承担债务。如果小女儿一人向银行偿还贷款，她可以就三个哥哥应当承担的75%的份额比例向他们行使追偿权。

法官提示

共同共有中，一般情况下，第三人很难清楚共有人内部的关系和份额情况，因此在不知情的情况下，共有人需要对外承担连带责任。对内来讲，共有人以自己享有的份额比例为限来享有权利和承担义务。

相关法律

《中华人民共和国民法典》

第三百零七条 因共有的不动产或者动产产生的债权债务，在对外关系上，共有人享有连带债权、承担连带债务，但是法律另有规定或者第三人知道共有人不具有连带债权债务关系的除外；在共有人内部关系上，除共有人另有约定外，按份共有人按照份额享有债权、承担债务，共同共有人共同享有债权、承担债务。偿还债务超过自己应当承担份额的按份共有人，有权向其他共有人追偿。

20. 共有关系不明确的，应如何处理？

情景再现

张大爷的四个孩子都事业有成，平时工作非常忙碌，无暇照顾老人，一直是保姆宋阿姨照顾张大爷的饮食起居。张大爷生前立下遗嘱，称自己去世后，名下的别墅由四个孩子和宋阿姨来继承。后张大爷病重医治无效去世，在遗产的处理上，四个孩子和宋阿姨犯难了，张大爷没有说明是共同共有还是按份共有，怎么来分割不是很好处理。

法律分析

我国《民法典》第三百零八条规定，共有人对共有的不动产或者动产没有约定为按份共有或者共同共有，或者约定不明确的，除共有人具有家庭关系等外，视为按份共有。本案中，宋阿姨是保姆，虽然感情上可以视为家人，但是法律上还是区别对待的，由于张大爷没有明确指明五个人如何分，最好的方法就是宋阿姨与四个孩子协商约定共有的形式。如果协商不成，按照法律规定应当视为按份共有，即每人占20%。

法官提示

共有的形式主要依照当事人的约定来确定，如果约定不明确，具有家庭关系的共有人一般认定为共同共有关系比较好，但是不具有家庭关系的，一般视为按份共有，这样便于共有物的管理以及处分。

相关法律

《中华人民共和国民法典》

第三百零八条 共有人对共有的不动产或者动产没有约定为按份共有或者共同共有，或者约定不明确的，除共有人具有家庭关系等外，视为按份共有。

PART 5

懂点法律常识

房屋征收有保障

房屋征收，是指由房屋征收部门（通常是政府城建部门）在摸底立项的基础上，对百姓居住房屋的土地使用权的有偿回收。随着我国社会经济的不断发展，城镇化进程突飞猛进，城市规模不断扩大，因旧城改造等诸多原因，房屋征收在每个城市的发展进程中都会遇到。目前关于房屋征收的主要法律依据是国务院颁发的行政法规《国有土地上房屋征收与补偿条例》，以及各地政府部门根据具体实情颁布的相关具体规定。因为我国幅员辽阔，各地情况不一，在房屋征收过程中，相关纠纷屡见不鲜，因此掌握相关的法律常识，能够更好地维护自身合法权益。

1. 房屋被国家征收，获得的补偿有哪些?

情景再现

小江、虎子、铁军、丽君四家住在同一个大杂院里，四人同一年参加高考并且都考上了自己理想的大学，今年寒假，是他们上大学后第一次回家团聚。丽君上的大学最远，她是最后一个回到家里的。走到家门口的那一刻，丽君心里激动万分，准备一进院门就给他们一个惊喜。可是，当丽君推开院门的时候，只见院子里所有的成员都聚集在一起，大家的脸上都挂着哀愁。原来，因为城市的发展，这个生活了几代人的院子要搬迁了，大伙儿都在焦急地商议着搬迁以后的安置补偿问题。

法律分析

小江、虎子、铁军、丽君四家居住的大杂院被国家征收，国家应当作出以下补偿：(1)被征收房屋价值的补偿，不得低于房屋征收决定公告之日被征收房屋类似房地产的市场价格。被征收房屋的价值，由具有相应资质的房地产价格评估机构按照房屋征收评估办法评估确定。(2)因征收房屋造成的搬迁、临时安置的补偿。(3)因征收房屋造成的停产停业损失的补偿。

法官提示

《国有土地上房屋征收与补偿条例》第十七条第二款规定，市、县级人民政府应当制定补助和奖励办法，对被征收人给予补助和奖励。因此，除了上述三项补偿以外，国有土地上房屋被国家征收的，市、县级人民政府还会给予一定的补助和奖励。

相关法律

《国有土地上房屋征收与补偿条例》

第十七条 作出房屋征收决定的市、县级人民政府对被征收人给予的补偿包括：

（一）被征收房屋价值的补偿；

（二）因征收房屋造成的搬迁、临时安置的补偿；

（三）因征收房屋造成的停产停业损失的补偿。

市、县级人民政府应当制定补助和奖励办法，对被征收人给予补助和奖励。

2. 并非为公共利益征收个人房屋，合法吗?

情景再现

小李暑假回到家里以后，见院墙外面贴满了告示，原来因为城市发展的需要，他们所住的地段面临拆迁。院子是小李的爷爷辈就一直居住并流传下来的，现在要搬迁了，院子里的所有人都不情愿，但是也没有办法。小李在大学是学法律的，他决定为大家的这份念想而努力一下，即使要拆迁也要大家心服口服。后来，小李了解到此次拆迁并非为了公共利益，而是政府将地卖给了房地产开发商，要进行商品房开发。于是小李打算向政府问个清楚。

法律分析

《国有土地上房屋征收与补偿条例》第一条、第二条都规定了征收国有土地上单位、个人的房屋，要以公共利益为前提。第八条规定，公共利益主要有：国防和外交的需要；由政府组织实施的能源、交通、水利等基础设施建设的需要；由政府组织实施的科技、教育、文化、卫生、体育、环境和资源保护、防灾减灾、文物保护、社会福利、市政公用等公共事业的需要；由政府组织实施的保障性安居工程建设的需要；由政府依照城乡规划法有关规定组织实施的对危房集中、基础设施落后等地段进行旧城区改建的需要；法律、行政法规规定的其他公共利益的需要。

本案中，征收房屋并不是为了公共利益，而是为了商品房开发，因此小李和公告范围内即将被拆迁的住户可以在法律规定的期限内（行政复议 60 日，行政诉讼 6 个月，一般从征收公告之日起计算）向人民法院提起行政诉讼维护自己的权益。

法官提示

根据《国有土地上房屋征收与补偿条例》的规定，征收国有土地上单位、个人的房屋，要以公共利益为前提。如果被征收的房屋、土地并非为了公共利益又没有其他法律依据，那么被征收的当事人可以向人民法院提起行政诉讼或者直接向有关政府部门提起行政复议，来维护自己的权益。

相关法律

《国有土地上房屋征收与补偿条例》

第一条 为了规范国有土地上房屋征收与补偿活动，维护公共利益，保障被征收房屋所有权人的合法权益，制定本条例。

第二条 为了公共利益的需要，征收国有土地上单位、个人的房屋，应当对被征收房屋所有权人（以下称被征收人）给予公平补偿。

第八条 为了保障国家安全、促进国民经济和社会发展等公共利益的需要，有下列情形之一，确需征收房屋的，由市、县级人民政府作出房屋征收决定：

（一）国防和外交的需要；

（二）由政府组织实施的能源、交通、水利等基础设施建设的需要；

（三）由政府组织实施的科技、教育、文化、卫生、体育、环境和资源保护、防灾减灾、文物保护、社会福利、市政公用等公共事业的需要；

（四）由政府组织实施的保障性安居工程建设的需要；

（五）由政府依照城乡规划法有关规定组织实施的对危房集中、基础设施落后等地段进行旧城区改建的需要；

（六）法律、行政法规规定的其他公共利益的需要。

第十四条 被征收人对市、县级人民政府作出的房屋征收决定不服的，可以依法申请行政复议，也可以依法提起行政诉讼。

3. 对城中村以及已纳入城镇规划区的农村土地、房屋，按什么标准补偿？

情景再现

小菡和小娟是双胞胎姐妹，她们家住在郊区农村，成年后，姐姐小娟嫁到了市里面，妹妹小菡则和同村的小军结为连理。小娟的丈夫家原来也属于农村，因为城镇化建设，该村逐渐成了城区的城中村。当地经济近年发展较为迅速，小娟家现在所住的城中村因为要修建歌剧院而面临拆迁，而小菡和小军家所住的地方因为离市区很近，早已纳入城镇发展规划区，现在要修建环城高速，小菡和小军的家也要被拆迁。但是公告发出后，他们两家均发现，自己家将要得到的补偿都是按照农村标准来计算的。小菡和小军倒是不以为然，但是小娟家觉得费解，于是找到相关部门讨个说法，希望能够按照城镇标准来补偿。小娟了解情况后，发现小菡他们家所在的地方也应当按照城镇标准来补偿。于是姐妹两家多次找相关部门予以解决，可是房屋征收部门以城中村和农村土地、房屋不属于《国有土地上房屋征收与补偿条例》调整范围为由，拒绝按城镇标准来补偿。为此两姐妹向法院起诉。

法律分析

房屋征收部门以城中村和农村土地、房屋不属于《国有土地上房屋征收与补偿条例》调整范围为由，拒绝按城镇标准来补偿的做法是不对的。按照城镇规划，小娟家所居住的城中村属城镇规划区，而小菡家所居住的地方，在征收时已纳入城镇规划区，故姐妹两家的房屋在征收时都应当按照城镇标准补偿。

法官提示

针对本案中的情况，被征收人可以依照法律规定向相关政府部门提起行政复议，也可以向人民法院提起行政诉讼。

相关法律

《国有土地上房屋征收与补偿条例》

第十四条 被征收人对市、县级人民政府作出的房屋征收决定不服的，可以依法申请行政复议，也可以依法提起行政诉讼。

4. 房屋仅部分属于征收规划范围，剩于的部分应当被一并征收吗？

情景再现

李大爷家住在城边儿上，李大爷有三个儿子，均成年，都在市区工作且收入稳定。三个儿子为了改善老人的居住条件，也为了周末一大家子团聚时候环境更好，他们共同出资修缮、扩建祖屋。将原本的三间砖瓦结构的老屋和三间平房通过精心设计，重新盖成了一幢跨度很大的连体别墅，老人们享有一套，三兄弟家各自一套。后环城高速要修建，李大爷家的这幢大别墅正好位于环城高速与高速匝道的交汇处，由于房屋跨度较大，这幢大别墅部分位于红线范围内，而部分没有。后当地市政府论证公布了《环城高速项目建设国有土地上房屋征收补偿方案》征求公众意见，并经过了风险评估。最后，市政府作出了《国有土地上房屋征收决定》，决定征收李大爷的整幢房屋，并同意给予合理补偿。李大爷认为房屋系祖业，国家要征用理应配合，但是应当在划定的红线范围内予以征收，未在范围内的应当保留，遂向人民法院提起了行政诉讼。

法律分析

本案中，市政府征收李大爷家的房

屋理由、程序等都合法，也同意给予合理补偿，这些都符合《国有土地上房屋征收与补偿条例》的规定。李大爷的房屋部分属于征收用地红线范围内，如果房屋不整体拆除将存在严重安全隐患，属于应当拆除的情形。李大爷提起行政诉讼后，法院会判定市政府的征收决定属于程序合法，适用法律、法规正确，李大爷的诉请得不到支持。

法官提示

房屋征收过程中，如果因规划不合理，致使一整幢建筑的一部分未纳入规划红线范围内，政府出于实用性、居住安全性等因素考虑，将未纳入的一部分一并征收，这体现了以人为本，有利于征收工作顺利推进。不应过于片面、机械地理解法律。

相关法律

《国有土地上房屋征收与补偿条例》

第三条 房屋征收与补偿应当遵循决策民主、程序正当、结果公开的原则。

第四条 市、县级人民政府负责本行政区域的房屋征收与补偿工作。

市、县级人民政府确定的房屋征收部门（以下称房屋征收部门）组织实施本行政区域的房屋征收与补偿工作。

市、县级人民政府有关部门应当依照本条例的规定和本级人民政府规定的职责分工，互相配合，保障房屋征收与补偿工作的顺利进行。

5. 房屋征收补偿的方式有哪些？补偿的价值标准是什么？

情景再现

小杰家住在旧城区，因为城市发展的需要，他们所住的地段面临拆迁。按照已经公布的征收补偿方案规定，被征收的房屋产权人可以选择货币补偿，也可以选择产权调换。选择货币补偿的，被征收住房按照该地块多层产权调换安置房的优惠价格补偿；选择产权调换的，安置房超出住房补偿面积的部分由被征收人出资，超出10平方米以内的按照优惠价结算房价，超出10平方米以外的部分按照市场价格结算房价；被征收住房面积大于安置房面积的部分，按照安置房优惠价增加300元每平方米标准给予货币补偿。当地同地段的房屋均价是1.5万元每平方米，而优惠房价是1万元每平方米。小杰想知道这个征收补偿方案是否合理、合法。

法律分析

《国有土地上房屋征收与补偿条例》第二十一条第一款规定，被征收人可以选择货币补偿，也可以选择房屋产权调换。所以本案中征收机构给予的两种补偿方式符合法律规定。同时《国有土地上房屋征收与补偿条例》第二条、第十九条都规定，征收国有土地上单位、个人的房屋，应当对被征收房屋所有权人给予公平补偿。所谓公平，对被征收房屋价值的补偿，不得低于房屋征收决定公告之日被征收房屋类似房地产的市场价格。所以对于被征收房屋的补偿，应参照就近区位新建商品房的价格，以被征收人在房屋被征收后居住条件、生活质量不降低为宜。本案中，优惠价显然低于市场价格，对被征收房屋的补偿价格也明显低于被征收人的出资购买价格。因此，本案中的征收补偿方案是显失公平的。

法官提示

根据《国有土地上房屋征收与补偿条例》的规定，征收国有土地上单位、个人的房屋，要对被征收人给予公平补偿。无论有关征收决定还是补偿决定的诉讼，人民法院都会坚持程序与实体审查相结合，一旦发现补偿方案确定的补偿标准明显低于法定的“类似房地产的价格”，那么该种征收补偿方案就是违法的。

相关法律

《国有土地上房屋征收与补偿条例》

第二条　为了公共利益的需要，征收国有土地上单位、个人的房屋，应当对被征收房屋所有权人（以下称被征收人）给予公平补偿。

第十九条　对被征收房屋价值的补偿，不得低于房屋征收决定公告之日被征收房屋类似房地产的市场价格。被征收房屋的价值，由具有相应资质的房地产价格评估机构按照房屋征收评估办法评估确定。

对评估确定的被征收房屋价值有异议的，可以向房地产价格评估机构申请复核评估。对复核结果有异议的，可以向房地产价格评估专家委员会申请鉴定。

房屋征收评估办法由国务院住房城乡建设主管部门制定，制定过程中，应当向社会公开征求意见。

第二十一条　被征收人可以选择货币补偿，也可以选择房屋产权调换。

被征收人选择房屋产权调换的，市、县级人民政府应当提供用于产权调换的房屋，并与被征收人计算、结清被征收房屋价值与用于产权调换房屋价值的差价。

因旧城区改建征收个人住宅，被征收人选择在改建地段进行房屋产权调换的，作出房屋征收决定的市、县级人民政府应当提供改建地段或者就近地段的房屋。

6. 被征收人要求的补偿方式是产权调换，但政府实际以货币补偿，合法吗？

情景再现

小伟家住在旧城区，因为城市发展的需要，他们所住的地段面临拆迁。市政府下发了《房屋征收决定公告》决定对小伟家所住地段的房屋和附属物实施征收。同时，市政府还下发了《房屋征收补偿方案》。经评估，小伟家房屋所处地段的房屋住宅部分评估价格为5507元／平方米，经营性用房评估价格为26387元／平方米。在与征收补偿方商谈过程中，小伟向征收部门明确表示选择产权调换，但双方暂时未能就产权调换的地点、面积达成协议。后市政府下达了《房屋征收补偿决定书》，认定小伟家被征收房屋建筑面积为65平方米，设计用途为商住。因征收双方未能在征收补偿方案确定的签约期内达成补偿协议，市政府作出补偿决定：被征收人货币补偿款总计1315005元并于收到决定之日起7日内搬迁完毕。为此，小伟向人民法院提起了行政诉讼。

法律分析

根据《国有土地上房屋征收与补偿条例》第二十一条第一款规定，被征收人可以选择货币补偿，也可以选择房屋产权调换。本案中，小伟家明确表示补偿方式为产权调换，但是补偿方实际给了货币补偿，其实已经侵害了小伟家的补偿方式选择权。法院会作出撤销被诉补偿决定的判决。

法官提示

在实践中，很多房屋征收补偿的纠纷都是源于作出补偿决定的机关没有给予被征收人真正行使征收补偿方式选择权的机会，而是径直予以确定。在房屋征收补偿决定诉讼中，被征收人的补偿方式选择权应当得以维护。

相关法律

《国有土地上房屋征收与补偿条例》

第二十一条 被征收人可以选择货币补偿，也可以选择房屋产权调换。

被征收人选择房屋产权调换的，市、县级人民政府应当提供用于产权调换的房屋，并与被征收人计算、结清被征收房屋价值与用于产权调换房屋价值的差价。

因旧城区改建征收个人住宅，被征收人选择在改建地段进行房屋产权调换的，作出房屋征收决定的市、县级人民政府应当提供改建地段或者就近地段的房屋。

7. 房屋价值评估报告没有及时送达，合法吗？

情景再现

因为城市发展需要，市人民政府下发了《房屋征收决定》及《房屋征收公告》，丽君家属于被征收范围内。随后，房屋征收部门在司法工作人员见证和监督下，抽签确定被征收地段房屋的房地产价格评估机构为某房地产评估有限公司。该房地产评估公司经过充分评估后，向房屋征收部门提交了对丽君家房屋作出的市场价值估价报告。随后，房屋征收部门向丽君家下达了《房屋征收补偿决定书》。丽君认为，房屋征收部门在作出补偿决定前没有向自己送达房屋价值评估结果，剥夺了自己依法享有的权利，故向人民法院提起行政诉讼。

法律分析

《国有土地上房屋征收与补偿条例》第十九条规定，被征收房屋的价值，由具有相应资质的房地产价格评估机构按照房屋征收评估办法评估确定。对评估确定的被征收房屋价值有异议的，可以向房地产价格评估机构申请复核评估。对复核结果有异议的，可以向房地产价格评估专家委员会申请鉴定。本案中，房屋征收部门没有向丽君家送达房屋价值评估报告，致使丽君丧失申请异议复核及鉴定的权利，违反了法定程序。法院会依法撤销《房屋征收补偿决定书》。

法官提示

房屋价值评估报告是行政机关作出补偿决定重要的依据之一，如果评估报告未及时送达，会导致被征收人申请重新评估及申请鉴定的法定权利无法行使，进而使得补偿决定本身失去合法性基础。因此，程序违法的房屋征收补偿决定，法院会依法予以撤销，以保护被征收人获得公平补偿的权利。

相关法律

《国有土地上房屋征收与补偿条例》

第十九条 对被征收房屋价值的补偿，不得低于房屋征收决定公告之日被征收房屋类似房地产的市场价格。被征收房屋的价值，由具有相应资质的房地产价格评估机构按照房屋征收评估办法评估确定。

对评估确定的被征收房屋价值有异议的，可以向房地产价格评估机构申请复核评估。对复核结果有异议的，可以向房地产价格评估专家委员会申请鉴定。

房屋征收评估办法由国务院住房城乡建设主管部门制定，制定过程中，应当向社会公开征求意见。

8. 房屋征收决定作出之前就已经确定了房屋评估机构，合法吗？

情景再现

黄平家所住的旧城区大部分房屋都修建于30多年前，基础设施相对落后。县人民政府遂发布了《旧城区改造房屋征收评估机构选择公告》，提供了5家具有资质的评估机构由被征收人选择。后因征收人与被征收人未能协商一致，县房屋征收部门随后发布了《关于旧城区改造房屋征收评估机构抽签公告》，并于公告发布后3日组织被征收人和群众代表抽签，最终确定了大山房地产评估咨询有限公司作为该次房屋征收的价格评估机构。随后，县人民政府作出《关于旧城区改造房屋征收的决定》，黄平家所住地段属于征收范围之内。3个月后，房地产价格评估机构出具了房屋初评报告。县房屋征收部门与黄平家未能在征收补偿方案确定的签约期限内达成补偿协议，后县房屋征收部门向黄平家下达了《房屋征收补偿决定书》。黄平不服，向人民法院提起诉讼。

法律分析

《国有土地上房屋征收与补偿条例》第二十条第一款规定，房地产价格评估机构由被征收人协商选定；协商不成的，通过多数决定、随机选定等方式确定，具体办法由省、自治区、直辖市制定。本案中，房屋征收决定之前就已经确定了房屋评估机构，这不符合房屋征收的程序性规定，人民法院会依法撤销该《房屋征收补偿决定书》。

相关法律

《国有土地上房屋征收与补偿条例》

第二十条 房地产价格评估机构由被征收人协商选定；协商不成的，通过多数决定、随机选定等方式确定，具体办法由省、自治区、直辖市制定。

房地产价格评估机构应当独立、客观、公正地开展房屋征收评估工作，任何单位和个人不得干预。

9. 对违法建筑不经告知直接拆除，合法吗？

情景再现

市政府规划建设物流工业园，需要征收近郊部分土地，小张家所住的地方正好处在被征收范围之内。在这之前，小张家花尽积蓄，在原有的房屋基础之上加盖了多层，并且扩大了占地的面积，导致这部分房屋属于未经规划批准和领取土地使用证的“两违”建筑物。市政府先后在被征收土地的范围内张贴了《关于禁止抢种抢建的通告》《征地告知书》《征地预公告》《致广大居民的一封信》《关于责令停止一切违建行为的告知书》等文书，以调查笔录等形式告知小张，他们家房屋所占土地是违法用地。其后，在未发强行拆除通知、未予告知的情况下，市政府组织人员对小张家的房屋在夜间实施强制拆除。小张向人民法院提起行政诉讼，请求确认强制拆除行为违法。

法律分析

本案中，虽然小张家的违建房屋所使用的土地未经政府批准属于违法建筑，但是政府组织人员强行拆除，程序上存在严重瑕疵：采取强制拆除前未向小张家发出强制拆除通知，未在强制房屋所在地居委会张贴公告限期自行拆除，违反了《行政强制法》第三十四条、第四十四条的规定。而且，政府组织人员在夜间实施强制拆除的行为，也不符合《行政强制法》第四十三条第一款“行政机关不得在夜间或者法定节假日实施行政强制执行”的规定。据此，人民法院应确认政府的强制拆除行为违法。

法官提示

即使是对违法建筑的强制拆除，也要严格遵循《行政强制法》的程序性规定，拆除之前应当先通知相对人自行拆除，在当地张贴公告且不得在夜间拆除。

相关法律

《中华人民共和国行政强制法》

第三十四条 行政机关依法作出行政决定后，当事人在行政机关决定的期限内不履行义务的，具有行政强制执行权的行政机关依照本章规定强制执行。

第四十三条 行政机关不得在夜间或者法定节假日实施行政强制执行。但是，情况紧急的除外。

行政机关不得对居民生活采取停止供水、供电、供热、供燃气等方式迫使当事人履行相关行政决定。

第四十四条 对违法的建筑物、构筑物、设施等需要强制拆除的，应当由行政机关予以公告，限期当事人自行拆除。当事人在法定期限内不申请行政复议或者提起行政诉讼，又不拆除的，行政机关可以依法强制拆除。

10. 征收房屋时限定选择评估机构，合法吗？

情景再现

县人民政府作出《关于旧城区改造房屋征收的决定》，小江家所住地段属于征收范围之内。随后，县人民政府发布了《旧城区改造房屋征收评估机构选择公告》，但是公告中政府部门对于评估机构的选定作出了限制，该公告列明了两家评估机构，限定只能从这两家当中选择一家。后因征收人与被征收人未能协商一致，县房屋征收部门随后发布了《关于旧城区改造房屋征收评估机构抽签公告》，并于公告发布后3日组织被征收人和群众代表抽签，最终确定了山海房地产评估咨询有限公司作为该次房屋征收的价格评估机构。随后，房地产价格评估机构出具了房屋初评报告。县房屋征收部门与小江家未能在征收补偿方案确定的签约期限内达成补偿协议，后县房屋征收部门向小江家下达了《房屋征收补偿决定书》。小江认为评估机构的选定程序有问题，不服评估机构作出的评估决定，向人民法院提起诉讼。

法律分析

《国有土地上房屋征收与补偿条例》第二十条第一款规定，房地产价格评估机构由被征收人协商选定；协商不成的，通过多数决定、随机选定等方式确定，具体办法由省、自治区、直辖市制定。本案中，政府部门对于房屋评估机构进行了限定，不符合法律规定。

法官提示

根据《国有土地上房屋征收与补偿条例》的规定，房屋征收决定作出后，房地产价格评估机构的选定主体是被征收人，评估机构的最终选定要由被征收人协商，这是对于评估机构选定基本的程序性要求。本案中，政府部门在房地产评估机构选定中限定了较小的范围，实质上架空了法律赋予被征收人选定评估机构的权利，违反了法律规定。

相关法律

《国有土地上房屋征收与补偿条例》

第二十条 房地产价格评估机构由被征收人协商选定；协商不成的，通过多数决定、随机选定等方式确定，具体办法由省、自治区、直辖市制定。

房地产价格评估机构应当独立、客观、公正地开展房屋征收评估工作，任何单位和个人不得干预。

11. 征收房屋时未召开听证会，合法吗？

情景再现

由于城市发展的需要，李先生所住的地段面临拆迁，这个地段多是老旧房屋，而且人口相对密集。市政府决定征收该地段房屋及土地，没有征集该地段住户的意见，更没有召开任何形式的听证会，径直下达了《房屋征收决定书》以及《房屋征收补偿方案》，并要求居民限期搬离。李先生以及街坊邻居认为政府的征收行为过于武断，征收补偿方案的相关条款不能保障被征收人的合法权益，遂向人民法院提起诉讼，要求保障征收住户的合法权益。

法律分析

根据《国有土地上房屋征收与补偿条例》第十条、第十一条的规定，房屋征收部门拟定了房屋征收补偿方案后，报市、县人民政府批准，市、县人民政府应当对方案进行论证并予以公布，征求群众意见。本案中，因多数被征收人认为征收补偿方案不符合法律规定，政府应当组织听证，并根据听证意见情况修改方案。被征收房屋的李先生和绝大多数街坊都认为征收补偿方案不合理，政府没有举行听证属于违法行为。

相关法律

《国有土地上房屋征收与补偿条例》

第十条 房屋征收部门拟定征收补偿方案，报市、县级人民政府。

市、县级人民政府应当组织有关部门对征收补偿方案进行论证并予以公布，征求公众意见。征求意见期限不得少于30日。

第十一条 市、县级人民政府应当将征求意见情况和根据公众意见修改的情况及时公布。

因旧城区改建需要征收房屋，多数

被征收人认为征收补偿方案不符合本条例规定的，市、县级人民政府应当组织由被征收人和公众代表参加的听证会，并根据听证会情况修改方案。

12. 因房屋被征收，从好地段迁往差的地段而政府未再给予补偿，怎么办？

情景再现

小何家住在城市的旧中心区，但如今依然商业繁盛，因为城市发展的需要，他们所住的地段面临拆迁。市政府下发了《房屋征收决定公告》，决定对小何家所住地段的房屋和附属物实施征收。同时，市政府还下发了《房屋征收补偿方案》。经评估，小何家房屋所处地段的房屋评估价格为6206元/平方米。在与征收补偿方商谈过程中，小何向征收部门明确表示选择产权调换，但双方暂时未能就产权调换的地点、面积达成协议。后市政府下达了《房屋征收补偿决定书》，认定小何家被征收房屋建筑面积为63平方米。因征收双方未能在征收补偿方案确定的签约期内达成补偿协议，市政府作出补偿决定：小何家产权调换房屋65平方米位于城边上的安置小区内，并于收到决定之日起7日内搬迁完毕。为此，小何认为，从调换房屋的区位考虑，所调房屋实际价值仅为不足4000元/平方米，政府应当给予适当补偿，遂向人民法院提起了行政诉讼。

法律分析

根据《国有土地上房屋征收与补偿条例》第二十一条第二款、第三款的规定，被征收人选择房屋产权调换的，市、县级人民政府应当提供用于产权调换的房屋，并与被征收人计算、结清被征收房屋价值与用于产权调换房屋价值的差价。因旧城区改建征收个人住宅，被征收人选择在改建地段进行房屋产权调换的，作出房屋征收决定的市、县级人民政府应当提供改建地段或者就近地段的房屋。本案中，小何家从商业繁华地段搬迁到城边地段，房屋价值相差很大，而政府在没有提供相近地段的房屋的情况下又拒绝补偿差价，违反了上述行政法规的规定。小何要求政府给予适当补偿的诉请法院会依法予以支持。

法官提示

在实践中，很多被征收人都希望能够调换到与原来房屋同等商业价值的房屋，但是由于政府规划等其他原因，常常出现产权调换房屋位置相距较远的情况，此时，房屋征收部门应提供相应的补偿。

相关法律

《国有土地上房屋征收与补偿条例》

第二十一条 被征收人可以选择货币补偿，也可以选择房屋产权调换。

被征收人选择房屋产权调换的，市、县级人民政府应当提供用于产权调换的房屋，并与被征收人计算、结清被征收房屋价值与用于产权调换房屋价值的差价。

因旧城区改建征收个人住宅，被征收人选择在改建地段进行房屋产权调换的，作出房屋征收决定的市、县级人民政府应当提供改建地段或者就近地段的房屋。

13. 产权调换房屋出现质量问题时，如何处理？

情景再现

孙华家住在旧城区，因为城市发展的需要，他们所住的地段面临拆迁。市政府下发了《房屋征收决定公告》决定对孙华家所住地段的房屋和附属物实施征收。同时，市政府还下发了《房屋征收补偿方案》。在与征收补偿方商谈过程中，孙华与征收部门达成协议选择产权调换，双方还就产权调换的地点、面积达成协议。后市政府下达了《房屋征收补偿决定书》，作出补偿决定：孙华家产权调换房屋80平方米位于本征收地段附近的龙源小区内，并于收到决定之日起7日内搬迁完毕。但是入住后不久，孙华发现屋顶有漏水的现象，孙华多次到有关部门反映情况，但都没有实质性地解决问题，无奈之下，孙华向人民法院起诉维权。

法律分析

根据《国有土地上房屋征收与补偿条例》第二十一条第一款规定，被征收人可以选择货币补偿，也可以选择房屋产权调换。本案中，孙华家选择的是产权调换，符合法律规定。但是《国有土地上房屋征收与补偿条例》没有对产权调换下获得的房屋质量出现问题如何解决作出明确规定。本案中，产权调换的房屋出现严重的质量问题，孙华可以依据产权调换协议的具体约定内容，按照合同相关的法律规定来维护自身合法权益。

相关法律

《国有土地上房屋征收与补偿条例》

第二十一条 被征收人可以选择货币补偿，也可以选择房屋产权调换。

被征收人选择房屋产权调换的，市、县级人民政府应当提供用于产权调换的房屋，并与被征收人计算、结清被征收房屋价值与用于产权调换房屋价值的差价。

因旧城区改建征收个人住宅，被征收人选择在改建地段进行房屋产权调换的，作出房屋征收决定的市、县级人民政府应当提供改建地段或者就近地段的房屋。

14. 达不成补偿协议，征收部门可以自行强拆、偷拆被征收房屋吗？

情景再现

丽华家住在旧城区，因为城市发展的需要，他们所住的地段面临拆迁。在与征收补偿方商谈过程中，因为对征收部门的补偿标准不满意，丽华家未能与其就补偿方式等达成协议。后市政府下达了《房屋征收补偿决定书》，决定丽华家产权调换房屋位于城区新建的安置小区内，并于收到决定之日起7日内搬迁完毕。丽华家不服政府的补偿决定书，拒不搬迁，后拆迁部门在没有事先通知的情况下，趁丽华家没有人的时候，强制将丽华家房屋拆毁部分，强迫丽华一家搬离。后丽华为维护自身权益，起诉到法院。

法律分析

根据《国有土地上房屋征收与补偿

条例》的规定，房屋征收部门与被征收人在征收补偿方案确定的签约期限内达不成补偿协议，或者被征收房屋所有权人不明确的，由房屋征收部门报请作出房屋征收决定的市、县级人民政府依照该条例的规定，按照征收补偿方案作出补偿决定，并在房屋征收范围内予以公告。同时该条例还规定，任何单位和个人不得采取暴力、威胁或者违反规定中断供水、供热、供气、供电和道路通行等非法方式迫使被征收人搬迁。禁止建设单位参与搬迁活动。本案中，拆迁部门在未予事先告知的情况下，自行强制拆毁被征收人房屋的做法违反了法律法规的规定。

法官提示

在实践中，部分被征收人难以和征收部门就征收补偿方案达成协议，在这种情况下，相关部门应当依法处理。任何未经合法程序而进行的暴力拆除、偷偷拆除的行为都是违法的。

相关法律

《国有土地上房屋征收与补偿条例》

第二十六条 房屋征收部门与被征收人在征收补偿方案确定的签约期限内达不成补偿协议，或者被征收房屋所有权人不明确的，由房屋征收部门报请作出房屋征收决定的市、县级人民政府依照本条例的规定，按照征收补偿方案作出补偿决定，并在房屋征收范围内予以公告。

补偿决定应当公平，包括本条例第二十五条第一款规定的有关补偿协议的事项。

被征收人对补偿决定不服的，可以依法申请行政复议，也可以依法提起行政诉讼。

第二十七条 实施房屋征收应当先补偿、后搬迁。

作出房屋征收决定的市、县级人民政府对被征收人给予补偿后，被征收人应当在补偿协议约定或者补偿决定确定的搬迁期限内完成搬迁。

任何单位和个人不得采取暴力、威胁或者违反规定中断供水、供热、供气、供电和道路通行等非法方式迫使被征收人搬迁。禁止建设单位参与搬迁活动。

PART 6

懂点法律常识
小区生活更美好

在我国住房制度改革和城市建设发展过程中，物业服务这一新兴行业应运而生，全国物业服务企业飞速增加。它的产生和发展，对于改善人民群众的生活、工作环境，提高城市管理水平，扩大就业起着积极的作用。与此紧密相关的法律规定主要有《中华人民共和国民法典》（总则、物权编、合同编等）、《物业管理条例》等。掌握一定的相关法律常识，能为日常生活的有序进行提供方便，也为自身合法权益免受侵害提供保障。

一、业主与业主委员会

1. 业主享有哪些权利？

情景再现

小张通过自己的努力加上父母的帮助支持，在工作的城市购买了两套房子，而且在同一个小区。小张平时工作较忙，所以搬进小区后的各种事情都是由父亲张大爷代为处理。张大爷觉得小区的事情很复杂，以前在农村比较自由，房前屋后的地盘儿都属于自己家，乡里乡亲也比较好相处。搬进小区成为业主以后，好像没有那么自由了。张大爷想知道，成为小区业主，主要享有哪些权利。

法律分析

我国《民法典》第二编物权第六章对业主的权利和义务作出了明确规定，其中权利部分主要集中在第二百七十一条至第二百七十五条，在其余条款也有部分规定。总地概括起来主要是：业主对建筑物内的住宅、经营性用房等专有部分享有所有权，对专有部分以外的共有部分享有共有和共同管理的权利。张大爷家对自己家住宅的专有部分享有所有权，对专有部分以外的共有部分享有的是共有的权利。业主对其建筑物专有部分享有占有、使用、收益和处分的权利。业主行使权利不得危及建筑物的安全，不得损害其他业主的合法权益。业主对建筑物专有部分以外的共有部分，享有权利，承担义务；不得以放弃权利为由不履行义务。业主转让建筑物内的住宅、经营性用房，其对共有部分享有的共有和共同管理的权利一并转让。同时，《物业管理条例》第六条对业主在物业管理活动中的权利进行了具体列举。

相关法律

《中华人民共和国民法典》

第二百七十一条 业主对建筑物内的住宅、经营性用房等专有部分享有所有权，对专有部分以外的共有部分享有共有和共同管理的权利。

第二百七十二条 业主对其建筑物专有部分享有占有、使用、收益和处分的权利。业主行使权利不得危及建筑物的安全，不得损害其他业主的合法权益。

第二百七十三条 业主对建筑物专有部分以外的共有部分，享有权利，承担义务；不得以放弃权利为由不履行义务。

业主转让建筑物内的住宅、经营性用房，其对共有部分享有的共有和共同管理的权利一并转让。

第二百七十四条 建筑区划内的道路，属于业主共有，但是属于城镇公共道路的除外。建筑区划内的绿地，属于业主共有，但是属于城镇公共绿地或者明示属于个人的除外。建筑区划内的其他公共场所、公用设施和物业服务用房，属于业主共有。

第二百七十五条 建筑区划内，规划用于停放汽车的车位、车库的归属，由当事人通过出售、附赠或者出租等方式约定。

占用业主共有的道路或者其他场地用于停放汽车的车位，属于业主共有。

《物业管理条例》

第六条 房屋的所有权人为业主。

业主在物业管理活动中，享有下列权利：

（一）按照物业服务合同的约定，接受物业服务企业提供的服务；

（二）提议召开业主大会会议，并就物业管理的有关事项提出建议；

（三）提出制定和修改管理规约、业主大会议事规则的建议；

（四）参加业主大会会议，行使投票权；

（五）选举业主委员会成员，并享有被选举权；

（六）监督业主委员会的工作；

（七）监督物业服务企业履行物业服务合同；

（八）对物业共用部位、共用设施设备和相关场地使用情况享有知情权和监督权；

（九）监督物业共用部位、共用设施设备专项维修资金（以下简称专项维修资金）的管理和使用；

（十）法律、法规规定的其他权利。

2. 业主负有哪些义务？

情景再现

小李大学毕业后留在大城市工作。几年后，小李有了些积蓄，父母也拿出所有的存款帮他买了房，一家人生活在一起。因为小李父母以前都是住在单位的房屋，小李的父亲搬入小区后，感到很不习惯。一天，他到小区法律服务站咨询，想知道成为小区业主，主要有哪些义务。

法律分析

购买商品房后，就成为小区业主。小区其实是一个相对封闭的集体，要秩序井然才能保证集体成员舒适的生活，因此业主需要承担很多义务。业主的义务主要体现在遵纪守法、服从管理方面，另外还要注意行使自己的权利时不得侵害他人的权利义务。我国《民法典》第二百七十九条、第二百八十条以及第二百八十六条对业主义务作了主要规定，在其余条款也作了部分规定，主要义务有：业主不得违反法律、法规以及管理规约，将住宅改变为经营性用房。业主将住宅改变为经营性用房的，除遵守法律、法规以及管理规约外，应当经有利害关系的业主一致同意。业主大会或者业主委员会的决定，对业主具有约束力。业主应当遵守法律、法规以及管理规约。同时，《物业管理条例》第七条对业主在物业管理活动中的义务作了具体列举。

相关法律

《中华人民共和国民法典》

第二百七十九条 业主不得违反法律、法规以及管理规约，将住宅改变为经营性用房。业主将住宅改变为经营性用房的，除遵守法律、法规以及管理规约外，应当经有利害关系的业主一致同意。

第二百八十条 业主大会或者业主委员会的决定，对业主具有法律约束力。

业主大会或者业主委员会作出的决定侵害业主合法权益的，受侵害的业主可以请求人民法院予以撤销。

第二百八十六条第一款 业主应当遵守法律、法规以及管理规约，相关行为应当符合节约资源、保护生态环境的要求。对于物业服务企业或者其他管理人执行政府依法实施的应急处置措施和其他管理措施，业主应当依法予以配合。

《物业管理条例》

第七条 业主在物业管理活动中，履行下列义务：

（一）遵守管理规约、业主大会议事规则；

（二）遵守物业管理区域内物业共用部位和共用设施设备的使用、公共秩序和环境卫生的维护等方面的规章制度；

（三）执行业主大会的决定和业主大会授权业主委员会作出的决定；

（四）按照国家有关规定交纳专项维修资金；

（五）按时交纳物业服务费用；

（六）法律、法规规定的其他义务。

3. 业主大会多数业主同意决定的事项有哪些?

情景再现

孙婶儿老伴去世多年，儿子大学毕业找到工作后，孙婶儿将老屋子卖掉，加上多年积蓄，为儿子买了新房子，搬来和儿子一起住。小区入住率到一定程度后，成立了业主大会，孙婶儿也积极参加业主大会的讨论，但是对于业主大会的作用不是很了解，于是她找到法律服务站，想了解哪些事项必须经过业主大会多数业主同意才能决定。

法律分析

业主大会是指在物业所在地的区、县人民政府房地产行政主管部门的指导下，由同物业管理区域内所有业主组成，对关系整体业主利益的事项进行决议的会议，并通过选举建立业主委员会。根据我国《民法典》第二百七十八条第一款规定，下列事项由业主共同决定：（1）制定和修改业主大会议事规则；（2）制定和修改管理规约；（3）选举业主委员会或者更换业主委员会成员；（4）选聘和解聘物业服务企业或者其他管理人；（5）使用建筑物及其附属设施的维修资金；（6）筹集建筑物及其附属设施的维修资金；（7）改建、重建建筑物及其附属设施；（8）改变共有部分的用途或者利用共有部分从事经营活动；（9）有关共有和共同管理权利的其他重大事项。

法官提示

业主大会所决定的事项都较为宏观，也比较重要，因此为了维护自身权益，充分行使自己的权利，业主应当在条件允许的情况下积极参与业主大会。需注意的是，根据《民法典》第二百七十八条的规定，对于筹集建筑物及其附属设施的维修资金以及改建、重建建筑物及其附属设施的事项、改变共有部分的用途或者利用共有部分从事经营活动，应当经参与表决专有部分面积四分之三以上的业主且参与表决人数四分之三以上的业主同意。其余事项过半数同意即可。由此可知，业主不积极参与业主大会，也可能会导致很多事项无法决定，最终影响小区发展，伤及个人的居住权益。

相关法律

《中华人民共和国民法典》

第二百七十八条 下列事项由业主共同决定：

（一）制定和修改业主大会议事规则；

（二）制定和修改管理规约；

（三）选举业主委员会或者更换业主委员会成员；

（四）选聘和解聘物业服务企业或者其他管理人；

（五）使用建筑物及其附属设施的维修资金；

（六）筹集建筑物及其附属设施的维修资金；

（七）改建、重建建筑物及其附属设施；

（八）改变共有部分的用途或者利用共有部分从事经营活动；

（九）有关共有和共同管理权利的其他重大事项。

业主共同决定事项，应当由专有部分面积占比三分之二以上的业主且人数占比三分之二以上的业主参与表决。决定前款第六项至第八项规定的事项，应当经参与表决专有部分面积四分之三以上的业主且参与表决人数四分之三以上的业主同意。决定前款其他事项，应当经参与表决专有部分面积过半数的业主且参与表决人数过半数的业主同意。

4. 业主委员会的职责有哪些？

情景再现

张永和丽丽结婚后决定买房。张永的父母卖掉老家的房子为他们购买了一套面积较大的新房，并搬来一起住。因为张永和丽丽都忙于工作，搬进小区后各种杂事都由张永的父亲张大爷处理。后来小区经过推选，成立了业主委员会，并且在小区公示栏进行公示。张大爷不知道这是一个什么样的机构，有什么作用，于是来到法律服务站咨询。

法律分析

业主委员会，由业主选举产生，是业主行使共同管理权的一种特殊形式。《民法典》第二百八十条、第二百八十六条对业主委员会的职责进行了列举性规定，业主大会或者业主委员会的决定，对业主具有法律约束力。业主大会或者业主委员会作出的决定侵害业主合法权益的，受侵害的业主可以请求人民法院予以撤销。业主大会或者业主委员会，对任意弃置垃圾、排放污染物或者噪声、违反规定饲养动物、违章搭建、侵占通道、拒付物业费等损害他人合法权益的行为，有权依照法律、法规以及管理规约，请求行为人停止侵害、消除危险、排除妨害、恢复原状、赔偿损失。业主或者其他行为人拒不履行相关义务的，有关当事人可以向有关行政主管部门报告或者投诉，有关行政主管部门应当依法处理。

法官提示

一般情况下，业主委员会有两种产生方式：（1）由业主或业主大会会议选举产生，依照《民法典》《物业管理条例》，以及各地的相关办法依照程序产生；（2）对于规模较大的小区，业主先以楼为单位选举各自楼委会，然后每个楼委会推选代表，集中而成业委会。这种方式形成的业委会，主要负责楼间共有的管理；而楼委会负责楼内共有的管理。业主委员会的恰当人数，可以按照如下规则估算：最接近“小区总户数 ×2%”的单数，由此可以保证小区业主的较高质量的沟通覆盖。假设一个小区有1000住户，则委员数量为19人或21人。

相关法律

《中华人民共和国民法典》

第二百七十七条 业主可以设立业主大会，选举业主委员会。业主大会、业主委员会成立的具体条件和程序，依照法律、法规的规定。

地方人民政府有关部门、居民委员

会应当对设立业主大会和选举业主委员会给予指导和协助。

第二百八十条 业主大会或者业主委员会的决定，对业主具有法律约束力。

业主大会或者业主委员会作出的决定侵害业主合法权益的，受侵害的业主可以请求人民法院予以撤销。

第二百八十六条 业主应当遵守法律、法规以及管理规约，相关行为应当符合节约资源、保护生态环境的要求。对于物业服务企业或者其他管理人执行政府依法实施的应急处置措施和其他管理措施，业主应当依法予以配合。

业主大会或者业主委员会，对任意弃置垃圾、排放污染物或者噪声、违反规定饲养动物、违章搭建、侵占通道、拒付物业费等损害他人合法权益的行为，有权依照法律、法规以及管理规约，请求行为人停止侵害、排除妨碍、消除危险、恢复原状、赔偿损失。

业主或者其他行为人拒不履行相关义务的，有关当事人可以向有关行政主管部门报告或者投诉，有关行政主管部门应当依法处理。

5. 业主大会、业主委员会与居民委员会是什么关系？

情景再现

徐伯伯的儿子大学毕业后留在大城市工作，还为他和老伴购买了一套新房，以改善居住环境。装修一番后，二老欢欢喜喜地搬进了小区。后来小区经过推选，成立了业主大会、业主委员会，还有居委会进驻，徐伯伯不知道它们有什么区别和联系，于是来到法律服务站咨询。

法律分析

业主大会是由全体业主组成的，决定物业重大管理事务的业主自治管理组织。当业主人数较多时，可以按比例推选业主代表，组成业主代表大会。业主委员会是在物业管理区域内代表全体业主实施自治管理的组织，是由业主大会从全体业主中选举产生，经政府批准成立的代表全体业主合法权益的社会团体。居民委员会是居民自我管理、自我教育、自我服务的基层群众性自治组织。居民委员会协助不设区的市、市辖区的人民政府或者它的派出机关开展工作。业主大会与业主委员会主要依据《物业管理条例》设立，行使权利与负担义务，而居委会则依据《城市居民委员会组织法》设立。三者的关系主要根据《物业管理条例》第二十条来确定，业主大会、业主委员会应当配合公安机关，与居民委员会相互协作，共同做好维护物业管理区域内的社会治安等相关工作。在物业管理区域内，业主大会、业主委员会应当积极配合相关居民委员会依法履行自治管理职责，支持居民委员会开展工作，并接受其指导和监督。住宅小区的业主大会、业主委员会作出的决定，应当告知相关的居民委员会，并认真听取居民委员会的建议。

相关法律

《中华人民共和国城市居民委员会组织法》

第二条 居民委员会是居民自我管理、自我教育、自我服务的基层群众性自治组织。

不设区的市、市辖区的人民政府或者

它的派出机关对居民委员会的工作给予指导、支持和帮助。居民委员会协助不设区的市、市辖区的人民政府或者它的派出机关开展工作。

第三条 居民委员会的任务：

（一）宣传宪法、法律、法规和国家的政策，维护居民的合法权益，教育居民履行依法应尽的义务，爱护公共财产，开展多种形式的社会主义精神文明建设活动；

（二）办理本居住地区居民的公共事务和公益事业；

（三）调解民间纠纷；

（四）协助维护社会治安；

（五）协助人民政府或者它的派出机关做好与居民利益有关的公共卫生、计划生育、优抚救济、青少年教育等项工作；

（六）向人民政府或者它的派出机关反映居民的意见、要求和提出建议。

《物业管理条例》

第八条 物业管理区域内全体业主组成业主大会。

业主大会应当代表和维护物业管理区域内全体业主在物业管理活动中的合法权益。

第九条第一款 一个物业管理区域成立一个业主大会。

第二十条 业主大会、业主委员会应当配合公安机关，与居民委员会相互协作，共同做好维护物业管理区域内的社会治安等相关工作。

在物业管理区域内，业主大会、业主委员会应当积极配合相关居民委员会依法履行自治管理职责，支持居民委员会开展工作，并接受其指导和监督。

住宅小区的业主大会、业主委员会作出的决定，应当告知相关的居民委员会，并认真听取居民委员会的建议。

二、物业管理

1. 什么是前期物业服务合同？

情景再现

小王夫妇在双方父母的支持下，经过千挑万选，终于买下了一套地理位置优越、价格适中的房子。办理了相关手续进行装修以后，两人终于搬进了新家。在搬进小区以后，他们拿到的相关材料中有一份前期物业服务合同的复印件，他们不是很明白这究竟是一份什么文件。

法律分析

根据《民法典》第二百七十八条第一款第四项的规定，选聘和解聘物业服务企业或者其他管理人属于业主共同决定的事项，但物业的销售及业主入住是持续的过程。在新建的小区，通常情况下，业主入住达到一定比例才能选聘物业服务企业，但在这个比例达到之前的阶段要求三分之二以上投票权的业主投票形成业主大会决定是不现实的，而这个阶段的物业管理服务又是必需的。于是，《物业管理条例》第二十一条规定，在业主、业主大会选聘物业服务企业之前，建设单位选聘物业服务企业的，应当签订书面的前期物业服务合同，也就是本案中小王夫妇比较困惑的那份文件。

法官提示

前期物业服务合同是一种过渡性的措施，在业主大会召开条件具备之前，提供物业服务是必要的，前期物业服务合同就此产生。根据《物业管理条例》第二十五条、第二十六条规定，建设单位与物业买受人签订的买卖合同应当包含前期物业服务合同约定的内容。前期物业服务合同可以约定期限；但是，期限未满、业主委员会与物业服务企业签订的物业服务合同生效的，前期物业服务合同终止。

相关法律

《中华人民共和国民法典》

第二百七十八条 下列事项由业主共同决定：

（一）制定和修改业主大会议事规则；

（二）制定和修改管理规约；

（三）选举业主委员会或者更换业主委员会成员；

（四）选聘和解聘物业服务企业或者其他管理人；

（五）使用建筑物及其附属设施的维修资金；

（六）筹集建筑物及其附属设施的维修资金；

（七）改建、重建建筑物及其附属设施；

（八）改变共有部分的用途或者利用共有部分从事经营活动；

（九）有关共有和共同管理权利的其他重大事项。

业主共同决定事项，应当由专有部分面积占比三分之二以上的业主且人数占比三分之二以上的业主参与表决。决定前款第六项至第八项规定的事项，应当经参与表决专有部分面积四分之三以上的业主且参与表决人数四分之三以上的业主同意。决定前款其他事项，应当经参与表决专有部分面积过半数的业主且参与表决人数过半数的业主同意。

《物业管理条例》

第二十一条 在业主、业主大会选聘物业服务企业之前，建设单位选聘物业服务企业的，应当签订书面的前期物业服务合同。

第二十五条 建设单位与物业买受人签订的买卖合同应当包含前期物业服务合同约定的内容。

第二十六条 前期物业服务合同可以约定期限；但是，期限未满、业主委员会与物业服务企业签订的物业服务合同生效的，前期物业服务合同终止。

2. 建设施工单位可以擅自处分物业共用部位、共用设备吗？

情景再现

在大城市打拼的小张经过多年努力，终于攒够钱买了房子，在办理了相关手续进行装修以后，终于搬进了新家。但是在搬进小区以后，小张发现小区开发商将该小区的围墙出租给他人从事广告经营活动收取租金，并将一部分墙体拆除，另作他用。于是，包括小张在内的很多业主联合起来准备维护权利。

法律分析

根据《民法典》第二百七十四条的规定，建筑区划内的其他公共场所、公用设施和物业服务用房，属于业主共有。本案中，小区开发商为了私利，将属于业主的物业共用部位、共用设施的小区围墙擅自给予出租、拆除，其行为严重侵犯了小区业主的合法权益，应依法承担相应责任，如果造成损失，还应当赔偿。此外，根据《物业管理条例》第五十七条规定，违反本条例的规定，建设单位擅自处分属于业主的物业共用部位、共用设施设备的所有权或者使用权的，由县级以上地方人民政府房地产行政主管部门处5万元以上20万元以下的罚款；给业主造成损失的，依法承担赔偿责任。因此，小区业主可以将此情况向当地房地产行政主管部门反映，追究开发商的责任。

相关法律

《中华人民共和国民法典》

第二百七十四条 建筑区划内的道路，属于业主共有，但是属于城镇公共道路的除外。建筑区划内的绿地，属于业主共有，但是属于城镇公共绿地或者明示属于个人的除外。建筑区划内的其他公共场所、公用设施和物业服务用房，属于业主共有。

《物业管理条例》

第五十七条 违反本条例的规定，建设单位擅自处分属于业主的物业共用部位、共用设施设备的所有权或者使用权的，由县级以上地方人民政府房地产行政主管部门处5万元以上20万元以下的罚款；给业主造成损失的，依法承担赔偿责任。

3. 物业服务企业需要具备哪些资质?

情景再现

小李搬进小区以后不久，小区贴出公告，要求选聘新的物业企业，因为前期物业服务合同即将到期，现在业主绝大部分已经入住，可以召开业主大会选聘新的物业服务企业。小李对物业服务比较关心，因为这会直接影响到小区生活的方方面面，但不知道物业服务企业需要具备哪些资质。

法律分析

物业服务企业是指根据合同接受业主委员会的委托，依据法律、法规的规定或合同的约定，对特定区域的物业实行专业化、有偿化管理的独立法人。

目前现行法律法规已经取消了对物业服务企业的资质要求，住房城乡建设部办公厅《关于做好取消物业服务企业资质核定相关工作的通知》规定，各地不再受理物业服务企业资质核定申请和资质变更、更换、补证申请，不得以任何方式要求将原核定的物业服务企业资质作为承接物业管理业务的条件。

相关法律

《物业管理条例》

第三十二条 从事物业管理活动的企业应当具有独立的法人资格。

国务院建设行政主管部门应当会同有关部门建立守信联合激励和失信联合惩戒机制，加强行业诚信管理。

4. 同一个物业管理区域能否由多个物业服务企业实施物业服务?

情景再现

李老板从商多年，儿子大学毕业有了稳定工作以后，为了生活上的便利，李老板为儿子买了婚房的同时，也在同一个小区购买了一套房子与老伴住。因为小区比较高档，楼体较多，面积较大，在选聘物业服务企业的时候，有部分业主提出选聘两个物业公司来提供服务比较好。但是，李老板不知道这样做是否符合法律规定？

法律分析

根据《物业管理条例》第三十三条的规定，一个物业管理区域由一个物业服务企业实施物业管理。这就说明小区再大也只能选聘一个物业公司提供服务。但是该条例第三十九条规定，物业服务企业可以将物业管理区域内的专项服务业务委托给专业性服务企业，但不得将该区域内的全部物业管理一并委托给他人。因此物业公司可以将一些专业性较强的管理业务委托出去。

法官提示

物业服务企业应当按照法律规定设立。具有法人资格的物业服务企业必须具备相应的资质才能从事物业服务业务。因此规模大的小区可以选聘资质较高的物业服务企业，而不是选聘多个物业服务企业。

相关法律

《物业管理条例》

第三十九条 物业服务企业可以将物业管理区域内的专项服务业务委托给专业性服务企业，但不得将该区域内的全部物业管理一并委托给他人。

5. 物业服务企业与业主之间是什么关系？

情景再现

李芳与张军两人通过房产中介公司，经过多番挑选，选定了婚房，装修并入住。他们入住新房以后，经常有各种琐事需要与小区物业打交道，但沟通不是很顺畅，也有诸多不明白的地方，两人想具体了解物业服务企业与业主之间是什么关系。

法律分析

根据《物业管理条例》第三十四条、第三十五条的规定，业主委员会应当与业主大会选聘的物业服务企业订立书面的物业服务合同。物业服务合同应当对物业管理事项、服务质量、服务费用、双方的权利义务、专项维修资金的管理与使用、物业管理用房、合同期限、违约责任等内容进行约定。物业服务企业应当按照物业服务合同的约定，提供相应的服务。物业服务企业未能履行物业服务合同的约定，导致业主人身、财产安全受到损害的，应当依法承担相应的法律责任。由此可知，业主委员会与物业服务企业是合同的双方当事人，业主是物业服务合同的受益者。

法官提示

物业服务企业是指根据合同接受业主委员会的委托，依据法律、法规的规定或合同的约定，对特定区域的物业实行专业化、有偿化管理的独立法人。通常情况下，签订物业管理服务合同的双方当事人是业主委员会和物业管理公司，但是业主是合同的受益者，因此业主与物业管理公司形成一种服务提供者与服务接受者的关系。

相关法律

《物业管理条例》

第三十四条 业主委员会应当与业主大会选聘的物业服务企业订立书面的物业服务合同。

物业服务合同应当对物业管理事项、

服务质量、服务费用、双方的权利义务、专项维修资金的管理与使用、物业管理用房、合同期限、违约责任等内容进行约定。

第三十五条 物业服务企业应当按照物业服务合同的约定，提供相应的服务。

物业服务企业未能履行物业服务合同的约定，导致业主人身、财产安全受到损害的，应当依法承担相应的法律责任。

6. 业主能否以物业服务企业并非自己参与选定为由，拒绝物业服务企业提供的服务？

情景再现

郑杰与王芳通过相亲网站认识，经过一段时间的相处，两人决定把婚事办了。头等大事是购买婚房，在双方父母的支持下，他们完成了这一心愿。搬进小区以后不久，物业服务企业已经选定。但是小两口认为物业公司的服务不好，很不满意，于是提出他们没有参与物业服务企业的选定，拒绝接受该物业公司的服务，也不交纳任何费用。

法律分析

根据国务院《物业管理条例》第七条第三项、第五项规定，业主在物业管理活动中，履行下列义务：执行业主大会的决定和业主大会授权业主委员会作出的决定；按时交纳物业服务费用。物业服务企业是与业主大会选聘委托的业主委员会签订服务合同，业主应当依照物业服务合同接受服务和交纳费用。至于物业服务的质量问题，郑杰与王芳可以向业主委员会进行反映和投诉，以求解决。

法官提示

通常情况下，签订物业服务合同的双方当事人是业主委员会和物业服务企业，但是业主是合同的受益者，因此业主与物业服务企业形成一种服务提供者与服务接受者的关系。业主虽然不是物业服务合同形式上的签订者，但其是物业服务合同项下权利义务的一方实际享有者和承担者。业主以自己未参加物业选聘为由拒绝服务及交纳相关费用，于法无据。

相关法律

《物业管理条例》

第七条 业主在物业管理活动中，履行下列义务：

（一）遵守管理规约、业主大会议事规则；

（二）遵守物业管理区域内物业共用部位和共用设施设备的使用、公共秩序和环境卫生的维护等方面的规章制度；

（三）执行业主大会的决定和业主大会授权业主委员会作出的决定；

（四）按照国家有关规定交纳专项维修资金；

（五）按时交纳物业服务费用；

（六）法律、法规规定的其他义务。

7. 业主能否以未享受物业服务为由拒绝交纳物业管理费？

情景再现

周爽和王军自由恋爱，结婚后，在双方父母的资助下，两人购买了一套三居室，煞费苦心装修完毕。但是因为两人此前租住的房屋租期尚有10个月才到期，而且新装修房屋也不适宜马上居住，小两口决定等租期届满后再搬进小区。后来，物业服务企业要求他们交纳第一年的物业管理费。小两口以他们第一年并未实际居住在小区，也没有享受小区物业管理公司提供的服务为由，拒绝交纳费用。

法律分析

本案中，小两口的理由是不成立的。根据国务院《物业管理条例》第七条第五项规定，业主在物业管理活动中，应履行按时交纳物业服务费用的义务。物业服务企业是业主大会选聘委托业主委员会签订服务合同的企业，业主应当依照物业服务合同来交纳费用。

法官提示

小两口装修房屋以后虽然没有立刻入住，但是在交房之日起，事实上已经享受了物业公司提供的各项服务，比如水电设施的管理、垃圾清理等，因此，应当交纳相应的费用。

相关法律

《物业管理条例》

第七条 业主在物业管理活动中，履行下列义务：

（一）遵守管理规约、业主大会议事规则；

（二）遵守物业管理区域内物业共用部位和共用设施设备的使用、公共秩序和环境卫生的维护等方面的规章制度；

（三）执行业主大会的决定和业主大会授权业主委员会作出的决定；

（四）按照国家有关规定交纳专项维修资金；

（五）按时交纳物业服务费用；

（六）法律、法规规定的其他义务。

8. 业主与租户约定物业费由租户交纳的，业主可否因此免交物业费？

情景再现

小刘两口子收入都很高，买了婚房后，还有不少积蓄，于是另外买了一套小户型房屋作为投资。精心装修一番以后，小两口在某中介网站发布招租公告，很快就将房屋租了出去。在与租户订立房屋租赁合同的时候，双方约定物业费由租户自行负担并交纳。后来租户没有按时交纳物业费，物业管理公司联系小刘，要求其交纳物业费。小刘以自己实际未居住，而且按照租赁协议应当由承租人自己交纳为由，拒不交纳物业费。

法律分析

本案中，小刘的做法是不对的。根据《物业管理条例》第七条第五项的规定，业主在物业管理活动中应按时交纳物业服务费用。物业服务企业是业主大会选聘委托业主委员会签订服务合同的企业，业主应当依照物业服务合同来交纳费用。

法官提示

小刘夫妇装修房屋以后虽然没有入住，而是将房屋租给他人，并约定由他人来支付物业费用，但是与物业管理存在直接法律关系的是小刘夫妇，因此法律规定业主与承租人承担交纳物业费用的连带责任。这是从公平的角度来考虑的，避免租户主张自己不是物业服务合同相对方，而业主以自己不是直接接受服务方为由拒不交纳物业费，侵犯物业公司的合法权益。

相关法律

《物业管理条例》

第七条 业主在物业管理活动中，履行下列义务：

（一）遵守管理规约、业主大会议事规则；

（二）遵守物业管理区域内物业共用部位和共用设施设备的使用、公共秩序和环境卫生的维护等方面的规章制度；

（三）执行业主大会的决定和业主大会授权业主委员会作出的决定；

（四）按照国家有关规定交纳专项维修资金；

（五）按时交纳物业服务费用；

（六）法律、法规规定的其他义务。

9. 业主是否能将住宅改变为经营性用房？

情景再现

李军和张红登记结婚时就在双方父母的资助下购买了婚房，后来两人用自己的积蓄购买了另外一套房子做投资。精心装修一番以后，小两口觉得该房屋地段较好，适合做生意，于是打算开一家餐馆赚外快。可是两人对自己购买的房子能不能用于商业经营不是很清楚。

法律分析

本案中，小李夫妇不能擅自将住宅改为经营性用房。根据《民法典》第二百七十九条规定，业主不得违反法律、法规以及管理规约，将住宅改变为经营性用房。业主将住宅改变为经营性用房的，除遵守法律、法规以及管理规约外，应当经有利害关系的业主一致同意。小李夫妇要想将房屋用于开餐馆，必须依照法律法规和小区管理规约办理相关手续，还要征求同一栋楼的业主的同意才可以。

法官提示

将住宅改变为餐饮、娱乐等经营性用房，会给同一小区的其他业主带来很多不便。例如，顾客往来会干扰业主的正常生活，还会造成小区车位、电梯、水、电等公共设施使用的紧张，也会造成楼板的承重力过大等，增加了小区不安全、不安定的因素。因此，法律作出了限制性的规定。

相关法律

《中华人民共和国民法典》

第二百七十九条 业主不得违反法律、法规以及管理规约，将住宅改变为经营性用房。业主将住宅改变为经营性用房的，除遵守法律、法规以及管理规约外，应当经有利害关系的业主一致同意。

10. 什么是住房专项维修资金制度？

情景再现

小邱工作稳定后，跟妻子一起购买了一套房子用于结婚。在签订购房合同时，小两口发现需要交纳的相关费用中有一项住宅专项维修资金，费用还比较高，于是他们请房地产开发公司予以详细说明。

法律分析

根据《物业管理条例》第五十三条

的规定，住宅物业、住宅小区内的非住宅物业或者与单幢住宅楼结构相连的非住宅物业的业主，应当按照国家有关规定交纳专项维修资金。专项维修资金属于业主所有，专项用于物业保修期满后物业共用部位、共用设施设备的维修和更新、改造，不得挪作他用。专项维修资金收取、使用、管理的办法由国务院建设行政主管部门会同国务院财政部门制定。《住宅专项维修资金管理办法》第二条第二款规定，该办法所称住宅专项维修资金，是指专项用于住宅共用部位、共用设施设备保修期满后的维修和更新、改造的资金。

法官提示

根据上述行政法规、部门规章规定，住宅专项维修资金，是指专项用于住宅共用部位、共用设施设备保修期满后的维修和更新、改造的资金。而住宅共用部位一般包括：住宅的基础、承重墙体、柱、梁、楼板、屋顶以及户外的墙面、门厅、楼梯间、走廊通道等。专项资金必须专款专用，属于业主所有。

相关法律

《物业管理条例》

第五十三条 住宅物业、住宅小区内的非住宅物业或者与单幢住宅楼结构相连的非住宅物业的业主，应当按照国家有关规定交纳专项维修资金。

专项维修资金属于业主所有，专项用于物业保修期满后物业共用部位、共用设施设备的维修和更新、改造，不得挪作他用。

专项维修资金收取、使用、管理的办法由国务院建设行政主管部门会同国务院财政部门制定。

《住宅专项维修资金管理办法》

第二条 商品住宅、售后公有住房住宅专项维修资金的交存、使用、管理和监督，适用本办法。

本办法所称住宅专项维修资金，是指专项用于住宅共用部位、共用设施设备保修期满后的维修和更新、改造的资金。

三、业主的建筑物区分所有权

1. 装修时破坏承重墙需要负法律责任吗？

情景再现

小黄和小丽结婚后，首要任务就是买一套房子，经过多番比较，两人终于选定了某小区的一个小户型房屋。签订了购房合同，完成相关手续后，小两口便开始进行装修。小丽对房屋的户型不是很满意，于是决定将承重墙拆除以充分利用房屋空间格局。在拆除承重墙的过程中，邻居发现后前来阻止，可是小两口认为仅是拆除一部分承重墙，影响不大，而且房屋本来属自己所有，怎么处理是他们的自由。

法律分析

根据《民法典》第二百九十五条规定，不动产权利人挖掘土地、建造建筑物、铺设管线以及安装设备等，不得危及相邻不动产的安全。本案中，拆除承重墙会对邻居的房屋安全造成一定威胁。另外，《住宅室内装饰装修管理办法》第五条第一款第一项明确规定，住宅室内装饰装修活动，禁止未经原设计单位或者具有相应资质等级的设计单位提出设计方案，变动建筑主体和承重结构。该办法所称的承重结构，是指直接将本身自重与各种外加作用力系统地传递给基础地基的主要结构构件和其连接接点，包括承重墙体、立杆、柱、框架柱、支墩、楼板、梁、屋架、悬索等。因此，小两口拆除承重墙的行为已经违反了《民法典》和相关部门规章的规定，应当承担修复的责任，给他人造成的损失还应当进行赔偿。

法官提示

建筑主体，是指建筑实体的结构构造，包括屋盖、楼盖、梁、柱、支撑、墙体、连接接点和基础等。承重结构，是指直接将本身自重与各种外加作用力系统地传递给基础地基的主要结构构件和其连接接点，包括承重墙体、立杆、柱、框架柱、支墩、楼板、梁、屋架、悬索等。这些部分业主如果擅自改动，会对邻居甚至整栋楼的安全造成影响，因此在装修时要特别注意不能擅自改动这些部分。

相关法律

《中华人民共和国民法典》

第二百九十五条　不动产权利人挖掘土地、建造建筑物、铺设管线以及安装设备等，不得危及相邻不动产的安全。

《住宅室内装饰装修管理办法》

第五条　住宅室内装饰装修活动，禁止下列行为：

（一）未经原设计单位或者具有相应资质等级的设计单位提出设计方案，变动建筑主体和承重结构；

（二）将没有防水要求的房间或者阳台改为卫生间、厨房间；

（三）扩大承重墙上原有的门窗尺寸，拆除连接阳台的砖、混凝土墙体；

（四）损坏房屋原有节能设施，降低节能效果；

（五）其他影响建筑结构和使用安全的行为。

本办法所称建筑主体，是指建筑实体的结构构造，包括屋盖、楼盖、梁、柱、支撑、墙体、连接接点和基础等。

本办法所称承重结构，是指直接将本身自重与各种外加作用力系统地传递给基础地基的主要结构构件和其连接接点，包括承重墙体、立杆、柱、框架柱、支墩、楼板、梁、屋架、悬索等。

2. 小区内的公用健身设施所有权、使用权归谁所有？

情景再现

孙江与周丽结婚不久就购买了婚房。入住以后，小两口经常到小区广场锻炼身体，可是随着入住的业主越来越多，他们经常无法使用健身设施，甚至有人将健身设施据为己有，于是他们向物业部门反映相关情况。

法律分析

根据《民法典》的规定，业主对建筑物内的住宅、经营性用房等专有部分享有所有权，对专有部分以外的共有部分享有共有和共同管理的权利。另外，建筑区划内的其他公共场所、公用设施和物业服务用房，属于业主共有。据此可知，小区健身设施，属于业主专有部分以外的共有部分，全体业主享有共有和共同管理、共同使用的权利。所以，本案中，部分业主将健身设施据为己有的行为是违法的。

法官提示

对共有设施，业主应当在享有权利的同时，承担相应的义务，比如爱护共有设施，合理利用，在自己合理利用的同时也要保障他人合理利用的权利。

相关法律

《中华人民共和国民法典》

第二百七十一条 业主对建筑物内的住宅、经营性用房等专有部分享有所有权，对专有部分以外的共有部分享有共有和共同管理的权利。

第二百七十三条 业主对建筑物专有部分以外的共有部分，享有权利，承担义务；不得以放弃权利为由不履行义务。

业主转让建筑物内的住宅、经营性用房，其对共有部分享有的共有和共同管理的权利一并转让。

第二百七十四条 建筑区划内的道路，属于业主共有，但是属于城镇公共道路的除外。建筑区划内的绿地，属于业主共有，但是属于城镇公共绿地或者明示属于个人的除外。建筑区划内的其他公共场所、公用设施和物业服务用房，属于业主共有。

3. 小区内的车位所有权、使用权归谁所有?

情景再现

孙松和吴丽新婚不久就买了新房。因为住处离两人工作的地方有些距离，于是小两口买了一辆汽车方便上下班。随着入住的业主越来越多，小区车位越来越不够用，后来物业公司出台办法划定部分小区内的道路来做车位，并采取先到先停的方法，但因两人经常加班，晚些回到小区便找不到车位停放车辆。后来他们还发现有部分业主私自装了地钉，将车位强行占位，于是他们到物业公司反映相关情况。

法律分析

根据《民法典》第二百七十五条规定，建筑区划内，规划用于停放汽车的车位、车库的归属，由当事人通过出售、附赠或者出租等方式约定。占用业主共有的道路或者其他场地用于停放汽车的车位，属于业主共有。本案中，划定共有道路作为车位的部分依法属于全体业主共有，部分业主私自安放地钉的行为确有不当。

相关法律

《中华人民共和国民法典》

第二百七十三条 业主对建筑物专有部分以外的共有部分，享有权利，承担义务；不得以放弃权利为由不履行义务。

业主转让建筑物内的住宅、经营性用房，其对共有部分享有的共有和共同管理的权利一并转让。

第二百七十五条 建筑区划内，规划用于停放汽车的车位、车库的归属，由当事人通过出售、附赠或者出租等方式约定。

占用业主共有的道路或者其他场地用于停放汽车的车位，属于业主共有。

4. 业主是否可以解聘物业公司？

情景再现

周江夫妇入住新房后，发现小区管理比较混乱，物业公司响应也不及时，要连番催促才会出面解决相关问题。他们与邻居沟通后，发现大家都有同样的感受。于是他们合计着解聘现有的物业公司，另外聘请服务更好的物业公司。

法律分析

根据《物业管理条例》第十一条第四项的规定，选聘和解聘物业服务企业由业主共同决定。据此可知，物业服务企业选聘和解聘属于业主共同决定的事项，如果有业主想要解聘物业服务企业，他们可以提请业主委员会召开业主大会来决定。

法官提示

业主在物业管理活动中，享有下列权利：（1）按照物业服务合同的约定，接受物业服务企业提供的服务；（2）提议召开业主大会会议，并就物业管理的有关事项提出建议；（3）监督物业服务企业履行物业服务合同等。因此，如果对物业服务企业的服务不满意，业主可以行使监督的权利，向业主委员会提议召开业主大会讨论决定相关事项。

相关法律

《物业管理条例》

第六条 房屋的所有权人为业主。

业主在物业管理活动中，享有下列权利：

（一）按照物业服务合同的约定，接受物业服务企业提供的服务；

（二）提议召开业主大会会议，并就物业管理的有关事项提出建议；

（三）提出制定和修改管理规约、业主大会议事规则的建议；

（四）参加业主大会会议，行使投票权；

（五）选举业主委员会成员，并享有被选举权；

（六）监督业主委员会的工作；

（七）监督物业服务企业履行物业服务合同；

（八）对物业共用部位、共用设施设备和相关场地使用情况享有知情权和监督权；

（九）监督物业共用部位、共用设施设备专项维修资金（以下简称专项维修资金）的管理和使用；

（十）法律、法规规定的其他权利。

第十一条 下列事项由业主共同决定：

（一）制定和修改业主大会议事规则；

（二）制定和修改管理规约；

（三）选举业主委员会或者更换业主委员会成员；

（四）选聘和解聘物业服务企业；

（五）筹集和使用专项维修资金；

（六）改建、重建建筑物及其附属设施；

（七）有关共有和共同管理权利的其他重大事项。

5. 业主家中失窃，可以让物业管理公司承担赔偿责任吗？

情景再现

牛女士购买了一套商品房并入住。因与上届物业管理公司未办理完交接手续，牛女士一直未与现任物业管理公司签订物业服务合同，但现任物业管理公司收取了牛女士的物业服务费。某日早晨，牛女士起床后发现家里新买的60寸液晶彩电及一台电脑不翼而飞。事发后，牛女士向物业管理公司值班人员询问了相关情况。据值班人员称，当天凌晨3点左右，有一辆白色面包车通过大门进入小区，大约过十多分钟后离开小区。但是值班人员和往常一样既未登记车牌也未作任何询问就让车辆出去了。牛女士认为，就是值班人员所称的这辆车上的人员盗窃了其财物，物业管理公司设施简陋，连基本的监控设施也没有，管理懈怠，应当对业主家中失窃承担赔偿责任。

法律分析

物业管理公司进驻牛女士居住的小区提供服务，虽没有与牛女士签订物业服务合同，但向牛女士收取了物业管理费，双方之间形成了事实上的物业服务合同关系。《物业管理条例》第二条关于物业管理范围的规定，并没有将安保项目涵盖其中。又根据该条例第三十四条、第三十五条对物业管理合同约定内容及提供服务的规定，牛女士与物业管理公司并没有签订书面合同，也没有对业主室内被盗的安保服务口头做明确约定，根据公平的原则，牛女士如果诉请物业管理公司承担责任，因缺乏法律依据，法院将不予支持。

法官提示

如果物业服务项目包括安保服务，则应当在物业服务合同中就安保服务的内容、服务质量、责任区分、违约责任等作出明确约定。未签订涉及安保方面的服务合同，按照权利、义务相一致原则，物业管理公司对业主家中失窃无须承担民事责任。若牛女士与物业管理公司的物业服务合同中约定了安保服务或者针对安保服务口头作明确约定的话，她的损失就可以让物业管理公司承担责任。

相关法律

《物业管理条例》

第二条 本条例所称物业管理，是指业主通过选聘物业服务企业，由业主和物业服务企业按照物业服务合同约定，对房屋及配套的设施设备和相关场地进行维修、养护、管理，维护物业管理区域内的环境卫生和相关秩序的活动。

第三十四条第二款 物业服务合同应当对物业管理事项、服务质量、服务费用、双方的权利义务、专项维修资金的管理与使用、物业管理用房、合同期限、违约责任等内容进行约定。

第三十五条第一款 物业服务企业应当按照物业服务合同的约定，提供相应的服务。

6. 小区内私搭乱建，业主该怎么主张权利？

情景再现

小孙出生于西部偏远山区，后来考上了沿海发达城市的一所大学，毕业后留在了该城市工作。后来经人介绍，小孙与小何结婚，两人家境都不算好，但是为了改善居住条件，还是决定买房。两人经过多番挑选，终于选定了一套老旧小区的二手房。入住后，小孙和小何发现小区管理比较混乱，公共区域私搭乱建的现象突出，甚至有人搭了棚子卖烧烤等，小区人来人往闹哄哄的，安全问题也值得担忧，于是他们联合其他几位业主共同向业主委员会反映这些情况。

法律分析

根据《民法典》第二百八十六条的规定，业主应当遵守法律、法规以及管理规约，相关行为应当符合节约资源、保护生态环境的要求。对于物业服务企业或者其他管理人执行政府依法实施的应急处置措施和其他管理措施，业主应当依法予以配合。业主大会或者业主委员会，对任意弃置垃圾、排放污染物或者噪声、违反规定饲养动物、违章搭建、侵占通道、拒付物业费等损害他人合法权益的行为，有权依照法律、法规以及管理规约，请求行为人停止侵害、排除妨碍、消除危险、恢复原状、赔偿损失。业主或者其他行为人拒不履行相关义务的，有关当事人可以向有关行政主管部门报告或者投诉，有关行政主管部门应当依法处理。因此，本案中受到影响的业主可以请求业主大会或者业主委员会请求拆除违章搭建，针对直接侵害自己利益的行为，可以直接向人民法院提起诉讼。

法官提示

业主应当遵守法律、法规以及管理规约。小区属于公共环境，大家应当共同遵守规章制度，不得妨碍他人。私搭乱建不仅妨害了其他业主的合法权益，也是法律所不允许的行为。

相关法律

《中华人民共和国民法典》

第二百八十六条 业主应当遵守法律、法规以及管理规约，相关行为应当符合节约资源、保护生态环境的要求。对于物业服务企业或者其他管理人执行政府依法实施的应急处置措施和其他管理措施，业主应当依法予以配合。

业主大会或者业主委员会，对任意弃置垃圾、排放污染物或者噪声、违反规定饲养动物、违章搭建、侵占通道、拒付物业费等损害他人合法权益的行为，有权依照法律、法规以及管理规约，请求行为人停止侵害、排除妨碍、消除危险、恢复原状、赔偿损失。

业主或者其他行为人拒不履行相关义务的，有关当事人可以向有关行政主管部门报告或者投诉，有关行政主管部门应当依法处理。

四、相邻关系

1. 房主是否应当为邻居的通行等提供必要的便利？

情景再现

小王家房屋位于小李家房屋的背后，绕道出行非常不方便，小王便找小李商议借道之事。双方约定由小王支付1000元给小李，小李将自家废弃不用的牛棚拆掉给小王作通道使用，通道宽3米，签订协议时即把钱付清。协议签订后，双方一同将牛棚拆除，并共同修了一条3米宽的通道，还用水泥固定了边界。之后小李家拆旧建新时，将原通道的边界占用，留出的空间不足3米，小王前去阻止未果，为此，诉至法院要求小李停止侵占通道，恢复原状。

法律分析

本案中，双方为方便通行，自愿签订了协议，约定借道的权利义务，该协议合法有效。该通道所有权原归小李，但经双方协商，小王给予了一定的经济补偿，已合法取得该通道的使用权。小李在对其房屋进行拆旧建新时，理应按原貌留足该通道应有的宽度，其擅自占用通道的行为已构成侵权。故小王诉请小李停止侵权、恢复通道宽度的理由充分，可以得到法院支持。

法官提示

小王、小李之间系相邻村民，应当按照有利生产、方便生活、团结互助、公平合理的原则正确处理相邻关系。

相关法律

《中华人民共和国民法典》

第二百八十八条 不动产的相邻权利人应当按照有利生产、方便生活、团结互助、公平合理的原则，正确处理相邻关系。

第二百九十一条 不动产权利人对相邻权利人因通行等必须利用其土地的，应当提供必要的便利。

2. 自家住宅的采光被阻挡，该怎么办？

情景再现

小王家房屋位于小李家房屋的背后。小李外出打工赚到了钱，回家后的头等大事就是将自己的旧屋改建，其大张旗鼓地建了一栋三层楼房，外面还修了一面高高的围墙。这样一来，小王家完全被挡住，采光成了很大问题。于是小王找到小李协商，希望其拆除围墙或者是将围墙高度降低，可是小李坚决不同意，认为在自己家地盘上修建的围墙与小王无关。无奈之下，小王诉至法院，请求法官予以解决。

法律分析

本案中，两家人一前一后属于邻居，小李虽然是在自家地盘上修建房屋和围墙，但是围墙过高影响了小王家房屋采光，这样的做法是不对的。根据《民法典》第二百八十八条、第二百九十一条、第二百九十三条的规定，邻里之间应当正确处理截水、排水、通行、通风、采光等方面的相邻关系，妨碍相邻建筑物的通风、采光和日照，给相邻方造成妨碍或者损失的，应当停止侵害，排除妨碍，赔偿损失。

法官提示

相邻关系，是两个或两个以上相互毗邻不动产的所有人或使用人，在行使占有、使用、收益、处分权利时发生的权利义务关系。小王、小李是相邻村民，应当按照有利生产、方便生活、团结互助、公平合理的原则正确处理相邻关系。

相关法律

《中华人民共和国民法典》

第二百八十八条 不动产的相邻权利人应当按照有利生产、方便生活、团结互助、公平合理的原则，正确处理相邻关系。

第二百九十一条 不动产权利人对相邻权利人因通行等必须利用其土地的，应当提供必要的便利。

第二百九十三条 建造建筑物，不得违反国家有关工程建设标准，不得妨碍相邻建筑物的通风、采光和日照。

3. 邻居排放的垃圾、污水等严重妨碍了自家安居，该怎么办？

情景再现

小王家房屋位于小李家房屋的背后，小王家地势较高，日常生活废水等经常往小李家屋背后流。小王家还将垃圾池也建在了两家中间，平日里臭气熏天，遇到雨天还会将垃圾等冲到小李家屋后。为此小李家多次与小王家协商，希望他们修建专门的排污管道，并将垃圾池改建到别处。但是小王认为，水往低处流是自己不能控制的，垃圾池所在位置也属于自家地盘，除非小李负责相应的全部费用，不然不会答应他的请求。小李无奈之下诉至法院，请求公正裁决。

法律分析

本案中，小王虽然是在自己家地盘上修建垃圾池，但确实严重影响了小李家的生活。根据《民法典》第二百八十八条、第二百九十一条、第二百九十三条的规定，邻里之间应当正确处理截水、排水、通行、通风、采光等方面的相邻关系，小王家排水和堆放垃圾等应当尽量避免对小李家造成损害，若给小李家造成妨碍或者损失，应当停止侵害、排除妨碍、赔偿损失。

相关法律

《中华人民共和国民法典》

第二百八十八条 不动产的相邻权利人应当按照有利生产、方便生活、团结互助、公平合理的原则，正确处理相邻关系。

第二百九十一条 不动产权利人对相邻权利人因通行等必须利用其土地的，应当提供必要的便利。

第二百九十三条 建造建筑物，不得违反国家有关工程建设标准，不得妨碍相邻建筑物的通风、采光和日照。

4. 由于邻居修建房屋挖地基而导致自家地基下沉房屋开裂等，该如何主张权利？

情景再现

小童和小敏家都在农村，两家就是房前屋后的邻居，小童家在地势较低的位置。后来小童结婚要翻修房屋，并加高楼层。由于楼层较高，因此需要将地基挖深一些，可是还没等小童家地基挖好，小敏发现自己家地基出现了下沉，墙体也开始开裂。于是小敏找到小童协商解决这个问题，小童认为自己并没有在小敏家地基上修建房屋，小敏家的墙体开裂是自己家地基不牢固造成的。两人僵持不下，后闹至法院，请求法官公正裁决。

法律分析

本案中，小童虽然是在自己家地盘上挖地基，但是因为两家靠得太近，而且小敏家处于地势较高处，小童开挖地基与小敏家地基下沉墙体开裂有着直接的因果关系。根据《民法典》第二百八十八条及第二百九十五条的规定，不动产的相邻权利人应当按照有利生产、方便生活、团结互助、公平合理的原则，正确处理相邻关系。挖掘土地、建造建筑物、铺设管线以及安装设备等，不得危及相邻不动产的安全。小童家开挖地基已经影响到了小敏家的房屋安全，因此小敏的主张可以得到法院的支持，小童应当予以赔偿和修复。

相关法律

《中华人民共和国民法典》

第二百八十八条 不动产的相邻权利人应当按照有利生产、方便生活、团结互助、公平合理的原则，正确处理相邻关系。

第二百九十五条 不动产权利人挖掘土地、建造建筑物、铺设管线以及安装设备等，不得危及相邻不动产的安全。

PART 7

懂点法律常识
劳动工作更带劲

在现代社会中，绝大多数人都需要通过工作赚取生活的保障，通俗地讲就是绝大多数人都需要去工作。工作过程涉及很多法律问题，在我国现有的法律体制下，关于劳动、工作的主要法律依据有《中华人民共和国劳动法》《中华人民共和国劳动合同法》《工伤保险条例》《最高人民法院关于审理劳动争议案件适用法律若干问题的解释》《最高人民法院关于审理劳动争议案件适用法律若干问题的解释（二）》《最高人民法院关于审理劳动争议案件适用法律若干问题的解释（三）》《最高人民法院关于审理劳动争议案件适用法律若干问题的解释（四）》等，内容涵盖了劳动者的各项权利与义务，用人单位的权利与义务，劳动合同的订立、履行、解除，工伤认定、补偿等内容。对于劳动者来说，掌握一定的劳动法律常识是非常必要的。

一、劳动合同的订立

1. 哪些情况会导致劳动合同无效？

情景再现

小江和小丽是大学同班同学，两人越走越近，发展成了恋人。在彼此的陪伴下，大学四年的光阴过得飞快。毕业后两人都决定留在上海工作。小江通过公务员考试考上了国家某机关的职位，小丽则被一家私营企业录用。在小丽要签署劳动合同的时候，两人认真查找了相关法律资料，想看看劳动合同怎么签才更有利，才不会导致无效。

法律分析

对于劳动合同无效的情形，我国《劳动法》《劳动合同法》都作了相应的规定，根据我国《劳动法》第十八条、《劳动合同法》第二十六条的规定，下列劳动合同无效或者部分无效：（1）以欺诈、胁迫的手段或者乘人之危，使对方在违背真实意思的情况下订立或者变更劳动合同的；（2）用人单位免除自己的法定责任、排除劳动者权利的；（3）违反法律、行政法规强制性规定的。对劳动合同的无效或者部分无效有争议的，由劳动争议仲裁机构或者人民法院确认。由此可以知道，在签订劳动合同时候，首先，双方意思表示要真实，采取欺诈、威胁等手段订立的劳动合同，违背一方的真实意愿，会导致劳动合同无效。其次，用人单位不得在劳动合同中约定免除自己的法定责任、排除劳动者权利。最后，合同内容不得违反法律、行政法规的强制性规定，即劳动合同不能有悖法律、法规及善良风俗，或是损害国家及社会的公共利益。

法官提示

根据《劳动法》第十九条的规定，劳动合同应当以书面形式订立，并具备以下条款：（1）劳动合同期限；（2）工作内容；（3）劳动保护和劳动条件；（4）劳动报酬；（5）劳动纪律；（6）劳动合同终止的条件；（7）违反劳动合同的责任。劳动合同除前述规定的必备条款外，当事人可以协商约定其他内容。

相关法律

《中华人民共和国劳动法》

第十八条 下列劳动合同无效：

（一）违反法律、行政法规的劳动合同；

（二）采取欺诈、威胁等手段订立的劳动合同。

无效的劳动合同，从订立的时候起，就没有法律约束力。确认劳动合同部分无效的，如果不影响其余部分的效力，其余部分仍然有效。

劳动合同的无效，由劳动争议仲裁委员会或者人民法院确认。

第十九条 劳动合同应当以书面形式订立，并具备以下条款：

（一）劳动合同期限；

（二）工作内容；

（三）劳动保护和劳动条件；

（四）劳动报酬；

（五）劳动纪律；

（六）劳动合同终止的条件；

（七）违反劳动合同的责任。

劳动合同除前款规定的必备条款外，

当事人可以协商约定其他内容。

《中华人民共和国劳动合同法》

第二十六条 下列劳动合同无效或者部分无效：

（一）以欺诈、胁迫的手段或者乘人之危，使对方在违背真实意思的情况下订立或者变更劳动合同的；

（二）用人单位免除自己的法定责任、排除劳动者权利的；

（三）违反法律、行政法规强制性规定的。

对劳动合同的无效或者部分无效有争议的，由劳动争议仲裁机构或者人民法院确认。

2. 用人单位对试用期的期限能随便约定吗？

情景再现

林江波自高中起就对医学非常感兴趣，后来考取了一所医科大学的临床医学专业，毕业后进入一家私立医院工作。虽然与自己立志要进入三甲医院工作的理想有差距，但是工作难找，他想先在私立医院打好基础。在签订劳动合同的时候，该医院提供的格式合同约定试用期是一年，虽然重视此次工作机会，但是林江波觉得一年的试用期太长了，不知医院这么做是否有法律依据，于是求助毕业于法学院的女友小果帮忙答疑解惑。

法律分析

根据《劳动法》第二十一条规定，劳动合同可以约定试用期。试用期最长不得超过六个月。据此可知，试用期的约定法律是允许的，但是期限最长不能超过六个月。对于试用期的具体约定方式，《劳动合同法》作出了规定，根据该法第十九条第一款规定，劳动合同期限三个月以上不满一年的，试用期不得超过一个月；劳动合同期限一年以上不满三年的，试用期不得超过二个月；三年以上固定期限和无固定期限的劳动合同，试用期不得超过六个月。由此可知，本案中林江波的录用单位约定试用期的期限为一年违反了法律规定。

法官提示

法律允许试用期的工资适当地低于正式员工的工资，《劳动合同法》第二十条规定，劳动者在试用期的工资不得低于本单位相同岗位最低档工资或者劳动合同约定工资的百分之八十，并不得低于用人单位所在地的最低工资标准。有很多用人单位为了压缩用人成本，便想方设法延长试用期的时间，但如果违反了法律规定，就会导致无效。

相关法律

《中华人民共和国劳动法》

第二十一条 劳动合同可以约定试用期。试用期最长不得超过六个月。

《中华人民共和国劳动合同法》

第十九条 劳动合同期限三个月以上不满一年的，试用期不得超过一个月；劳动合同期限一年以上不满三年的，试用期不得超过二个月；三年以上固定期限和无固定期限的劳动合同，试用期不得超过六个月。

同一用人单位与同一劳动者只能约定一次试用期。

以完成一定工作任务为期限的劳动合同或者劳动合同期限不满三个月的，

不得约定试用期。

试用期包含在劳动合同期限内。劳动合同仅约定试用期的，试用期不成立，该期限为劳动合同期限。

第二十条 劳动者在试用期的工资不得低于本单位相同岗位最低档工资或者劳动合同约定工资的百分之八十，并不得低于用人单位所在地的最低工资标准。

3. 用人单位最多可以与劳动者约定几次试用期？

情景再现

小王大学毕业后很顺利地在一家私企找到了工作。签订劳动合同时，小王发现合同上写着：劳动合同期限为5年，试用期是6个月，第一次试用期结束以后，用人单位根据小王实际工作表现可以决定是否再次约定试用期。虽然对这份工作很珍惜，但小王觉得约定两次试用期似有不妥，便想弄个明白。

法律分析

对于试用期的具体约定方式，《劳动合同法》第十九条第一款、第二款规定，劳动合同期限三个月以上不满一年的，试用期不得超过一个月；劳动合同期限一年以上不满三年的，试用期不得超过二个月；三年以上固定期限和无固定期限的劳动合同，试用期不得超过六个月。同一用人单位与同一劳动者只能约定一次试用期。由此可知，本案中小王的录用单位只能约定一次试用期，而且最长时限只能是六个月，约定两次试用期违反了法律规定。

法官提示

法律对于试用期的期限和次数都作了明确规定，如果违反了试用期期限和一次为限的规定，则该约定无效。

相关法律

《中华人民共和国劳动法》

第二十一条 劳动合同可以约定试用期。试用期最长不得超过六个月。

《中华人民共和国劳动合同法》

第十九条 劳动合同期限三个月以上不满一年的，试用期不得超过一个月；劳动合同期限一年以上不满三年的，试用期不得超过二个月；三年以上固定期限和无固定期限的劳动合同，试用期不得超过六个月。

同一用人单位与同一劳动者只能约定一次试用期。

以完成一定工作任务为期限的劳动合同或者劳动合同期限不满三个月的，不得约定试用期。

试用期包含在劳动合同期限内。劳动合同仅约定试用期的，试用期不成立，该期限为劳动合同期限。

第二十条 劳动者在试用期的工资不得低于本单位相同岗位最低档工资或者劳动合同约定工资的百分之八十，并不得低于用人单位所在地的最低工资标准。

4. 用人单位可以随意约定劳动者在试用期的工资吗？

情景再现

春江大学毕业后被一家私营企业录用。与该企业签署劳动合同的时候，春江发现劳动合同中约定劳动合同期限为3年，试用期的工资根据入职后的实际表现由用人单位具体确定。春江出生于农村，在大城市扎根是他自小的梦想，他虽然很珍惜这次就业机会，但还是觉得约定试用期工资由用人单位根据实际工作情况来确定，会有很大的不确定性，于是向法律援助咨询中心发出求助信，尝试了解法律对于试用期工资的具体规定。

法律分析

《劳动合同法》第二十条规定，劳动者在试用期的工资不得低于本单位相同岗位最低档工资或者劳动合同约定工资的百分之八十，并不得低于用人单位所在地的最低工资标准。针对春江提出的关于试用期工资的问题，根据前述法律规定，劳动者试用期工资由用人单位与劳动者在劳动合同中约定，劳动合同约定的试用期工资，不得低于本单位相同岗位最低档工资或者劳动合同约定工资的百分之八十，并不得低于用人单位所在地的最低工资标准；劳动合同没有约定的，由用人单位按照不低于本单位同岗位最低档工资或者劳动合同约定工资的百分之八十，且不低于当地最低工资的标准支付。假设春江单位的同岗位最低档工资是5000元，则春江在试用期的工资不得低于4000元。但如果春江单位的同岗位最低档工资是2000元，按照80%计算应当是1600元，但是用人单位所在地的最低工资标准是1800元，则春江试用期工资就应当是1800元。

法官提示

法律允许试用期的工资适当的低于正式员工的工资，因此有很多用人单位为了压缩用人成本，便尽可能地与劳动者约定更长的试用期，但是法律对于试用期的期限和最低工资标准都作了明确规定，如果违反了试用期最长期限为6个月以及试用期最低工资标准的规定，则关于该试用期的约定会因为违反法律规定而无效。

相关法律

《中华人民共和国劳动法》

第二十一条 劳动合同可以约定试用期。试用期最长不得超过六个月。

《中华人民共和国劳动合同法》

第二十条 劳动者在试用期的工资不得低于本单位相同岗位最低档工资或者劳动合同约定工资的百分之八十，并不得低于用人单位所在地的最低工资标准。

5. 在什么情况下，用人单位应当与劳动者订立无固定期限劳动合同？

情景再现

李春大学毕业后，立志要在大城市扎根，多次面试以后，她终于找到一家称心的公司。当她与公司签署劳动合同的时候，双方约定劳动合同期限为5年。李春了解到有些老员工签订了“无固定期限劳动合同”，李春不是很懂什么是无固定期限劳动合同，想知道自己以后有可能与公司签订这类合同吗？

法律分析

根据法律规定，劳动合同分为固定期限劳动合同、无固定期限劳动合同和以完成一定工作任务为期限的劳动合同。固定期限劳动合同，是指用人单位与劳动者约定合同终止时间的劳动合同。无固定期限劳动合同，是指用人单位与劳动者约定无确定终止时间的劳动合同。签订的劳动合同是固定期限还是无固定期限，可以由用人单位与劳动者自主协商确定。《劳动合同法》第十四条规定了订立无固定期限劳动合同的三种情形：（1）劳动者在该用人单位连续工作满十年的；（2）用人单位初次实行劳动合同制度或者国有企业改制重新订立劳动合同时，劳动者在该用人单位连续工作满十年且距法定退休年龄不足十年的；（3）连续订立二次固定期限劳动合同，无特殊情况，续订劳动合同的。用人单位自用工之日起满一年不与劳动者订立书面劳动合同的，视为用人单位与劳动者已订立无固定期限劳动合同。

本案中，如果5年合同期满，用人单位又和李春签订固定期限的劳动合同，那么等第二次劳动合同期满之后，用人单位没有解雇李春的法定理由，她也不主动离职的话，则用人单位应当与李春签订无固定期限劳动合同。

法官提示

要注意的是，无固定期限劳动合同无确定终止时间，是指劳动合同没有一个确切的终止时间，劳动合同的期限长短不能确定，但不是没有终止时间。只要没有出现法律规定的条件或者双方约定的条件，双方当事人就要继续履行劳动合同规定的义务。一旦出现了法律规定的情形，无固定期限劳动合同也同样能够解除。

相关法律

《中华人民共和国劳动合同法》

第十二条 劳动合同分为固定期限劳动合同、无固定期限劳动合同和以完成一定工作任务为期限的劳动合同。

第十三条 固定期限劳动合同，是指用人单位与劳动者约定合同终止时间的劳动合同。

用人单位与劳动者协商一致，可以订立固定期限劳动合同。

第十四条 无固定期限劳动合同，是指用人单位与劳动者约定无确定终止时间的劳动合同。

用人单位与劳动者协商一致，可以订立无固定期限劳动合同。有下列情形之一，劳动者提出或者同意续订、订立劳动合同的，除劳动者提出订立固定期限劳动合同外，应当订立无固定期限劳动合同：

（一）劳动者在该用人单位连续工作满十年的；

（二）用人单位初次实行劳动合同制度或者国有企业改制重新订立劳动合同时，劳动者在该用人单位连续工作满十年且距法定退休年龄不足十年的；

（三）连续订立二次固定期限劳动合同，且劳动者没有本法第三十九条和第四十条第一项、第二项规定的情形，续订劳动合同的。

用人单位自用工之日起满一年不与劳动者订立书面劳动合同的，视为用人单位与劳动者已订立无固定期限劳动合同。

6. 用人单位扣押劳动者的身份证件是合法的吗？

情景再现

小张与一家企业签订了劳动合同，约定劳动合同期限为5年，试用期为6

个月，但是在试用期期间，用人单位需要扣押员工的身份证件。而扣押了身份证件，生活将会非常不方便，小张很困惑：用人单位有权扣押自己的身份证件吗？

法律分析

我国《劳动合同法》第九条规定，用人单位招用劳动者，不得扣押劳动者的居民身份证和其他证件，不得要求劳动者提供担保或者以其他名义向劳动者收取财物。第八十四条第一款同时规定，用人单位违反本法规定，扣押劳动者居民身份证等证件的，由劳动行政部门责令限期退还劳动者本人，并依照有关法律规定给予处罚。因此，用人单位在试用期内扣押小张的身份证件是违反法律规定的，这样的约定无效。用人单位已经扣押的身份证件，应当退还给小张。

法官提示

为防止劳动者跳槽或在工作中任意离职给用人单位造成损失，部分用人单位在招用劳动者时要求劳动者提供身份证或学历证书、资格证书给用人单位“保管”，这是一种不合法的行为。

相关法律

《中华人民共和国劳动合同法》

第九条 用人单位招用劳动者，不得扣押劳动者的居民身份证和其他证件，不得要求劳动者提供担保或者以其他名义向劳动者收取财物。

第八十四条 用人单位违反本法规定，扣押劳动者居民身份证等证件的，由劳动行政部门责令限期退还劳动者本人，并依照有关法律规定给予处罚。

用人单位违反本法规定，以担保或者其他名义向劳动者收取财物的，由劳动行政部门责令限期退还劳动者本人，并以每人五百元以上二千元以下的标准处以罚款；给劳动者造成损害的，应当承担赔偿责任。

劳动者依法解除或者终止劳动合同，用人单位扣押劳动者档案或者其他物品的，依照前款规定处罚。

7. 用人单位向劳动者收取押金是合法的吗？

情景再现

李义山大学毕业找工作，通过多番笔试、面试双向选择等，终于选定一家称心如意的公司，在与用人单位签署劳动合同的时候，双方约定劳动合同期限为 5 年，试用期为 6 个月，但是用人单位要收取 1 万元的押金，试用期结束签订劳动合同后予以退还。1 万元的押金对没有收入的李义山来说比较困难。李义山犹豫了：用人单位收取押金的行为到底合法吗？

法律分析

根据我国《劳动合同法》第九条规定，用人单位招用劳动者，不得要求劳动者提供担保或者以其他名义向劳动者收取财物。第八十四条第二款规定，用人单位违反本法规定，以担保或者其他名义向劳动者收取财物的，由劳动行政部门责令限期退还劳动者本人，并以每人 500 元以上 2000 元以下的标准处以罚款；给劳动者造成损害的，应当承担赔偿责任。本案中，用人单位要求收取1万元押金违反了法律规定，因此这样的约定是无效的，如果已经收取了押金，应当予以退还，并且要受到劳动行政部门的处罚，给劳动者造成损害的还要承担赔偿责任。

相关法律

《中华人民共和国劳动合同法》

第九条 用人单位招用劳动者，不得扣押劳动者的居民身份证和其他证件，不得要求劳动者提供担保或者以其他名义向劳动者收取财物。

第八十四条 用人单位违反本法规定，扣押劳动者居民身份证等证件的，由劳动行政部门责令限期退还劳动者本人，并依照有关法律规定给予处罚。

用人单位违反本法规定，以担保或者其他名义向劳动者收取财物的，由劳动行政部门责令限期退还劳动者本人，并以每人五百元以上二千元以下的标准处以罚款；给劳动者造成损害的，应当承担赔偿责任。

劳动者依法解除或者终止劳动合同，用人单位扣押劳动者档案或者其他物品的，依照前款规定处罚。

8. 劳动者违反服务期约定的，将承担怎样的责任？

情景再现

张穗穗在中国香港某知名大学学习精算专业，毕业后回内地工作，与用人单位签订了5年劳动合同，试用期为6个月。试用期结束后，单位选派她去国外进行了为期3个月的精算师培训，共花费12万元，双方约定了5年服务期并约定违约金12万元。工作的第二年，因为别的公司给的待遇更好，张穗穗提出辞职，用人单位要求她支付12万元的违约金。

法律分析

根据我国《劳动合同法》第二十二条第一款、第二款的规定，用人单位为劳动者提供专项培训费用，对其进行专业技术培训的，可以与该劳动者订立协议，约定服务期。劳动者违反服务期约定的，应当按照约定向用人单位支付违约金。违约金的数额不得超过用人单位提供的培训费用。用人单位要求劳动者支付的违约金不得超过服务期尚未履行部分所应分摊的培训费用。据此可知，在本案中，用人单位对张穗穗进行了专业技术培训，与张穗穗签订服务期合同并约定违约金，是符合法律规定的。张穗穗因为自己的原因违反了服务期的约定，应当依照约定支付违约金。

法官提示

用人单位在对劳动者进行专业技术培训后，为防止劳动者跳槽或任意离职给用人单位造成损失，通常会与劳动者约定服务期和违约金等，这样的做法符合法律规定，劳动者如果违反服务期约定，应当依照约定承担相应的法律责任。

相关法律

《中华人民共和国劳动合同法》

第二十二条 用人单位为劳动者提供专项培训费用，对其进行专业技术培训的，可以与该劳动者订立协议，约定服务期。

劳动者违反服务期约定的，应当按照约定向用人单位支付违约金。违约金的数额不得超过用人单位提供的培训费用。用人单位要求劳动者支付的违约金不得超过服务期尚未履行部分所应分摊的培训费用。

用人单位与劳动者约定服务期的，不影响按照正常的工资调整机制提高劳动者在服务期期间的劳动报酬。

9. 劳动者违反竞业限制条款，将承担怎样的责任？

情景再现

谭鑫大学毕业后进入一家银行工作，通过自己的努力，没过几年就成为部门经理，其间单位派送他赴国外接受培训并获得了专业资格证书。后来另外一家银行联系谭鑫，希望他能去任职，并给出了更优厚的待遇。谭鑫跳槽后，新单位为其支付了违约金。但是谭鑫从事的工作违反了与之前的用人单位关于竞业限制条款的约定，之前的用人单位便起诉到法院要求谭鑫承担相应责任。

法律分析

根据我国《劳动合同法》第二十三条的规定，用人单位与劳动者可以在劳动合同中约定保守用人单位的商业秘密和与知识产权相关的保密事项。对负有保密义务的劳动者，用人单位可以在劳动合同或者保密协议中与劳动者约定竞业限制条款，并约定在解除或者终止劳动合同后，在竞业限制期限内按月给予劳动者经济补偿。劳动者违反竞业限制约定的，应当按照约定向用人单位支付违约金。据此可知，在本案中，用人单位对谭鑫进行了专业技术培训，并签订了竞业限制条款，都是符合法律规定的。谭鑫因为自己的原因违反了竞业限制条款，应当依照约定支付违约金。

法官提示

用人单位因为商业秘密和与知识产权相关的保密事项的需要，与劳动者签订竞业限制条款并约定违约金，这样的做法符合法律规定，劳动者如果违反竞业限制条款的约定，应当依照约定承担相应的法律责任，支付相应的违约金。

相关法律

《中华人民共和国劳动合同法》

第二十三条 用人单位与劳动者可以在劳动合同中约定保守用人单位的商业秘密和与知识产权相关的保密事项。

对负有保密义务的劳动者，用人单位可以在劳动合同或者保密协议中与劳动者约定竞业限制条款，并约定在解除或者终止劳动合同后，在竞业限制期限内按月给予劳动者经济补偿。劳动者违反竞业限制约定的，应当按照约定向用人单位支付违约金。

10. 用人单位免除自己的法定责任、排除劳动者权利的劳动合同有效吗？

情景再现

李果儿通过校园招聘找到了工作。签署劳动合同的时候，李果儿发现，合同里面有很多条款免除了单位的法定责任，比如工伤责任分担由单位承担60%，劳动者自行承担40%等。为此她找到做法官的亲戚咨询。

法律分析

根据我国《劳动合同法》第二十六条的规定，用人单位免除自己的法定责任、排除劳动者权利的内容无效。据此可知，用人单位提供的劳动合同中，涉及免除单位法定责任的条款属于无效条款。本案中，涉及免除用人单位法定责任的无效条款，不影响劳动合同其他条款的效力。工伤责任应当由单位完全承担，李果儿完全可以就劳动合同中的无效条款要求与单位重新签订劳动合同。

法官提示

在签订劳动合同、确定劳动关系的过程中，用人单位往往处于强势地位，因此约定免除或减轻自己法定责任的情况时有发生，这样的条款依照法律规定是无效的。根据《劳动合同法》第二十七条的规定，劳动合同部分无效，不影响其他部分效力的，其他部分仍然有效。因此，此类条款无效并不会必然导致整个劳动合同无效，如果不涉及整体无效的情形，那么用人单位与劳动者的劳动关系依然可以成立，只是无效条款不发生效力。

相关法律

《中华人民共和国劳动合同法》

第二十六条 下列劳动合同无效或者部分无效：

（一）以欺诈、胁迫的手段或者乘人之危，使对方在违背真实意思的情况下订立或者变更劳动合同的；

（二）用人单位免除自己的法定责任、排除劳动者权利的；

（三）违反法律、行政法规强制性规定的。

对劳动合同的无效或者部分无效有争议的，由劳动争议仲裁机构或者人民法院确认。

第二十七条 劳动合同部分无效，不影响其他部分效力的，其他部分仍然有效。

第二十八条 劳动合同被确认无效，劳动者已付出劳动的，用人单位应当向劳动者支付劳动报酬。劳动报酬的数额，参照本单位相同或者相近岗位劳动者的劳动报酬确定。

二、劳动合同的履行和变更

1. 哪些情况下用人单位可以安排劳动者加班？

情景再现

张海和宋丽是恋人关系。大学毕业后，张海进入事业单位工作，宋丽则被一家私人企业录用。用人单位与宋丽签署了劳动合同，试用期满后，宋丽按期转正。两人工作都稳定后，就结婚了。可是婚后，宋丽经常加班，不堪重负，张海也觉得很郁闷。张海问加班的原因，宋丽就说，领导要求加班的，不敢不加。

法律分析

根据《劳动法》第四十一条、第四十二条、第四十三条的规定，用人单位由于生产经营需要，经与工会和劳动者协商后可以延长工作时间，一般每日不得超过一小时；因特殊原因需要延长工作时间的，在保障劳动者身体健康的条件下延长工作时间每日不得超过三小时，但是每月不得超过三十六小时。有下列情形之一的，延长工作时间不受上述限制：（1）发生自然灾害、事故或者因其他原因，威胁劳动者生命健康和财产安全，需要紧急处理的；（2）生产设备、交通运输线路、公共设施发生故障，影响生产和公众利益，必须及时抢修的；（3）法律、行政法规规定的其他情形。用人单位不得违反该法规定延长劳动者的工作时间。由此可知，用人单位要求加班只能是两种情况：第一种是由于生产经营需要，第二种是特殊原因。但法律同时对每一种情况最长的加班时间也作了规定，超过此限度，劳动者可以拒绝加班，用人单位不得强迫。本案中，宋丽频繁加班如果不符合法定情形，应当及时向单位反馈情况并说明法律规定；如果领导仍要求加班，宋丽可以拒绝，用人单位也不能据此辞退她或者克扣她的工资。

相关法律

《中华人民共和国劳动法》

第四十一条 用人单位由于生产经营需要，经与工会和劳动者协商后可以延长工作时间，一般每日不得超过一小时；因特殊原因需要延长工作时间的，在保障劳动者身体健康的条件下延长工作时间每日不得超过三小时，但是每月不得超过三十六小时。

第四十二条 有下列情形之一的，延长工作时间不受本法第四十一条的限制：

（一）发生自然灾害、事故或者因其他原因，威胁劳动者生命健康和财产安全，需要紧急处理的；

（二）生产设备、交通运输线路、公共设施发生故障，影响生产和公众利益，必须及时抢修的；

（三）法律、行政法规规定的其他情形。

第四十三条 用人单位不得违反本法规定延长劳动者的工作时间。

2. 用人单位可以强迫或者变相强迫劳动者加班吗？

情景再现

张冬梅毕业后入职某企业，一开始还是信心满满地勤勤恳恳工作，认为频繁加班是工作的常态，要锻炼自己的能力。可是后来她发现自己体力有点透支，就医后医生认为是劳累过度，休息不够所致。但是因为公司业务非常忙，上司还是很频繁地要求张冬梅加班。因为担心影响日后的发展，张冬梅不敢请假，不知道自己该怎么办。

法律分析

根据《劳动合同法》第三十一条的规定，用人单位应当严格执行劳动定额标准，不得强迫或者变相强迫劳动者加班。用人单位安排加班的，应当按照国家有关规定向劳动者支付加班费。因此，用人单位不得强迫加班。但是法律也并非绝对禁止加班，在《劳动法》第四十一条、第四十二条规定的特殊情况下，也可以要求劳动者加班，但是应当按照法律及国家有关规定为劳动者支付加班工资。

相关法律

《中华人民共和国劳动法》

第四十一条 用人单位由于生产经

营需要，经与工会和劳动者协商后可以延长工作时间，一般每日不得超过一小时；因特殊原因需要延长工作时间的，在保障劳动者身体健康的条件下延长工作时间每日不得超过三小时，但是每月不得超过三十六小时。

第四十二条 有下列情形之一的，延长工作时间不受本法第四十一条的限制：

（一）发生自然灾害、事故或者因其他原因，威胁劳动者生命健康和财产安全，需要紧急处理的；

（二）生产设备、交通运输线路、公共设施发生故障，影响生产和公众利益，必须及时抢修的；

（三）法律、行政法规规定的其他情形。

第四十三条 用人单位不得违反本法规定延长劳动者的工作时间。

《中华人民共和国劳动合同法》

第三十一条 用人单位应当严格执行劳动定额标准，不得强迫或者变相强迫劳动者加班。用人单位安排加班的，应当按照国家有关规定向劳动者支付加班费。

3. 用人单位安排劳动者加班，应按照什么标准支付加班费？

情景再现

邓小丽通过校园招聘进入某外资银行工作。试用期满后，邓小丽按期转正。单位经常加班，可是邓小丽一直不知道加班工资是按照什么标准支付的，也不清楚自己的加班工资具体是多少，于是请教正在做律师的朋友，想弄明白法律对于加班劳动报酬的具体规定。

法律分析

用人单位应当严格按照《劳动法》《劳动合同法》的规定执行工作时间的制度，如果确有必要加班，加班时间应当符合法律规定，并且应当依照法律规定的标准支付相应的报酬。根据《劳动合同法》第三十一条和《劳动法》第四十四条的规定，用人单位安排加班的，应当按照国家有关规定向劳动者支付加班费。有下列情形之一的，用人单位应当按照下列标准支付高于劳动者正常工作时间工资的工资报酬：（1）安排劳动者延长工作时间的，支付不低于工资的百分之一百五十的工资报酬；（2）休息日安排劳动者工作又不能安排补休的，支付不低于工资的百分之二百的工资报酬；（3）法定休假日安排劳动者工作的，支付不低于工资的百分之三百的工资报酬。本案中，如果邓小丽确实必须加班而且加班符合法律规定，那么用人单位应当按照上述标准支付加班工资。邓小丽可以咨询单位人事和财务部门弄清楚自己加班的报酬，如果没有报酬或者报酬少于法律规定的标准，有权要求用人单位补足报酬。

法官提示

劳动者提供劳动后依法得到报酬，属于宪法规定的基本权利。用人单位应当严格执行法律规定的工作时间制度，安排符合法律规定的加班，依法按照法律规定的标准支付相应的报酬。如果用人单位拒不支付或者少支付加班报酬，劳动者可以向劳动监察部门反映问题，甚至可以到人民法院起诉以维护自己的合法权益。

相关法律

《中华人民共和国劳动法》

第四十一条 用人单位由于生产经营需要，经与工会和劳动者协商后可以延长工作时间，一般每日不得超过一小时；因特殊原因需要延长工作时间的，在保障劳动者身体健康的条件下延长工作时间每日不得超过三小时，但是每月不得超过三十六小时。

第四十四条 有下列情形之一的，用人单位应当按照下列标准支付高于劳动者正常工作时间工资的工资报酬：

（一）安排劳动者延长工作时间的，支付不低于工资的百分之一百五十的工资报酬；

（二）休息日安排劳动者工作又不能安排补休的，支付不低于工资的百分之二百的工资报酬；

（三）法定休假日安排劳动者工作的，支付不低于工资的百分之三百的工资报酬。

《中华人民共和国劳动合同法》

第三十一条 用人单位应当严格执行劳动定额标准，不得强迫或者变相强迫劳动者加班。用人单位安排加班的，应当按照国家有关规定向劳动者支付加班费。

4. 用人单位可以自行设置不定时工作制吗?

情景再现

谭江大学毕业后考上了家乡的公务员岗位，工作一段时间后，谭江觉得工作内容太过枯燥，于是辞职到大城市找工作。经过多番面试，谭江终于被一家民营企业录用。试用期过后，谭江按期转正，但是单位将他的工作时间改为不定时工作制度，甚至要求随叫随到，这给谭江的生活带来诸多麻烦，他很郁闷，想知道单位这么安排是不是合理。

法律分析

不定时工作制，是针对因生产经营特点、工作特殊需要或职责范围的关系，无法按标准工作时间衡量或者需要机动作业的职工所采用的一种灵活形式的工时制度。目前在我国，能够实行不定时工作制度的企业和人员非常有限，除了明文规定的企业和人员以外，均不能实行不定时工作制度，而应当严格执行《劳动法》《劳动合同法》对工作时间的规定。根据劳动部《关于企业实行不定时工作制和综合计算工时工作制的审批办法》第四条的规定，企业对符合下列条件之一的职工，可以实行不定时工作制：（1）企业中的高级管理人员、外勤人员、推销人员、部分值班人员和其他因工作无法按标准工作时间衡量的职工；（2）企业中的长途运输人员、出租汽车司机和铁路、港口、仓库的部分装卸人员以及因工作性质特殊，需机动作业的职工；（3）其他因生产特点、工作特殊需要或职责范围的关系，适合实行不定时工作制的职工。本案中，如果谭江在公司的岗位不符合上述三个条件，不能实行不定时工作制。

不定时工作制应当严格依照有关规定要求的条件来执行。在我国法律制度中，只有原劳动部出台的《关于企业实行不定时工作制和综合计算工时工作制的审批办法》对不定时工作制度的企业和人员作了规定，如果企业不符合上述规定擅自实行不定时工作制，劳动者有权拒绝。

相关法律

《劳动部关于企业实行不定时工作制和综合计算工时工作制的审批办法》

第三条 企业因生产特点不能实行《中华人民共和国劳动法》第三十六条、第三十八条规定的，可以实行不定时工作制或综合计算工时工作制等其他工作和休息办法。

第四条 企业对符合下列条件之一的职工，可以实行不定时工作制。

（一）企业中的高级管理人员、外勤人员、推销人员、部分值班人员和其他因工作无法按标准工作时间衡量的职工；

（二）企业中的长途运输人员、出租汽车司机和铁路、港口、仓库的部分装卸人员以及因工作性质特殊，需机动作业的职工；

（三）其他因生产特点、工作特殊需要或职责范围的关系，适合实行不定时工作制的职工。

第六条 对于实行不定时工作制和综合计算工时工作制等其他工作和休息办法的职工，企业应根据《中华人民共和国劳动法》第一章、第四章有关规定，在保障职工身体健康并充分听取职工意见的基础上，采用集中工作、集中休息、轮休调休、弹性工作时间等适当方式，确保职工的休息休假权利和生产、工作任务的完成。

5. 双休日安排员工加班，用人单位可以安排补休而不支付加班费吗？

情景再现

李松大学毕业后进入一家做网络营销的私企上班，他的岗位是网络服务器维护。由于双休日是公司业务最为繁忙的时候，因此网络服务器在双休日出现故障的概率也较高，因此单位要求李松双休日上班，但是不支付加班费，而是安排周一到周五某个连续两天给他补休。李松有些困惑，不知道公司的规定是否侵犯了自己的合法权益。

法律分析

用人单位应当按照《劳动法》《劳动合同法》严格执行工作时间的规定。如果确有加班的必要，应当按照《劳动法》第四十四条规定支付报酬或安排补休：（1）安排劳动者延长工作时间的，支付不低于工资的百分之一百五十的工资报酬；（2）休息日安排劳动者工作又不能安排补休的，支付不低于工资的百分之二百的工资报酬；（3）法定休假日安排劳动者工作的，支付不低于工资的百分之三百的工资报酬。可见，如果是休息日安排加班，首先应当考虑补休。因此李松单位要求他双休日加班并安排补休是符合法律规定的。

相关法律

《中华人民共和国劳动法》

第四十四条 有下列情形之一的，用人单位应当按照下列标准支付高于劳动者正常工作时间工资的工资报酬：

（一）安排劳动者延长工作时间的，支付不低于工资的百分之一百五十的工资报酬；

（二）休息日安排劳动者工作又不能安排补休的，支付不低于工资的百分之二百的工资报酬；

（三）法定休假日安排劳动者工作

的，支付不低于工资的百分之三百的工资报酬。

6. 用人单位变更名称，是否影响劳动合同的履行？

情景再现

张强与一家私企签订了长达5年的劳动合同。工作一年后，张强所在的公司依法更变了名称，张强虽然还在原岗位继续工作，但他与公司签订的劳动合同上的公司名称没有更换，公司也未与他重新签订劳动合同，张强比较担心这份劳动合同是否有效。

法律分析

根据《劳动合同法》第三十三条规定，用人单位变更名称、法定代表人、主要负责人或者投资人等事项，不影响劳动合同的履行。因此张强无须担心劳动合同的效力，用人单位和张强都应当继续履行合同。

法官提示

实践中，有些用人单位因变更了名称或者法定代表人、主要负责人而拒绝履行劳动合同，甚至有的用人单位借口投资主体发生了变化而拒绝履行劳动合同，损害劳动者的合法权益，这是违反法律规定的。如果用人单位发生上述变化，劳动合同还应当继续履行。

相关法律

《中华人民共和国劳动合同法》

第三十三条 用人单位变更名称、法定代表人、主要负责人或者投资人等事项，不影响劳动合同的履行。

7. 用人单位发生合并或者分立等情况，原劳动合同是否继续有效？

情景再现

宋可可在一家企业工作，一直很稳定，后随着企业的整体发展策略的变化，这家企业被另外一家大公司兼并。完成兼并之后，人事部门发出通知说以前原单位签订的劳动合同无效。宋可可不知道这份通知是否符合法律规定，也担心自己丢掉工作，于是找到律师请求帮助。

法律分析

根据《劳动合同法》第三十四条规定，用人单位发生合并或者分立等情况，原劳动合同继续有效，劳动合同由承继其权利和义务的用人单位继续履行。因此，本案中新的单位宣布此前签订的劳动合同无效的做法是违反法律规定的。

相关法律

《中华人民共和国劳动合同法》

第三十四条 用人单位发生合并或者分立等情况，原劳动合同继续有效，劳动合同由承继其权利和义务的用人单位继续履行。

8. 用人单位能否单方变更劳动合同约定的内容？

情景再现

经过层层筛选，林童终于如愿以偿地进入一家企业工作，签订了为期5年的劳动合同。工作一年后，公司人事部门发出通知，所有在职员工的劳动合同期限在原来的基础上缩短两年，林童的合同期限由5年变为了3年。林童觉得很不妥，一时不知道怎么办。

法律分析

根据《劳动合同法》第三十五条的规定，用人单位与劳动者协商一致，可以变更劳动合同约定的内容。变更劳动合同，应当采用书面形式。变更后的劳动合同文本由用人单位和劳动者各执一份。本案中，单位单方面决定变更合同约定的期限，而且采用通知的方式，没有与劳动者协商一致，属于违反法律规定的做法，此种的变更无效。

法官提示

用人单位在与劳动者签订劳动合同时，必须在双方协商一致而且是双方真实意思表示的情况下，按照法律规定来签署，只有这样劳动合同才有效。合同签订后需要变更约定的内容，也需要协商一致并且通过书面方式才可以更变，用人单位单方面的变更是违反法律规定的。

相关法律

《中华人民共和国劳动合同法》

第三十五条 用人单位与劳动者协商一致，可以变更劳动合同约定的内容。变更劳动合同，应当采用书面形式。

变更后的劳动合同文本由用人单位和劳动者各执一份。

三、劳动合同的解除和终止

1. 用人单位拖欠劳动报酬的，劳动者可以单方解除劳动合同吗？

情景再现

宁彤大学毕业后，找到一份民营企业的产品营销工作。用人单位与宁彤签订了劳动合同，期限为3年。工作没多久，宁彤做了销售主管。此时，公司却以整体销售业绩不好为由，迟迟不发工资。宁彤想重新找一份工作，但是该公司一直不肯解除劳动合同。宁彤没有办法，只好拨打法律服务热线寻求帮助。

法律分析

在现实生活中，用人单位很可能会因为各种原因迟迟不与劳动者解除劳动合同。为此法律已经作了详细规定以保护处于弱势的劳动者。根据《劳动合同法》第三十八条的规定，在以下六种情况下，劳动者可以解除劳动合同：（1）未按照劳动合同约定提供劳动保护或者劳动条件的；（2）未及时足额支付劳动报酬的；（3）未依法为劳动者缴纳社会保险费的；（4）用人单位的规章制度违反法律、法规的规定，损害劳动者权益的；（5）因《劳动合同法》第二十六条第一款规定的情形致使劳动合同无效的；（6）法律、行政法规规定劳动者可以解除劳动合同的其他情形。本案中，用人单位不能及时足额支付宁彤的工资，属于该法律规定的第二项“未及时足额支付劳动报酬”的情况，宁彤有权解除劳动合同，用人单位不得拒绝。

相关法律

《中华人民共和国劳动合同法》

第三十八条 用人单位有下列情形之一的，劳动者可以解除劳动合同：

……

（二）未及时足额支付劳动报酬的；

……

2. 用人单位没有为劳动者缴纳社会保险费，劳动者可以单方解除劳动合同吗？

情景再现

孙佳佳在一家民营企业工作一年之后，生了一场重病，用自己的社保卡支付医疗费用的时候，被告知单位一直没有为她缴纳社会保险费。无奈之下，她先自行负担了费用，单位答应缴纳费用以后予以报销。又过了一段时间，单位还是迟迟未缴纳相关的社会保险费，于是孙佳佳提出解除劳动合同。

法律分析

《劳动法》《劳动合同法》的立法意旨之一就是充分保障劳动者在劳动关系中的各种合法权益，其中最重要的一项就是依法获得劳动报酬与相关福利的权利，这是劳动者提供劳动的最根本的目的之一。本案中，孙佳佳的单位未为她缴纳社会保险费用，根据《劳动合同法》第三十八条第一款第三项的规定，孙佳佳有权解除劳动合同，用人单位不得拒绝。

法官提示

《中华人民共和国劳动合同法》

第三十八条 用人单位有下列情形之一的，劳动者可以解除劳动合同：

……

（三）未依法为劳动者缴纳社会保险费的；

……

3. 用人单位的规章制度违反法律规定，损害劳动者权益的，劳动者是否可以解除劳动合同？

情景再现

李阳所在的单位出台了一项制度，要求每个员工每个月都必须义务加班12个小时，以提高公司效益。虽然很喜欢单位的工作氛围，但是李阳觉得这个强制加班的制度不符合法律规定，向单位提出异议。单位领导则认为是出于效益需要，态度很强硬地要求员工服从。李阳一怒之下提出解除劳动合同，但是单位以缺少人手为由，拒绝了李阳的要求。

法律分析

《劳动法》《劳动合同法》关于劳动时间的规定属于强制性规定，用人单位必须严格遵照法定标准执行。本案中，用人单位要求员工每月义务加班12个小时不属于法律规定可以加班的情形，且义务加班不能获得相应的加班报酬，根据《劳动合同法》第三十八条第一款第四项的规定，单位违法要求义务加班，属于“用人单位的规章制度违反法律、法规的规定，损害劳动者权益”的情形，李阳有权解除劳动合同，用人单位不得拒绝。

相关法律

《中华人民共和国劳动合同法》

第三十八条 用人单位有下列情形

之一的，劳动者可以解除劳动合同：

……

（四）用人单位的规章制度违反法律、法规的规定，损害劳动者权益的；

……

4. 用人单位可以在试用期内随意解除劳动合同吗？

情景再现

范雪被一家私营企业录用，用人单位与范雪签署了劳动合同，劳动合同期限为5年，试用期为6个月。试用期还没有满，用人单位便提出对范雪不予录用，也没有任何理由说明，范雪觉得不甘心，于是找到相关行政主管部门要求维护自身合法权益。

法律分析

根据《劳动合同法》第二十一条的规定，在试用期中，除非有特殊情况，用人单位不能解除劳动合同。再则，即使用人单位在试用期解除劳动合同符合法律规定，也应当向劳动者说明理由。在试用期内，用人单位可以解除劳动合同的情况规定在《劳动合同法》第三十九条和第四十条第一项、第二项，包括：（1）在试用期间被证明不符合录用条件的；（2）严重违反用人单位的规章制度的；（3）严重失职，营私舞弊，给用人单位造成重大损害的；（4）劳动者同时与其他用人单位建立劳动关系，对完成本单位的工作任务造成严重影响，或者经用人单位提出，拒不改正的；（5）因《劳动合同法》第二十六条第一款第一项规定的情形致使劳动合同无效的；（6）被依法追究刑事责任的。在这6种情况下，用人单位可以直接解除劳动合同。另外，还有两种情况用人单位可以在试用期解除劳动合同：一是劳动者患病或者非因工负伤，在规定的医疗期满后不能从事原工作，也不能从事由用人单位另行安排的工作的；二是劳动者不能胜任工作，经过培训或者调整工作岗位，仍不能胜任工作的。如果符合这两种情况，用人单位需要提前30日以书面形式通知劳动者本人或者额外支付劳动者一个月工资。本案中，范雪所在的企业并不能证明她在试用期出现了上述法律规定的情形，其擅自解除劳动合同是违法的。

相关法律

《中华人民共和国劳动合同法》

第二十一条 在试用期中，除劳动者有本法第三十九条和第四十条第一项、第二项规定的情形外，用人单位不得解除劳动合同。用人单位在试用期解除劳动合同的，应当向劳动者说明理由。

第三十九条 劳动者有下列情形之一的，用人单位可以解除劳动合同：

（一）在试用期间被证明不符合录用条件的；

（二）严重违反用人单位的规章制度的；

（三）严重失职，营私舞弊，给用人单位造成重大损害的；

（四）劳动者同时与其他用人单位建立劳动关系，对完成本单位的工作任务造成严重影响，或者经用人单位提出，拒不改正的；

（五）因本法第二十六条第一款第一项规定的情形致使劳动合同无效的；

（六）被依法追究刑事责任的。

第四十条 有下列情形之一的，用

人单位提前三十日以书面形式通知劳动者本人或者额外支付劳动者一个月工资后，可以解除劳动合同：

（一）劳动者患病或者非因工负伤，在规定的医疗期满后不能从事原工作，也不能从事由用人单位另行安排的工作的；

（二）劳动者不能胜任工作，经过培训或者调整工作岗位，仍不能胜任工作的；

（三）劳动合同订立时所依据的客观情况发生重大变化，致使劳动合同无法履行，经用人单位与劳动者协商，未能就变更劳动合同内容达成协议的。

5. 劳动者工作中有错误的，用人单位可以单方解除劳动合同吗？

情景再现

小周所在的企业近期效益一直不太好，在此期间，小周发生了一次失误，受到了客户的投诉，但是实际上没有造成什么损失。用人单位以此为由要求解除与小周的劳动合同，小周觉得非常委屈。

法律分析

根据《劳动合同法》第三十九条第三项的规定，劳动者严重失职，营私舞弊，给用人单位造成重大损害的，用人单位可以解除劳动合同。本案中，小周仅是失误引起客户投诉并没有造成实际损失，不属于重大损害，用人单位肆意解除劳动合同是违反法律规定的。

相关法律

《中华人民共和国劳动合同法》

第三十九条 劳动者有下列情形之一的，用人单位可以解除劳动合同：

……

（三）严重失职，营私舞弊，给用人单位造成重大损害的；

……

6. 劳动者违反用人单位规章制度的，用人单位是否可以解除劳动合同？

情景再现

张鑫在国内一所化工专业见长的名校学习，大学毕业后，他很顺利地进入一家企业从事产品研发工作。由于公司属于特殊行业，很多化学品都必须依照严格的规章制度来规范使用。张鑫在大学期间学习成绩优异，他一向自信，经常有违反规定使用化学品的情况，但是都没有发生什么事故。可是，有一天张鑫又违规使用化学品，突发大火，实验室损失严重，他自己也受了伤。为此，用人单位提出解除与张鑫的劳动合同。

法律分析

根据《劳动合同法》第三十九条第二项的规定，劳动者有严重违反用人单位的规章制度的，用人单位可以解除劳动合同。本案中，张鑫的行为已经违反了用人单位的规章制度，并且实际上造成了很严重的后果，属于该条法律规定的劳动者“严重违反用人单位的规章制度”的情形，用人单位有权依照法律规定，解除与张鑫的劳动合同。

相关法律

《中华人民共和国劳动合同法》

第三十九条 劳动者有下列情形之

一的，用人单位可以解除劳动合同：

……

（二）严重违反用人单位的规章制度的；

……

7. 劳动者在其他单位兼职的，用人单位是否可以单方解除劳动合同？

情景再现

小宋原本在一家企业干得还不错，但是随着结婚、买房，小宋发现原来的收入不够用了，就与另外一个公司又签订了劳动合同，干起了兼职。公司领导发现小宋经常精神状态不好，频频发生失误，导致客户大量投诉，还造成了损失。后公司得知小宋兼职的情况，于是提出解除与小宋的劳动合同关系。

法律分析

根据《劳动合同法》第三十九条第四项的规定，劳动者同时与其他用人单位建立劳动关系，对完成本单位的工作任务造成严重影响，或者经用人单位提出，拒不改正的，用人单位可以解除劳动合同。本案中，小宋的兼职行为，导致其精力不支发生了很多失误，客户大量投诉，并且造成了损失，依照法律规定，用人单位可以解除与小宋的劳动合同关系。

相关法律

《中华人民共和国劳动合同法》

第三十九条 劳动者有下列情形之一的，用人单位可以解除劳动合同：

……

（四）劳动者同时与其他用人单位建立劳动关系，对完成本单位的工作任务造成严重影响，或者经用人单位提出，拒不改正的；

……

8. 劳动者因患病而长期休病假，用人单位是否可以单方解除劳动合同？

情景再现

小莉本来信心满满地与一家企业签订了劳动合同，准备开始自己的新生活。谁知工作没多久，小莉被查出患有疾病，需要长期请假治疗，而且病情还一直不稳定。就在这时，单位提出要解除与小莉的劳动合同关系。

法律分析

根据《劳动合同法》第四十条第一项的规定，劳动者患病或者非因工负伤，在规定的医疗期满后不能从事原工作，也不能从事由用人单位另行安排的工作的，用人单位提前30日以书面形式通知劳动者本人或者额外支付劳动者一个月工资后，可以解除劳动合同。本案中，小莉的情况即如此。依照法律规定，用人单位可以解除与小莉的劳动合同关系，但是必须提前30天以书面形式通知她，或者直接支付其一个月的工资才可以解除。

相关法律

《中华人民共和国劳动合同法》

第四十条 有下列情形之一的，用人单位提前三十日以书面形式通知劳动者本人或者额外支付劳动者一个月工资后，可以解除劳动合同：

（一）劳动者患病或者非因工负伤，在规定的医疗期满后不能从事原工作，也不能从事由用人单位另行安排的工作的；

（二）劳动者不能胜任工作，经过培训或者调整工作岗位，仍不能胜任工作的；

（三）劳动合同订立时所依据的客观情况发生重大变化，致使劳动合同无法履行，经用人单位与劳动者协商，未能就变更劳动合同内容达成协议的。

9. 劳动者工作能力差的，用人单位是否可以单方解除劳动合同？

情景再现

郑丽性格一直非常内向，大学偏偏学了市场营销专业，毕业后被一个医药用品销售公司录用。双方签订了劳动合同，约定合同期限为5年。考虑到郑丽是名牌大学毕业，单位与其约定试用期1个月。试用期满后，郑丽按期转正定岗。这个岗位需要频繁与客户接触，因为本身性格内向，加之试用期较短，工作未能完全上手，郑丽频繁失误，导致大量客户投诉，于是单位提出解除与郑丽的劳动合同。

法律分析

根据《劳动合同法》第四十条第二项的规定，劳动者不能胜任工作，经过培训或者调整工作岗位，仍不能胜任工作的，用人单位提前30日以书面形式通知劳动者本人或者额外支付劳动者一个月工资后，可以解除劳动合同。本案中，郑丽的情形就是如此，如果经过培训或者调整工作岗位，郑丽还是不能胜任工作，依照法律规定，用人单位可以解除与她的劳动合同关系，但是必须提前30天以书面形式通知，或者直接支付郑丽一个月的工资才可以解除。

相关法律

《中华人民共和国劳动合同法》

第四十条 有下列情形之一的，用人单位提前三十日以书面形式通知劳动者本人或者额外支付劳动者一个月工资后，可以解除劳动合同：

……

（二）劳动者不能胜任工作，经过培训或者调整工作岗位，仍不能胜任工作的；

……

10. 用人单位可以以效益不好为由，随意裁减人员吗？

情景再现

何晨大学毕业后一直没有找到稳定的工作，后通过招聘网站发布的信息，获得了一家民营企业的一个职位。双方签订了劳动合同，试用期满后，何晨按期转正，并在人事部任职。一段时间后，单位以效益不好为由，作出裁员决定，何晨也在被裁员之列。眼看工作要丢了，何晨十分着急。

法律分析

根据《劳动合同法》第四十一条第一款的规定，有下列情形之一，需要裁减人员二十人以上或者裁减不足二十人但占企业职工总数百分之十以上的，用人单位提前三十日向工会或者全体职工说明情况，听取工会或者职工的意见后，裁减人员方案经向劳动行政部门报告，可以裁减人员：（1）依照企业破产法规定进行重整的；（2）生产经营发生严重困难的；（3）企业转产、重大技术革新或者经营方式调整，经变更劳动合同后，仍需裁减人员的；（4）其他因劳动合同订立时所依据的客观经济情况发生重大变化，致使劳动合同无法履行的。可见，企业必须在法律规定的情形下，向劳动行政主管部门报告，向职工说明情况听取职工的意见之后才能作出裁员决定。本案中，何晨所在的公司作出裁员决定时仅以单位效益不好为由，不符合法律规定的可以裁员的条件，作出裁员决定之前，也没有依照法律规定的程序向行政主管部门报告、向职工说明情况听取职工的意见，因此是违法的。

法官提示

企业裁员程序相对严格，不能任意为之，根据《劳动合同法》第四十一条的规定，如果企业的裁员符合法律规定的理由和程序，在裁减过程中应当优先留用下列人员：（1）与本单位订立较长期限的固定期限劳动合同的；（2）与本单位订立无固定期限劳动合同的；（3）家庭无其他就业人员，有需要扶养的老人或者未成年人的。此外，还规定了同等条件下优先招用被裁减的人员的情形，即用人单位依照劳动合同法规定裁减人员，在六个月内重新招用人员的，应当通知被裁减的人员，并在同等条件下优先招用被裁减的人员。

相关法律

《中华人民共和国劳动合同法》

第四十一条 有下列情形之一，需要裁减人员二十人以上或者裁减不足二十人但占企业职工总数百分之十以上的，用人单位提前三十日向工会或者全体职工说明情况，听取工会或者职工的意见后，裁减人员方案经向劳动行政部门报告，可以裁减人员：

（一）依照企业破产法规定进行重整的；

（二）生产经营发生严重困难的；

（三）企业转产、重大技术革新或者经营方式调整，经变更劳动合同后，仍需裁减人员的；

（四）其他因劳动合同订立时所依据的客观经济情况发生重大变化，致使劳动合同无法履行的。

裁减人员时，应当优先留用下列人员：

（一）与本单位订立较长期限的固定期限劳动合同的；

（二）与本单位订立无固定期限劳动合同的；

（三）家庭无其他就业人员，有需要扶养的老人或者未成年人的。

用人单位依照本条第一款规定裁减人员，在六个月内重新招用人员的，应当通知被裁减的人员，并在同等条件下优先招用被裁减的人员。

11. 劳动者是否可以单方解除劳动合同？

情景再现

林江波与李果儿大学同校，经过共同好友介绍，两人相识并发展为恋人关系。大学毕业后，两人都留在了同一座城市工作。林江波选择自主创业，开了一间咖啡馆。李果儿通过校园招聘进入到一家外资企业工作。工作稳定后，两人就结婚了。林江波的咖啡馆生意兴隆，收入不错，李果儿决定辞掉工作，一起经营。可是在李果儿递交辞职报告之后，用人单位迟迟不办理离职手续，法学院毕业的李果儿认为，解除劳动合同是自己的合法权利，单位迟迟不办理离职手续显然侵害了自己的权益。

法律分析

如果劳动者为了自身需要而想解除合同，那么根据《劳动合同法》第三十七条的规定，劳动者提前三十日以书面形式通知用人单位，可以解除劳动合同。劳动者在试用期内提前三日通知用人单位，可以解除劳动合同。因此，李果儿只要提前三十日向公司提交书面辞职材料，就符合解除合同的法律规定，用人单位没有特殊情况不能拒绝为其办理离职手续。

法官提示

用人单位在与劳动者签订劳动合同时候，必须在双方协商一致而且意思表示真实的情况下，按照法律规定的要件来签署，劳动合同才有效。劳动合同一经签订，没有法定事由出现，一般用人单位和劳动者都不能单方解除，只有出现了法律规定的情形，才可单方解除劳动合同。法律对于劳动者单方解除合同的条件设置相对宽松一些，一般情况下只需要提前三十日以书面形式通知单位即可解除劳动合同。

相关法律

《中华人民共和国劳动合同法》

第三十七条 劳动者提前三十日以书面形式通知用人单位，可以解除劳动合同。劳动者在试用期内提前三日通知用人单位，可以解除劳动合同。

第四十二条 劳动者有下列情形之一的，用人单位不得依照本法第四十条、第四十一条的规定解除劳动合同：

（一）从事接触职业病危害作业的劳动者未进行离岗前职业健康检查，或者疑似职业病病人在诊断或者医学观察期间的；

（二）在本单位患职业病或者因工负伤并被确认丧失或者部分丧失劳动能力的；

（三）患病或者非因工负伤，在规定的医疗期内的；

（四）女职工在孕期、产期、哺乳期的；

（五）在本单位连续工作满十五年，且距法定退休年龄不足五年的；

（六）法律、行政法规规定的其他情形。

12. 劳动者被判刑的，用人单位能否解除劳动合同？

情景再现

宋勇来自西部偏远农村，一直以来学习都很刻苦，后经过高考进入一所211大学上学。进入大学校门的那一刻起，他就立志要借上大学改变命运。大学毕业后，由于专业所限，宋勇能够选择的就业领域不是很广，几经周折进入到一家私营企业工作。但是在这家公司的收入与他自己的内心期待相去甚远。急于成功的宋勇听信朋友传言，误入了诈骗集团，后被公安机关抓获，被法院依法判处有期徒刑3年，宋勇的公司提出要解除与他的劳动合同关系。

法律分析

根据《劳动合同法》第三十九条第六项的规定，劳动者被依法追究刑事责任的，用人单位可以解除劳动合同。宋勇因为违法犯罪行为，被法院追究刑事责任，判处有期徒刑，属于法律规定的用人单位可以解除劳动合同的情形，因此，用人单位可以解除与宋勇的劳动合同关系。

相关法律

《中华人民共和国劳动合同法》

第三十九条 劳动者有下列情形之一的，用人单位可以解除劳动合同：

……

（六）被依法追究刑事责任的。

13. 用人单位宣告破产的，劳动合同是否自然终止？

情景再现

章丽被一家私营企业录用，双方签订了劳动合同。试用期满后，章丽按期转正定岗。谁知定岗后不久，公司出现严重的经营困难，后经债权人申请，公司进入了破产清算程序。单位便随即宣告所有的劳动合同自然终止。

法律分析

根据《劳动合同法》第四十四条第四项的规定，用人单位被依法宣告破产的，劳动合同终止。根据法律规定，章丽的公司被依法宣告破产，那么她与公司的劳动合同随即终止。

相关法律

《中华人民共和国劳动合同法》

第四十四条 有下列情形之一的，劳动合同终止：

（一）劳动合同期满的；

（二）劳动者开始依法享受基本养老保险待遇的；

（三）劳动者死亡，或者被人民法院宣告死亡或者宣告失踪的；

（四）用人单位被依法宣告破产的；

（五）用人单位被吊销营业执照、责令关闭、撤销或者用人单位决定提前解散的；

（六）法律、行政法规规定的其他情形。

14. 用人单位是否可以与劳动者约定劳动合同终止的情况？

情景再现

杨红大学学的会计专业，毕业时她过五关斩六将被一家国际著名的会计师事务所录用，双方随即签订了劳动合同。试用期满以后，公司又和杨红签订了一份补充合同，双方协商确定了劳动合同终止的一些条件，如果条件具备，双方劳动合同即终止。

法律分析

根据《劳动合同法》第四十四条的规定，有下列情形之一的，劳动合同终止：（1）劳动合同期满的；（2）劳动者开始依法享受基本养老保险待遇的；（3）劳动者死亡，或者被人民法院宣告死亡或者宣告失踪的；（4）用人单位被依法宣告破产的；（5）用人单位被吊销销营业执照、责令关闭、撤销或者用人单位决定提前解散的；（6）法律、行政法规规定的其他情形。根据法律规定，对于劳动合同终止的情况，只能是法定，而不能由用人单位与劳动者进行约定，因此杨红与用人单位的补充约定是无效的。

法官提示

虽然《劳动法》第二十三条规定，劳动合同期满或者当事人约定的劳动合同终止条件出现，劳动合同即行终止。但是，在《劳动合同法》施行以后，只有在法定情形下劳动合同才能终止，用人单位与劳动者不能自由约定劳动合同的终止条件。即便双方对终止条件的约定系各自真实的意思表示，也因违反了《劳动合同法》对于合同终止条件的规定而归于无效。

相关法律

《中华人民共和国劳动合同法》

第四十四条 有下列情形之一的，劳动合同终止：

（一）劳动合同期满的；

（二）劳动者开始依法享受基本养老保险待遇的；

（三）劳动者死亡，或者被人民法院宣告死亡或者宣告失踪的；

（四）用人单位被依法宣告破产的；

（五）用人单位被吊销营业执照、责令关闭、撤销或者用人单位决定提前解散的；

（六）法律、行政法规规定的其他情形。

15. 劳动合同期满时，女职工在孕期、产期、哺乳期的，用人单位应如何处理？

情景再现

张红几年前被一家很有名气的民营企业录用，双方签订了劳动合同，并约定劳动合同期限为5年。试用期满后，张红按期转正。工作稳定下来后，张红遇到了意中人，不久两人办理了结婚登记。后张红怀孕，但在怀孕期间，张红与单位的劳动合同期限届满。单位认为劳动合同期限届满，双方的劳动合同自然应该终止。

法律分析

《劳动合同法》第四十五条规定，劳动合同期满，有该法第四十二条规定情形之一的，劳动合同应当续延至相应的情形消失时终止。也就是说，通常情况下，劳动合同期限届满，如果用人单位与劳动者没有续签或者新签订劳动合同的话，双方的劳动合同关系就自然解除。但是如果出现《劳动合同法》第四十二条规定的六种情形，则劳动合同应当延续到这些情形消失时才终止，这六种情形是：（1）从事接触职业病危害作业的劳动者未进行离岗前职业健康检查，或者疑似职业病病人在诊断或者医学观察期间的；（2）在本单位患职业病或者因工负伤并被确认丧失或者部分丧失劳动能力的；（3）患病或者非因工负伤，在规定的医疗期内的；（4）女职工在孕期、产期、哺乳期的；（5）在本单位连续工作满十五年，且距法定退休年龄不足五年的；（6）法律、行政法规规定的其他情形。本案中，张红在怀孕期间劳动合同期限届满，她与用人单位的劳动合同关系依法在她孕期、产期、哺乳期结束时才真正终止。

法官提示

劳动合同约定的期限是劳动者与用人单位劳动合同关系存续的期限，在这个期限内双方依照合同约定履行义务、享有权利。劳动合同期限届满，通常情况下双方的劳动合同关系终止。但是法律规定在某些特殊情况下，即使劳动合同期限届满也不能当然地视为劳动合同关系终止，主要是为特殊的劳动者提供一定的保障。

相关法律

《中华人民共和国劳动合同法》

第四十二条 劳动者有下列情形之一的，用人单位不得依照本法第四十条、第四十一条的规定解除劳动合同：

（一）从事接触职业病危害作业的劳动者未进行离岗前职业健康检查，或者疑似职业病病人在诊断或者医学观察期间的；

（二）在本单位患职业病或者因工负伤并被确认丧失或者部分丧失劳动能力的；

（三）患病或者非因工负伤，在规定的医疗期内的；

（四）女职工在孕期、产期、哺乳期的；

（五）在本单位连续工作满十五年，且距法定退休年龄不足五年的；

（六）法律、行政法规规定的其他情形。

第四十四条 有下列情形之一的，劳动合同终止：

（一）劳动合同期满的；

（二）劳动者开始依法享受基本养老保险待遇的；

（三）劳动者死亡，或者被人民法院宣告死亡或者宣告失踪的；

（四）用人单位被依法宣告破产的；

（五）用人单位被吊销营业执照、责令关闭、撤销或者用人单位决定提前解散的；

（六）法律、行政法规规定的其他情形。

16. 用人单位违法解除或者终止劳动合同，劳动者该怎么办?

情景再现

燕妮工作不久就登记结婚了。一年后燕妮怀孕，因为身体状况不是很好，需要请假。领导认为燕妮孕假较长，遂以单位效益不好为由，解除了与燕妮的劳动合同关系。燕妮觉得不妥，找到单位领导理论，领导不予理会，于是燕妮找到劳动行政主管部门以求讨得公道。

法律分析

本案中，单位属于违法解除与燕妮的劳动合同关系。燕妮可以要求继续履行劳动合同，也可以要求不再继续履行劳动合同，由用人单位依照《劳动合同法》规定支付赔偿金。《劳动合同法》第八十七条规定，用人单位违反本法规定解除或者终止劳动合同的，应当依照该法第四十七条规定的经济补偿标准的二倍向劳动者支付赔偿金。第四十七条则规定，经济补偿按劳动者在本单位工作的年限，每满一年支付一个月工资的标准向劳动者支付。六个月以上不满一年的，按一年计算；不满六个月的，向劳动者支付半个月工资的经济补偿。

法官提示

根据法律规定，用人单位违法解除劳动合同以后，劳动者有权要求赔偿或者继续履行劳动合同，如果劳动者不要经济赔偿，则用人单位应该继续履行劳动合同。只要符合存在违法解除劳动合同的事实、劳动者要求继续履行劳动合同、用人单位有能力继续履行劳动合同三个条件，用人单位就应当继续履行劳动合同。

相关法律

《中华人民共和国劳动合同法》

第四十七条第一款 经济补偿按劳动者在本单位工作的年限，每满一年支付一个月工资的标准向劳动者支付。六个月以上不满一年的，按一年计算；不满六个月的，向劳动者支付半个月工资的经济补偿。

第四十八条 用人单位违反本法规定解除或者终止劳动合同，劳动者要求继续履行劳动合同的，用人单位应当继续履行；劳动者不要求继续履行劳动合同或者劳动合同已经不能继续履行的，用人单位应当依照本法第八十七条规定支付赔偿金。

第八十七条 用人单位违反本法规定解除或者终止劳动合同的，应当依照本法第四十七条规定的经济补偿标准的二倍向劳动者支付赔偿金。

四、工伤保险

1. 用人单位要求劳动者自己缴纳工伤保险费，是否合法？

情景再现

宋秋大学毕业后，就业一直没能落实，几经周折终于被一家民营企业录用。双方签订了劳动合同，宋秋如期转正。因为从事的是与自己大学所学专业相关的工作，宋秋一度觉得自己真是找到了稳妥的工作。然而，后来单位要求与宋秋签署补充合同，约定工伤保险费用由宋秋自行负担。宋秋觉得不妥，遂找到劳动行政主管部门咨询。

法律分析

根据《劳动法》第七十二条规定，社会保险基金按照保险类型确定资金来源，逐步实行社会统筹。用人单位和劳动者必须依法参加社会保险，缴纳社会保险费。根据《劳动合同法》第三十八条第一款第三项规定，用人单位未依法为劳动者缴纳社会保险费的，劳动者可以解除劳动合同。另外，根据《社会保险法》第三十三条的规定，职工应当参加工伤保险，由用人单位缴纳工伤保险费，职工不缴纳工伤保险费。由此可知，缴纳工伤保险等社会保险费用属于用人单位的法定义务。本案中，用人单位要求宋秋个人来承担该笔费用的做法，违反了法律规定。

法官提示

根据法律规定，工伤保险应当由用人单位负责缴纳，劳动者不缴纳。如果用人单位没有缴纳该保险，劳动者可以解除劳动合同，若继续履行劳动合同的话，用人单位应当及时补缴。根据《社会保险法》第八十六条的规定，用人单位未按时足额缴纳社会保险费的，由社会保险费征收机构责令限期缴纳或者补足，并自欠缴之日起，按日加收万分之五的滞纳金；逾期仍不缴纳的，由有关行政部门处欠缴数额一倍以上三倍以下的罚款。

相关法律

《中华人民共和国劳动法》

第七十二条 社会保险基金按照保险类型确定资金来源，逐步实行社会统筹。用人单位和劳动者必须依法参加社会保险，缴纳社会保险费。

《中华人民共和国劳动合同法》

第三十八条 用人单位有下列情形之一的，劳动者可以解除劳动合同：

（一）未按照劳动合同约定提供劳动保护或者劳动条件的；

（二）未及时足额支付劳动报酬的；

（三）未依法为劳动者缴纳社会保险费的；

（四）用人单位的规章制度违反法律、法规的规定，损害劳动者权益的；

（五）因本法第二十六条第一款规定的情形致使劳动合同无效的；

（六）法律、行政法规规定劳动者可以解除劳动合同的其他情形。

用人单位以暴力、威胁或者非法限制人身自由的手段强迫劳动者劳动的，或者用人单位违章指挥、强令冒险作业危及劳动者人身安全的，劳动者可以立即解除劳动合同，不需事先告知用人单位。

《中华人民共和国社会保险法》

第三十三条 职工应当参加工伤保险，由用人单位缴纳工伤保险费，职工不缴纳工伤保险费。

第八十六条 用人单位未按时足额缴纳社会保险费的，由社会保险费征收机构责令限期缴纳或者补足，并自欠缴之日起，按日加收万分之五的滞纳金；逾期仍不缴纳的，由有关行政部门处欠缴数额一倍以上三倍以下的罚款。

2. 发生事故伤害后，劳动者如何申请工伤认定？

情景再现

张立新是一所名牌大学建筑工程专业的学生，大学毕业后进入某国有建筑工程公司工作。因为工作的关系，他需要经常到工地查看实际情况。在一次实地查看过程中，张立新不慎被高空坠物砸伤。因为张立新是在工作过程中受伤，在申请工伤赔付的时候，相关部门要求先进行工伤认定才可办理赔付手续，于是张立新的家人找到相关部门咨询工伤认定的申请程序。

法律分析

关于工伤认定的申请和处理程序，主要规定在《工伤保险条例》的第十七条至第二十条。

（1）提起工伤认定的主体和时间：工伤认定一般由用人单位提出，自事故伤害发生之日或者被诊断、鉴定为职业病之日起30日内，向统筹地区社会保险行政部门提出工伤认定申请。遇有特殊情况，经报社会保险行政部门同意，申请时限可以适当延长。用人单位未按前款规定提出工伤认定申请的，工伤职工或者其近亲属、工会组织在事故伤害发生之日或者被诊断、鉴定为职业病之日起 1 年内，可以直接向用人单位所在地统筹地区社会保险行政部门提出工伤认定申请。

（2）需要提交的材料：① 工伤认定申请表；② 与用人单位存在劳动关系（包括事实劳动关系）的证明材料；③ 医疗诊断证明或者职业病诊断证明书（或者职业病诊断鉴定书）。工伤认定申请表应当包括事故发生的时间、地点、原因以及职工伤害程度等基本情况。

（3）申请受理部门及处理时限：社会保险行政部门受理工伤认定申请后，根据审核需要可以对事故伤害进行调查核实，用人单位、职工、工会组织、医疗机构以及有关部门应当予以协助。职工或者其近亲属认为是工伤，用人单位不认为是工伤的，由用人单位承担举证责任。

（4）主管部门处理的时限：社会保险行政部门应当自受理工伤认定申请之日起 60 日内作出工伤认定的决定，并书面通知申请工伤认定的职工或者其近亲属和该职工所在单位。社会保险行政部门对受理的事实清楚、权利义务明确的工伤认定申请，应当在 15 日内作出工伤认定的决定。

法官提示

申请工伤认定一般发生在用人单位不认为是工伤的情形下，如果用人单位认为是工伤并且积极配合进行认定，通常手续都不会非常麻烦。因此，如果单位没有积极履行申请认定的义务，劳动者一定要在规定时间内申请认定，主张权利。

相关法律

《工伤保险条例》

第十七条 职工发生事故伤害或者按照职业病防治法规定被诊断、鉴定为职业病，所在单位应当自事故伤害发生之日或者被诊断、鉴定为职业病之日起 30 日内，向统筹地区社会保险行政部门提出工伤认定申请。遇有特殊情况，经报社会保险行政部门同意，申请时限可以适当延长。

用人单位未按前款规定提出工伤认定申请的，工伤职工或者其近亲属、工会组织在事故伤害发生之日或者被诊断、鉴定为职业病之日起 1 年内，可以直接向用人单位所在地统筹地区社会保险行政部门提出工伤认定申请。

按照本条第一款规定应当由省级社会保险行政部门进行工伤认定的事项，根据属地原则由用人单位所在地的设区的市级社会保险行政部门办理。

用人单位未在本条第一款规定的时限内提交工伤认定申请，在此期间发生符合本条例规定的工伤待遇等有关费用由该用人单位负担。

第十八条 提出工伤认定申请应当提交下列材料：

（一）工伤认定申请表；

（二）与用人单位存在劳动关系（包括事实劳动关系）的证明材料；

（三）医疗诊断证明或者职业病诊断证明书（或者职业病诊断鉴定书）。

工伤认定申请表应当包括事故发生的时间、地点、原因以及职工伤害程度等基本情况。

工伤认定申请人提供材料不完整的，社会保险行政部门应当一次性书面告知工伤认定申请人需要补正的全部材料。申请人按照书面告知要求补正材料后，社会保险行政部门应当受理。

第十九条 社会保险行政部门受理工伤认定申请后，根据审核需要可以对事故伤害进行调查核实，用人单位、职工、工会组织、医疗机构以及有关部门应当予以协助。职业病诊断和诊断争议的鉴定，依照职业病防治法的有关规定执行。对依法取得职业病诊断证明书或者职业病诊断鉴定书的，社会保险行政部门不再进行调查核实。

职工或者其近亲属认为是工伤，用人单位不认为是工伤的，由用人单位承担举证责任。

第二十条 社会保险行政部门应当自受理工伤认定申请之日起60日内作出工伤认定的决定，并书面通知申请工伤认定的职工或者其近亲属和该职工所在单位。

社会保险行政部门对受理的事实清楚、权利义务明确的工伤认定申请，应当在15日内作出工伤认定的决定。

作出工伤认定决定需要以司法机关或者有关行政主管部门的结论为依据的，在司法机关或者有关行政主管部门尚未作出结论期间，作出工伤认定决定的时限中止。

社会保险行政部门工作人员与工伤认定申请人有利害关系的，应当回避。

3. 劳动者在上班途中发生交通事故，是否可以认定为工伤？

情景再现

李建家是农村的，家里经济条件一般。大学毕业后，他通过校园招聘被一家世界500强公司录用。刚参加工作工资比较低，为了节省开支，李建只能租住到郊区，每天都要乘坐地铁上下班。一天，李建在上班途中因为突发交通事故导致受伤，但是单位认为李建是在上班途中受的伤，不属于工伤，因此拒绝按照工伤处理。

法律分析

具体哪些情况可以认定为工伤，法律有明确的规定。李建是在上班途中突发交通事故受伤的，符合《工伤保险条例》第十四条第六项“在上下班途中，受到非本人主要责任的交通事故或者城市轨道交通、客运轮渡、火车事故伤害的”规定的情形，因此应当认定为工伤，用人单位拒绝按照工伤处理是违法行为。所谓“上下班”，通常的理解是，“上班”即劳动者已经离开家但是未到达单位的这段时间，“下班”即劳动者离开单位但是未到达家中的这段时间。如果是在这些时间内发生非劳动者本人主要负责的交通事故或者城市轨道交通、客运轮渡、火车事故伤害的，依法应当认定为工伤。

法官提示

《工伤保险条例》列举了认定为工伤以及视同工伤的多种情形，用人单位应当遵照执行。对于符合该条例规定的认定为工伤以及视同工伤的情形，用人单位应当本着关爱体恤员工的道德情怀，积极按照工伤予以处理。

相关法律

《工伤保险条例》

第十四条 职工有下列情形之一的，应当认定为工伤：

（一）在工作时间和工作场所内，因工作原因受到事故伤害的；

（二）工作时间前后在工作场所内，从事与工作有关的预备性或者收尾性工作受到事故伤害的；

（三）在工作时间和工作场所内，因履行工作职责受到暴力等意外伤害的；

（四）患职业病的；

（五）因工外出期间，由于工作原因受到伤害或者发生事故下落不明的；

（六）在上下班途中，受到非本人主要责任的交通事故或者城市轨道交通、客运轮渡、火车事故伤害的；

（七）法律、行政法规规定应当认定为工伤的其他情形。

4. 劳动者因工死亡，劳动者的近亲属能享受哪些待遇？

情景再现

李海大学学习的是桥梁工程设计专业，成为一名桥梁设计工程师是他一直以来的梦想。大学毕业后，他如愿以偿地进入某国有桥梁建设工程公司工作。然而，在一次工地实地考察过程中，李海不幸遇到意外，虽然医生奋力抢救，但李海还是去世了。那么，李海的父母能够享受哪些待遇呢？

法律分析

按照《工伤保险条例》第三十九条的规定，职工因工死亡，其近亲属可以依照相关规定从工伤保险基金领取丧葬补助金、供养亲属抚恤金和一次性工亡补助金。领取的标准是：（1）丧葬补助金为6个月的统筹地区上年度职工月平均工资。（2）供养亲属抚恤金按照职工本人工资的一定比例发给由因工死亡职工生前提供主要生活来源、无劳动能力的亲属。标准为：配偶每月40%，其他亲属每人每月30%，孤寡老人或者孤儿每人每月在上述标准的基础上增加10%。核定的各供养亲属的抚恤金之和不应高于因工死亡职工生前的工资。供养亲属的具体范围由国务院社会保险行政部门规定。（3）一次性工亡补助金标准为上一年度全国城镇居民人均可支配收入的20倍。其中，丧葬补助金和一次性工亡补助金只要是近亲属就可以领取，但是供养亲属抚恤金一般要在国务院社会保险行政部门规定范围内的近亲属才能领取。

相关法律

《工伤保险条例》

第三十九条 职工因工死亡，其近亲属按照下列规定从工伤保险基金领取丧葬补助金、供养亲属抚恤金和一次性工亡补助金：

（一）丧葬补助金为6个月的统筹地区上年度职工月平均工资；

（二）供养亲属抚恤金按照职工本人工资的一定比例发给由因工死亡职工生前提供主要生活来源、无劳动能力的亲属。标准为：配偶每月40%，其他亲属每人每月30%，孤寡老人或者孤儿每人每月在上述标准的基础上增加10%。核定的各供养亲属的抚恤金之和不应高于因工死亡职工生前的工资。供养亲属的具体范围由国务院社会保险行政部门规定；

（三）一次性工亡补助金标准为上一年度全国城镇居民人均可支配收入的20倍。

伤残职工在停工留薪期内因工伤导致死亡的，其近亲属享受本条第一款规定的待遇。

一级至四级伤残职工在停工留薪期满后死亡的，其近亲属可以享受本条第一款第（一）项、第（二）项规定的待遇。

5. 职工因工外出期间发生事故下落不明的，应如何处理？

情景再现

张春波被一家物流公司录用，工作一直很努力，职位、收入都还不错。但是好景不长，在一次出差过程中，张春波遭遇意外事故，下落不明，张春波的父母一直到处奔走，寻求解决方法。

法律分析

按照《工伤保险条例》第四十一条的规定，职工因工外出期间发生事故或者在抢险救灾中下落不明的，从事故发生当月起3个月内照发工资，从第4个月起停发工资，由工伤保险基金向其供养亲属按月支付供养亲属抚恤金。生活有困难的，可以预支一次性工亡补助金的50%。职工被人民法院宣告死亡的，按照《工伤保险条例》第三十九条职工因工死亡的规定处理，即职工因工死亡，其近亲属按照下列规定从工伤保险基金领取丧葬补助金、供养亲属抚恤金和一次性工亡补助金：（1）丧葬补助金为6个月的统筹地区上年度职工月平均工资。（2）供养亲属抚恤金按照职工本人工资的一定比例发给由因工死亡职工生前提供主要生活来源、无劳动能力的亲属。标准为：配偶每月40%，其他亲属每人每月30%，孤寡老人或者孤儿每人每月在上述标准的基础上增加10%。核定的各供养亲属的抚恤金之和不应高于因工死亡职工生前的工资。供养亲属的具体范围由国务院社会保险行政部门规定。（3）一次性工亡补助金标准为上一年度全国城镇居民人均可支配收入的20倍。伤残职工在停工留薪期内因工伤导致死亡的，其近亲属享受上述三项待遇。一级至四级伤残职工在停工留薪期满后死亡的，其近亲属可以享受上述第1项、第2项规定的待遇。因此，张春波下落不明的前三个月工资会照常发放，从第四个月起，如有供养亲属，则由工伤保险基金支付供养亲属抚恤金。如果最后张春波被依法宣告死亡，可以依照《工伤保险条例》第三十九条规定领取相应的补偿金。

相关法律

《工伤保险条例》

第四十一条 职工因工外出期间发生事故或者在抢险救灾中下落不明的，从事故发生当月起3个月内照发工资，从第4个月起停发工资，由工伤保险基金向其供养亲属按月支付供养亲属抚恤金。生活有困难的，可以预支一次性工亡补助金的50%。职工被人民法院宣告死亡的，按照本条例第三十九条职工因工死亡的规定处理。

6. 用人单位分立、合并、转让的，工伤保险责任如何处理？

情景再现

刘熹大学学的是对外贸易专业，除了专业课，她平时也积极地学习外语，并获得了相关的资格证书。大学毕业后，她如愿以偿地进入一家外资企业工作，工作后不久，公司被另外一家大型跨国企业收购。刘熹在公司被收购后发生事故并且经过法定程序被认定为工伤，但是用人单位表示不知道如何处理。

法律分析

按照《工伤保险条例》第四十三条的规定，用人单位分立、合并、转让的，承继单位应当承担原用人单位的工伤保险责任；原用人单位已经参加工伤保险的，承继单位应当到当地经办机构办理工伤保险变更登记。用人单位实行承包经营的，工伤保险责任由职工劳动关系所在单位承担。职工被借调期间受到工伤事故伤害的，由原用人单位承担工伤保险责任，但原用人单位与借调单位可以约定补偿办法。企业破产的，在破产清算时依法拨付应当由单位支付的工伤保险待遇费用。因此，对于刘熹的工伤保险的问题，应当由收购其原单位的现单位进行变更登记，并承担相应的缴纳和办理义务。

法官提示

虽然用人单位会出现分立、合并、转让，但工伤保险责任由承继原用人单位的新单位来依法负担，新单位不能以原用人单位不复存在为由拒绝承担相应的责任。

相关法律

《工伤保险条例》

第四十三条 用人单位分立、合并、转让的，承继单位应当承担原用人单位的工伤保险责任；原用人单位已经参加工伤保险的，承继单位应当到当地经办机构办理工伤保险变更登记。

用人单位实行承包经营的，工伤保险责任由职工劳动关系所在单位承担。

职工被借调期间受到工伤事故伤害的，由原用人单位承担工伤保险责任，但原用人单位与借调单位可以约定补偿办法。

企业破产的，在破产清算时依法拨付应当由单位支付的工伤保险待遇费用。

PART 8

懂点法律常识

消费生活更有益

随着社会经济的不断发展，人们的生活质量不断提高，消费生活也更加丰富多彩。关于消费生活的法律规定主要是《中华人民共和国消费者权益保护法》。《中华人民共和国消费者权益保护法》的颁布，明确了消费者的权利，确立和加强了保护消费者权益的法律基础，弥补了原有法律、法规在保障消费者权益方面调整作用不全的缺陷。除此之外，我国现有法律、法规中有不少内容涉及消费者权益保护，如《中华人民共和国民法典》(总则、合同编、侵权责任编)、《中华人民共和国产品质量法》、《中华人民共和国食品安全法》等。

1. 法律意义上的消费者指的是哪些主体？

情景再现

张大娘的儿子大学毕业在城里成家立业后，把她从农村老家接到身边一同生活。一天，张大娘买菜回来，小区业委会工作人员告诉她，小区设置了法律服务站，免费提供法律咨询服务并定期开展普法讲座。最新的一期是《消费者权益保护法》专题，张大娘挺感兴趣的，所以报名参加。第一堂课老师就从“什么是消费者”讲起。

法律分析

根据我国《消费者权益保护法》第二条的规定，消费者为生活消费需要购买、使用商品或者接受服务，其权益受本法保护；本法未作规定的，受其他有关法律、法规保护。可知法律意义上的消费者指的是“为生活消费需要购买、使用商品或者接受服务”的个人或者是单位。日常生活中，我们绝对大多数人都做过消费者，如去餐馆就餐，去超市、商场购物，在网上买东西等，在这些情境中，我们都是消费者。凡是符合法律规定的消费者范畴的个体或单位权益均受法律保护。

法官提示

根据《消费者权益保护法》对消费者的界定，可以得知，消费者的消费性质属于生活消费，消费客体是商品和服务，消费方式包括购买、使用（商品）和接受（服务）。

相关法律

《中华人民共和国消费者权益保护法》

第二条 消费者为生活消费需要购买、使用商品或者接受服务，其权益受本法保护；本法未作规定的，受其他有关法律、法规保护。

2. 消费者享有哪些权利？

情景再现

李伯伯退休以后开始对法律产生了浓厚的兴趣，买了很多法律书籍认真学习，并做了学习笔记。后来小区业委会请李伯伯开设一个普法讲座，分不同专题为社区邻里传授法律知识。李伯伯经过多方面考虑，认为《消费者权益保护法》与大伙儿生活较为密切，自己在这方面积累的知识也较多，第一期就先讲消费者享有哪些权利。

法律分析

我国《消费者权益保护法》第二章规定了消费者依法享有的各项权利：（1）人身、财产安全不受损害的权利；（2）知悉其购买、使用的商品或者接受的服务的真实情况的权利；（3）自主选择商品或者服务的权利；（4）公平交易的权利；（5）依法获得赔偿的权利；（6）依法成立维护自身合法权益的社会组织的权利；（7）获得有关消费和消费者权益保护方面的知识的权利；（8）人格尊严、民族风俗习惯得到尊重的权利；（9）个人信息依法得到保护的权利；（10）对商品和服务以及保护消费者权益工作进行监督的权利。

法官提示

根据《消费者权益保护法》的规定，对消费者的权利可以概括为九大权利：（1）人身、财产安全权；（2）知情权；（3）自主选择权；（4）公平交易权；（5）求偿权；（6）结社权；（7）受教育权；（8）受尊重权；（9）监督权。

相关法律

《中华人民共和国消费者权益保护法》

第七条 消费者在购买、使用商品和接受服务时享有人身、财产安全不受损害的权利。

消费者有权要求经营者提供的商品和服务，符合保障人身、财产安全的要求。

第八条 消费者享有知悉其购买、使用的商品或者接受的服务的真实情况的权利。

消费者有权根据商品或者服务的不同情况，要求经营者提供商品的价格、产地、生产者、用途、性能、规格、等级、主要成份、生产日期、有效期限、检验合格证明、使用方法说明书、售后服务，或者服务的内容、规格、费用等有关情况。

第九条 消费者享有自主选择商品或者服务的权利。

消费者有权自主选择提供商品或者服务的经营者，自主选择商品品种或者服务方式，自主决定购买或者不购买任何一种商品、接受或者不接受任何一项服务。

消费者在自主选择商品或者服务时，有权进行比较、鉴别和挑选。

第十条 消费者享有公平交易的权利。

消费者在购买商品或者接受服务时，有权获得质量保障、价格合理、计量正确等公平交易条件，有权拒绝经营者的强制交易行为。

第十一条 消费者因购买、使用商品或者接受服务受到人身、财产损害的，享有依法获得赔偿的权利。

第十二条 消费者享有依法成立维护自身合法权益的社会组织的权利。

第十三条 消费者享有获得有关消费和消费者权益保护方面的知识的权利。

消费者应当努力掌握所需商品或者服务的知识和使用技能，正确使用商品，提高自我保护意识。

第十四条 消费者在购买、使用商品和接受服务时，享有人格尊严、民族风俗习惯得到尊重的权利，享有个人信息依法得到保护的权利。

第十五条 消费者享有对商品和服务以及保护消费者权益工作进行监督的权利。

消费者有权检举、控告侵害消费者权益的行为和国家机关及其工作人员在保护消费者权益工作中的违法失职行为，有权对保护消费者权益工作提出批评、建议。

3. 消费者需承担哪些义务？

情景再现

前文李伯伯的普法讲座第一期讲了消费者享有哪些权利之后，得到了小区邻居的好评，普法讲座继续，李伯伯又讲授了大家作为消费者应当尽到的义务。

法律分析

我国《消费者权益保护法》对消费者的义务性规定较少，主要是国家倡导文明、健康、节约资源和保护环境的消费方式，反对浪费。消费者在从事消费行为的时候，应当提倡文明、健康、节约资源和环保的消费理念，反对浪费。

法官提示

虽然《消费者权益保护法》对于消费者义务明确规定的较少，但是消费者从事消费行为本身也是一种民事行为，应当遵守民事行为准则，比如在整个消费过程中应主动承担起维护社会公德、遵守公共秩序、促进社会风气好转等社会赋予的责任，自觉抵制假冒伪劣商品的责任。在遇到问题或者线索时积极向有关部门投诉举报，遇到消费争议时文明理智、合理合法的主张自己的权利，理性消费、反对浪费等。

相关法律

《中华人民共和国消费者权益保护法》

第五条 国家保护消费者的合法权益不受侵害。

国家采取措施，保障消费者依法行使权利，维护消费者的合法权益。

国家倡导文明、健康、节约资源和保护环境的消费方式，反对浪费。

4. 在展销会买到劣质商品，应该怎么办？

情景再现

某体育馆举办了一次展销会，小莉和小丽相约同去。经过几番挑选，小丽买了一条皮裙，柜台保证是真皮，价格也合理。回到学校后因为适逢期末考试准备，小丽没来得及穿。等考试结束，小丽拿出来准备穿着回家的时候，发现裙子并非真皮，里面已经开始断裂掉皮，并且缝合粗陋。便叫上小莉到展销会主张权利。可是到了现场，展销会已经结束，只有几个工作人员在收拾现场。工作人员告诉小丽，他们只是主办方而已，展销会售出的商品由具体各自的商家负责。

法律分析

工作人员的答复不符合法律规定。《消费者权益保护法》第四十三条规定，消费者在展销会、租赁柜台购买商品或者接受服务，其合法权益受到损害的，可以向销售者或者服务者要求赔偿。展销会结束或者柜台租赁期满后，也可以向展销会的举办者、柜台的出租者要求赔偿。展销会的举办者、柜台的出租者赔偿后，有权向销售者或者服务者追偿。因此小丽可以向展销会的举办者主张权利，展销会举办者赔偿以后可以向具体的销售者追偿。

法官提示

展销会通常商家云集，商品众多，而且展销会并非长期性的经营活动，一般时间较短。为此，法律作出规定要求展销会的举办者承担连带赔偿责任较好地保护了消费者的权益，同时为了公平起见赋予了举办者追偿的权利。

相关法律

《中华人民共和国消费者权益保护法》

第四十三条 消费者在展销会、租赁柜台购买商品或者接受服务，其合法权益受到损害的，可以向销售者或者服务者要求赔偿。展销会结束或者柜台租赁期满后，也可以向展销会的举办者、柜台的出租者要求赔偿。展销会的举办者、柜台的出租者赔偿后，有权向销售者或者服务者追偿。

5. 消费者是否有权向经营者索要发票？

情景再现

小丽经常出差，单位财务部门明确规定，出差的费用可以报销，但是必须以正规发票所载明的金额为限，因此，每次小丽出差产生的费用都会保留好相关发票。一次，小丽出差结束后，在酒店办理退房时要求店家提供发票，但是酒店说没有发票，一直都是只开收据给客人。小丽指出自己必须有发票才能报销，但是酒店仍然拒绝开具发票。

法律分析

酒店的做法违反了《消费者权益保护法》第二十二条的规定，即经营者提供商品或者服务，应当按照国家有关规定或者商业惯例向消费者出具发票等购货凭证或者服务单据；消费者索要发票等购货凭证或者服务单据的，经营者必须出具。可见，出具发票是酒店法定义务，不能拒绝，小丽的要求是合理的，酒店于情于法均不能拒绝开具发票。

法官提示

依据法律以及行政法规的规定，消费者消费后向经营者索要发票既是消费者依法享有的权利，也可以敦促经营者依法纳税。有的商家为了避税，以种种理由拒绝开具发票均属违法违规行为，消费者应当及时向税务机关反映、举报、投诉。

相关法律

《中华人民共和国消费者权益保护法》

第二十二条 经营者提供商品或者服务，应当按照国家有关规定或者商业惯例向消费者出具发票等购货凭证或者服务单据；消费者索要发票等购货凭证或者服务单据的，经营者必须出具。

6. 网上购物权益受到侵害，应当如何维权？

情景再现

张羽妈妈在张羽上大学后就退休了，在家做全职太太。最近小区很多人都在讨论网购有很多好处，价格比较实惠，还省了去超市、商场的精力，张羽妈妈也开始尝试了，起初几次购物还都挺顺利。后来有一次，张羽妈妈看中了一双品牌高跟鞋，折扣很大，就下单购买了。几天后，张羽妈妈收到货物，结果发现两只鞋子尺码不一样，颜色也有差异。张羽妈妈联系商家客服要求处理，结果商家以商品是打折促销售出为由，概不接受任何退换货。张羽妈妈一下子慌了神，找到张羽问怎么办。

法律分析

我国《消费者权益保护法》第四十四条规定，消费者通过网络交易平台购买商品或者接受服务，其合法权益受到损害的，可以向销售者或者服务者要求赔偿。网络交易平台提供者不能提供销售者或者服务者的真实名称、地址和有效联系方式的，消费者也可以向网络交易平台提供者要求赔偿；网络交易平台提供者作出更有利于消费者的承诺的，应当履行承诺。网络交易平台提供者赔偿后，有权向销售者或者服务者追偿。网络交易平台提供者明知或者应知销售者或者服务者利用其平台侵害消费者合法权益，未采取必要措施的，依法与该销售者或者服务者承担连带责任。本案中，张羽妈妈找到销售者要求赔偿遭到拒绝，可以联系网站平台帮忙协调处理，因为网站平台应当采取必要措施避免商家侵害消费者合法权益，如果没有采取必要措施，就需要与销售者一起承担连带责任。根据法律规定，网站平台应当核实、掌握在平台上售卖商品或服务的商家的真实名称、联系地址与联系方式等，以便于消费者与商家取得联系，维护自身合法权益，如果未能提供商家真实信息，那么网站平台应当承担赔偿责任。究其实质，网站平台实际上要为商家售卖商品或者服务提供担保。

法官提示

在互联网日益普及的现代社会生活中，网购越来越受欢迎，法律也对相关问题作出了规定。但是，消费者在网购的时候，还是要注意保护自己的权益，不能一味地贪图便宜造成不必要的损失。

相关法律

《中华人民共和国消费者权益保护法》

第四十四条 消费者通过网络交易平台购买商品或者接受服务，其合法权益受到损害的，可以向销售者或者服务者要求赔偿。网络交易平台提供者不能提供销售者或者服务者的真实名称、地址和有效联系方式的，消费者也可以向网络交易平台提供者要求赔偿；网络交易平台提供者作出更有利于消费者的承诺的，应当履行承诺。网络交易平台提供者赔偿后，有权向销售者或者服务者追偿。

网络交易平台提供者明知或者应知销售者或者服务者利用其平台侵害消费者合法权益，未采取必要措施的，依法与该销售者或者服务者承担连带责任。

7. 消费者保护自己合法权益的途径有哪些？

情景再现

林江波在某大型商场的品牌男鞋专柜购买了一双心仪的皮鞋，商家表示，该鞋可在15日之内无条件退换货，3个月内免费保修。不巧的是，鞋买回来只穿了3天就出现了断帮脱皮等问题，于是林江波找到商家要求退货。可是商家拒绝退货，只答应简单维修，经多次协商仍然无法达成一致。林江波找到学法律的同学，了解如何维护自己的合法权益。

法律分析

根据我国《消费者权益保护法》第三十九条的规定，消费者和经营者发生消费者权益争议的，可以通过下列途径解决：（1）与经营者协商和解；（2）请求消费者协会或者依法成立的其他调解组织调解；（3）向有关行政部门投诉；（4）根据与经营者达成的仲裁协议提请仲裁机构仲裁；（5）向人民法院提起诉讼。本案中，林江波买到质量有问题的商品，商家拒绝退货又拒绝和解，他可以请求消费者协会或者其他组织进行调解，或者向行政主管部门投诉，实在不行也可以直接提起仲裁或者向法院起诉。

法官提示

《消费者权益保护法》规定的五种解决消费者和经营者争议的途径，并没有先后顺序，消费者与经营者发生争议时，可以根据自己的具体情况，选择其中最有利的方式解决，以维护自身合法权益。

相关法律

《中华人民共和国消费者权益保护法》

第三十九条 消费者和经营者发生消费者权益争议的，可以通过下列途径解决：

（一）与经营者协商和解；

（二）请求消费者协会或者依法成立的其他调解组织调解；

（三）向有关行政部门投诉；

（四）根据与经营者达成的仲裁协议提请仲裁机构仲裁；

（五）向人民法院提起诉讼。

8. 任何商品都可以七日内退换吗？

情景再现

胡艳大学毕业后在一家外企公司做白领，平时工作较忙没空逛街，几乎所有的东西都通过网购方式购买，网上下单、网上支付、接收快递就解决了。后来某网购平台开始售卖新鲜果蔬，胡艳购买后，发现收到的水果都不熟，无法直接食用。她向商家申请退货但遭到了拒绝。胡艳根据以往网购经验，知道很多货物都支持7日内退换货，于是她在交易网站上发起了投诉，要求退货。

法律分析

胡艳了解到的只是法律的部分规定。我国《消费者权益保护法》第二十五条第一款规定，经营者采用网络、电视、电话、邮购等方式销售商品，消费者有权自收到商品之日起七日内退货，且无须说明理由，但下列商品除外：（1）消费者定作的；（2）鲜活易腐的；（3）在线下载或者消费者拆封的音像制品、计算机软件等数字化商品；（4）交付的报纸、期刊。因此，购买的鲜活易腐的水果等食品，是不适用七日内无理由退货的法律规定的。

相关法律

《中华人民共和国消费者权益保护法》

第二十五条 经营者采用网络、电视、电话、邮购等方式销售商品，消费者有权自收到商品之日起七日内退货，且无需说明理由，但下列商品除外：

（一）消费者定作的；

（二）鲜活易腐的；

（三）在线下载或者消费者拆封的音像制品、计算机软件等数字化商品；

（四）交付的报纸、期刊。

除前款所列商品外，其他根据商品性质并经消费者在购买时确认不宜退货的商品，不适用无理由退货。

消费者退货的商品应当完好。经营者应当自收到退回商品之日起七日内返还消费者支付的商品价款。退回商品的运费由消费者承担；经营者和消费者另有约定的，按照约定。

9. 当实际经营者和营业执照登记者不一样时，被侵权的消费者如何主张权利？

情景再现

小辉和小慧是男女朋友，一次两人到一家面馆吃饭，由于地面油渍太多，小慧不慎摔倒，造成手肘骨折。商家虽然将小慧及时送医，但是拒绝赔偿，理由是营业执照上登记的是别人的名字，并非他本人，要求小慧向营业执照上登记的人要求赔偿。小慧和小辉便向商家询问营业执照登记者的联系方式，商家各种搪塞，就是不愿说明。小慧和小辉一时不知道该怎么办。

法律分析

根据《消费者权益保护法》第四十二条的规定，使用他人营业执照的违法经营者提供商品或者服务，损害消费者合法权益的，消费者可以向其要求赔偿，也可以向营业执照的持有人要求赔偿。本案中，小慧可以直接要求实际经营者赔偿相应的损失。

法官提示

现实生活中，实际经营者和营业执照登记者不一致的情况时有发生，为了便于消费者主张权利，法律规定二者均可以作为被请求赔偿的对象。作为实际经营者，实际行为导致消费者的权益受损理应赔偿；作为登记者，将执照借由他人使用本身是不当行为，如果造成侵权，也应当承担相应的赔偿责任。

相关法律

《中华人民共和国消费者权益保护法》

第四十二条 使用他人营业执照的违法经营者提供商品或者服务，损害消费者合法权益的，消费者可以向其要求赔偿，也可以向营业执照的持有人要求赔偿。

10. 消费者协会是什么组织？

情景再现

孙大爷想买一块手表给儿子作为生日礼物，就去商场购买。一个品牌手表的售货人员告诉孙大爷，他们的手表是法国的大牌子，目前有优惠，原价9888元，现在4888元就可以买到，而且活动即将结束需要赶紧购买。孙大爷觉得大商场里卖的手表应该不会有假，于是就买了。孙大爷回到家后高兴地把手表送给儿子，然而对手表颇有研究的儿子一下子就看出来这根本不是什么法国的大牌子，而且最多就值500元。孙大爷遂找商场售货人员理论，售货人员坚称所有货品一经售出概不负责，孙大爷找商场负责人维权也未果。孙大爷儿子于是决定带他找消费者协会反映情况，寻求帮助。

法律分析

根据我国《消费者权益保护法》第三十六条的规定，消费者协会和其他消费者组织是依法成立的对商品和服务进行社会监督的保护消费者合法权益的社会组织。其职能主要是依照该法第三十七条的规定，开展保护消费者合法权益的各项活动。法律明确规定，消费者协会是一个公益性组织，各级人民政府对消费者协会履行职责应当予以必要的经费等支持。消费者协会应当认真履行保护消费者合法权益的职责，听取消费者的意见和建议，接受社会监督。本案中，孙大爷去消费者协会寻求帮助是可行的。

法官提示

根据《消费者权益保护法》的规定，消费者协会履行的是公益性职责，比如提供信息和咨询服务，参与相关法律法规制定，参与监督、检查，向有关部门反映问题、提出建议，受理投诉，代为委托鉴定，支持诉讼，向社会披露相关信息等。

相关法律

《中华人民共和国消费者权益保护法》

第三十六条 消费者协会和其他消费者组织是依法成立的对商品和服务进行社会监督的保护消费者合法权益的社会组织。

第三十七条 消费者协会履行下列公益性职责：

（一）向消费者提供消费信息和咨询服务，提高消费者维护自身合法权益的能力，引导文明、健康、节约资源和保护环境的消费方式；

（二）参与制定有关消费者权益的法律、法规、规章和强制性标准；

（三）参与有关行政部门对商品和服务的监督、检查；

（四）就有关消费者合法权益的问题，向有关部门反映、查询，提出建议；

（五）受理消费者的投诉，并对投诉事项进行调查、调解；

（六）投诉事项涉及商品和服务质量问题的，可以委托具备资格的鉴定人鉴定，鉴定人应当告知鉴定意见；

（七）就损害消费者合法权益的行为，支持受损害的消费者提起诉讼或者依照本法提起诉讼；

（八）对损害消费者合法权益的行为，通过大众传播媒介予以揭露、批评。

各级人民政府对消费者协会履行职责应当予以必要的经费等支持。

消费者协会应当认真履行保护消费者合法权益的职责，听取消费者的意见和建议，接受社会监督。

依法成立的其他消费者组织依照法律、法规及其章程的规定，开展保护消费者合法权益的活动。

11. 消费者组织可以收取会员费等费用吗？

情景再现

李大爷所在的小区张贴公告，说有个依法成立的消费者组织，可以提供消费者权益保护的法律咨询、纠纷解决等服务，现吸纳会员。李大爷觉得自己不懂法，加入这样一个组织会对自己和家人都有帮助，便到小区物业办公室申请报名入会，但被告知要交1000元的会费，可李大爷没有那么多钱，于是他准备回家与儿子商量好以后再入会。

法律分析

我国《消费者权益保护法》第三十六条规定，消费者协会和其他消费者组织是依法成立的对商品和服务进行社会监督的保护消费者合法权益的社会组织。第三十八条规定，消费者组织不得从事商品经营和营利性服务，不得以收取费用或者其他牟取利益的方式向消费者推荐商品和服务。因此，案例中的消费者组织收取会费的行为违反了法律规定。

法官提示

根据《消费者权益保护法》的规定，消费者协会履行的是公益性职责，其他依法成立的消费者组织也应当是公益性的，不能从事营利性的活动，更不能收取相关费用。

相关法律

《中华人民共和国消费者权益保护法》

第三十六条 消费者协会和其他消费

者组织是依法成立的对商品和服务进行社会监督的保护消费者合法权益的社会组织。

第三十八条 消费者组织不得从事商品经营和营利性服务，不得以收取费用或者其他牟取利益的方式向消费者推荐商品和服务。

PART 9

懂点法律常识

合同你我都获利

合同法律是关于市场交易规则的法律，不仅与经营者的经营活动密切相关，也与人民群众的生活密切相关，适用频率也最高。关于合同法律关系的法律依据主要是《中华人民共和国民法典》（总则、合同编），内容涵盖了合同基本原则、合同订立、合同效力、合同履行、合同变更与转让、违约责任等。

一、合同订立

1. 无权代理人订立的合同由谁来承担责任？

情景再现

家住农村的张大娘被儿子接到了大城市生活，一住就是两年。第二年春节，张大娘和儿子准备回老家过年，然而到了老家后，发现自己的小院子已经有别的人居住，还被改了格局。一问才知道，原来是张大娘的弟弟认为张大娘去城里定居了，小院子也没有啥用，便将院子出租给了别人。张大娘伤心不已，要求小院子承租人限期搬走，并要求恢复原样。但是小院子的承租人认为自己也是受害者，他当初认为应该是张大娘授权其弟弟管理并处理院子的事宜，才租下了这院子。于是双方找到张大娘的弟弟协商解决此事。

法律分析

本案涉及“无权代理”。没有代理权、超越代理权或者代理权终止后以被代理人名义订立合同等情况，都没有代理权限，属于无权代理的情况。根据我国《民法典》第五百零三条的规定，无权代理人以被代理人的名义订立合同，被代理人已经开始履行合同义务或者接受相对人履行的，视为对合同的追认。第一百七十一条规定，行为人没有代理权、超越代理权或者代理权终止后，仍然实施代理行为，未经被代理人追认的，对被代理人不发生效力。相对人可以催告被代理人自收到通知之日起三十日内予以追认。被代理人未作表示的，视为拒绝追认。行为人实施的行为被追认前，善意相对人有撤销的权利。撤销应当以通知的方式作出。行为人实施的行为未被追认的，善意相对人有权请求行为人履行债务或者就其受到的损害请求行为人赔偿。但是，赔偿的范围不得超过被代理人追认时相对人所能获得的利益。相对人知道或者应当知道行为人无权代理的，相对人和行为人按照各自的过错承担责任。比如：甲委托乙与丙签订合同，其中甲是被代理人，乙是代理人，丙是相对人。如果甲并没有委托乙，而乙又以甲的名义与丙签订了合同，那么乙是无权代理，此时如果甲对乙与丙签订的合同予以认可也即法律上的“追认”，则合同对甲发生效力，否则乙与丙签订的合同不对甲发生效力，所有责任都由无权代理人乙自行承担。

结合本案，张大娘并没有授权弟弟管理和处分自己所有的小院子，因此弟弟的行为属于无权代理，按照上述规定，张大娘没有对该租赁合同予以追认的，不对张大娘发生效力，由其弟弟承担责任。本案中，因为张大娘与弟弟之间的关系亲近，承租人有理由相信张大娘的弟弟有权处分该房屋，因此根据《民法典》第一百七十二条的规定，行为人没有代理权、超越代理权或者代理权终止后，仍然实施代理行为，相对人有理由相信行为人有代理权的，代理行为有效。也就是说承租人有权继续居住，但是对于张大娘的损失，张大娘可以找其弟弟承担赔偿的责任。

法官提示

有一种情况比较特殊，就是表见代理。表见代理是指行为人虽无代理权，但由于被代理人的行为，造成了足以使善意第三人相信其有代理权的表象，而与善意第三人进行的、由被代理人承担法律后果的代理行为。表见代理实质上是无权代理。在表见代理情形下，如果认定代理人的行为无效，会给善意第三人造成损害，因此，法律规定由被代理人承担法律后果，这样更有利于保护善意第三人的利益，维护交易安全，并以此加强代理制度的可信度。而被代理人承担法律后果之后，可以向代理人追偿损失。

相关法律

《中华人民共和国民法典》

第一百七十一条 行为人没有代理权、超越代理权或者代理权终止后，仍然实施代理行为，未经被代理人追认的，对被代理人不发生效力。

相对人可以催告被代理人自收到通知之日起三十日内予以追认。被代理人未作表示的，视为拒绝追认。行为人实施的行为被追认前，善意相对人有撤销的权利。撤销应当以通知的方式作出。

行为人实施的行为未被追认的，善意相对人有权请求行为人履行债务或者就其受到的损害请求行为人赔偿。但是，赔偿的范围不得超过被代理人追认时相对人所能获得的利益。

相对人知道或者应当知道行为人无权代理的，相对人和行为人按照各自的过错承担责任。

第一百七十二条 行为人没有代理权、超越代理权或者代理权终止后，仍然实施代理行为，相对人有理由相信行为人有代理权的，代理行为有效。

第五百零三条 无权代理人以被代理人的名义订立合同，被代理人已经开始履行合同义务或者接受相对人履行的，视为对合同的追认。

2. 恶意串通损害他人利益的合同有效吗？

情景再现

周大爷的儿子事业稳定后，将周大爷接到身边同住。老家的房子一直空着，以便回老家时候可以居住。春节到了，周大爷一家人回到老家过年，这才发现老家的院子已经有别人居住，并且格局也发生了变化。原来周大爷的弟弟私自将院子出租了。承租人既知道周大爷去城里定居，也知道周大爷没有委托弟弟来管理和处分这处房屋。周大爷很气愤，要求承租人赶紧搬走，并要求他恢复家里原来的格局。但是承租人认为此事应当找周大爷弟弟协商再处理。

法律分析

根据我国《民法典》第一百五十四条的规定，行为人与相对人恶意串通，损害他人合法权益的民事法律行为无效。如果当事人签订的合同有上述情形存在，则属于无效合同。本案中，承租人明知周大爷的弟弟不享有管理和处分周大爷小院子的事实，而与其签订了房屋租赁合同，属于两人恶意串通，损害了周大爷的合法利益，根据法律规定，该合同无效。承租人应当尽快搬出去，对于周大爷遭受的相关损失，承租人和周大爷的弟弟需要承担赔偿责任。

法官提示

合同一旦确认无效，则自始无效。也就是说，从订立之日起就不具有法律约束力，以后也不能转化为有效合同。

相关法律

《中华人民共和国民法典》

第一百五十四条 行为人与相对人恶意串通，损害他人合法权益的民事法律行为无效。

3. 一方以欺诈、胁迫的手段订立的合同有效吗？

情景再现

小何大学毕业后留在了学校所在城市工作，因为性格内向，朋友也不多，平时都是独来独往。一天，小何一直加班到晚上10点才下班，走到租住的小区附近较黑的地段，突然闪出几个青年，他们把小何拉到一个无人的巷子，要求小何交出身上所有财物。无奈小何身上除了手机，没有其他贵重物品。几个青年遂强迫小何写一张5万元的欠条，要求1个月后还款，并扬言如果不写，就将他打残废。无奈之下，小何写下了欠条，1个月后，对方拿着欠条找到小何要求还款，小何终于鼓足勇气报了警。

法律分析

我国《民法典》第一百四十八条规定，一方以欺诈手段，使对方在违背真实意思的情况下实施的民事法律行为，受欺诈方有权请求人民法院或者仲裁机构予以撤销。第一百五十条规定，一方或者第三人以胁迫手段，使对方在违背真实意思的情况下实施的民事法律行为，受胁迫方有权请求人民法院或者仲裁机构予以撤销。本案中，小何虽然写下了欠条，但他是因为被人暴力胁迫，不是自己的真实意愿，双方也未发生真实的借款关系，根据法律规定，小何可以向人民法院或者仲裁机构请求撤销。

法官提示

对于可撤销的合同，如果受害人不行使撤销权的话，那么合同就会生效，合同双方就要受到合同的约束。可撤销合同不同于无效合同，这点需要注意。

相关法律

《中华人民共和国民法典》

第一百四十八条 一方以欺诈手段，使对方在违背真实意思的情况下实施的民事法律行为，受欺诈方有权请求人民法院或者仲裁机构予以撤销。

第一百五十条 一方或者第三人以胁迫手段，使对方在违背真实意思的情况下实施的民事法律行为，受胁迫方有权请求人民法院或者仲裁机构予以撤销。

4. 合同无效或被撤销造成的损失，该由谁来承担？

情景再现

子华家住在城市郊区，随着城市的扩张，子华家居住的地段被纳入了征收范围。政府下发了征收公告后，很快就将征收补偿款按照规定发放给了大家。完成征地措施后很久，相关项目还没有动工，子华就动起了歪脑筋，将自家已被政府征收的部分土地转卖给了不知情的外地人。对方付款后，在土地上建起了房屋，房屋还未封顶，就被政府部门强制拆除了，买方这才知道被子华骗了。于是买方找到子华要求退还购买土地的钱款，并补偿自己的损失。子华拒绝退还钱款和赔偿损失，对方遂起诉到法院。

法律分析

根据《民法典》第一百五十七条规定，民事法律行为无效、被撤销或者确定不发生效力后，行为人因该行为取得的财产，应当予以返还；不能返还或者没有必要返还的，应当折价补偿。有过错的一方应当赔偿对方由此所受到的损失；各方都有过错的，应当各自承担相应的责任。法律另有规定的，依照其规定。本案中，子华以欺诈手段将政府已征土地转卖给他人，本身就属于无效行为，因此根据法律规定，子华应当返还对方购买土地的款项，并且承担相应的损失。

相关法律

《中华人民共和国民法典》

第一百五十七条 民事法律行为无效、被撤销或者确定不发生效力后，行为人因该行为取得的财产，应当予以返还；不能返还或者没有必要返还的，应当折价补偿。有过错的一方应当赔偿对方由此所受到的损失；各方都有过错的，应当各自承担相应的责任。法律另有规定的，依照其规定。

二、合同履行

1. 合同履行地约定不明确，该如何处理？

情景再现

小海在父母的资助下开办了一家贸易公司，主要经营产品的代销。经过几番努力、多番磋商，小海终于拿到了一家品牌化妆品的代销权限。由于公司尚处于起步阶段，小海还没来得及聘请法务人员，小海对于准备要签的合同还是有些顾虑。这时，他想到好兄弟小江就是学法律的，可以请他把把关，于是将合同用电子邮件的方式传给了小江。小江看了合同后，发现其中关于合同履行地的约定不明确。

法律分析

我国《民法典》第五百一十条规定，合同生效后，当事人就质量、价款或者报酬、履行地点等内容没有约定或者约定不明确的，可以协议补充；不能达成补充协议的，按照合同相关条款或者交易习惯确定。第五百一十一条第一款第三项同时规定，合同履行地点不明确，给付货币的，在接受货币一方所在地履行；交付不动产的，在不动产所在地履行；其他标的，在履行义务一方所在地履行。本案中，小海可以与对方公司协商，拟定补充协议对履行地点予以明确。如果无法达成协议或者补充协议还是没有明确的，由于小海公司是第一次与对方合作，不存在交易习惯，则以代销的地点为履行地。

相关法律

《中华人民共和国民法典》

第五百一十条 合同生效后，当事人就质量、价款或者报酬、履行地点等内容没有约定或者约定不明确的，可以协议补充；不能达成补充协议的，按照合同相关条款或者交易习惯确定。

第五百一十一条 当事人就有关合同内容约定不明确，依据前条规定仍不能确定的，适用下列规定：

（一）质量要求不明确的，按照强制性国家标准履行；没有强制性国家标准的，按照推荐性国家标准履行；没有推荐性国家标准的，按照行业标准履行；没有国家标准、行业标准的，按照通常标准或者符合合同目的的特定标准履行。

（二）价款或者报酬不明确的，按照订立合同时履行地的市场价格履行；依法应当执行政府定价或者政府指导价的，依照规定履行。

（三）履行地点不明确，给付货币的，在接受货币一方所在地履行；交付不动产的，在不动产所在地履行；其他标的，在履行义务一方所在地履行。

（四）履行期限不明确的，债务人可以随时履行，债权人也可以随时请求履行，但是应当给对方必要的准备时间。

（五）履行方式不明确的，按照有利于实现合同目的的方式履行。

（六）履行费用的负担不明确的，由履行义务一方负担；因债权人原因增加的履行费用，由债权人负担。

2. 什么是合同的同时履行抗辩权？

情景再现

春丽通过政府优惠贷款，准备开一家时装店。经过多番考察比较，春丽选定了一家品牌服装，拿到了分店经营的许可，并签订了合同，约定一手交钱一手交货。谁知已经过了合同约定的交货时间，对方一直没有发货，春丽发函给对方要求交货，对方的法务却回函称春丽将合同约定的全部货款付清才可发货。后春丽查账发现，原来货款尚有一部分因为银行转账手续出现问题没有及时支付。

法律分析

根据我国《民法典》第五百二十五条的规定，当事人互负债务，没有先后履行顺序的，应当同时履行。一方在对方履行之前有权拒绝其履行请求。一方在对方履行债务不符合约定时，有权拒绝其相应的履行请求。本案中，春丽与对方公司约定一手交钱一手交货，但因春丽没有完全履行交钱的义务，对方公司拒绝发货，属于主张同时履行抗辩权的情形。

法官提示

根据法律规定，同时履行抗辩权的行使应当具备以下条件：首先，适用于双务合同，所谓“双务”，以买卖合同为例，买方有付款的义务，卖方有交货的义务，“一手交钱一手交货”就是最典型的双务合同。其次，双方的义务按照约定已经到了需要履行的时间，如交货期限和付款期限到了。主张行使同时履行抗辩权的一方必须自己已经履行了义务或者提出来要履行，如买方已经准备好钱款。最后，需要对方有履行的可能性，如买方准备好钱款，对方却已无货可卖，这个时候就不发生同时履行抗辩权的问题，而应当是解除合同。

相关法律

《中华人民共和国民法典》

第五百二十五条　当事人互负债务，没有先后履行顺序的，应当同时履行。一方在对方履行之前有权拒绝其履行请求。一方在对方履行债务不符合约定时，有权拒绝其相应的履行请求。

3. 什么是合同的先履行抗辩权？

情景再现

李春波在家人的资助下，借助政府政策扶持，开办了一家小公司做商品代销业务。经过考察，确定了一个比较靠谱的合作伙伴，准备代销对方的空气净化器。双方协商之后签订了合同，约定李春波的公司下订单后根据订单的价款付款，对方收到货款再发货。后过了合同约定的交货时间，对方一直没有发货，李春波让公司发函给对方公司要求交货，可是对方的法务回函表示需收到全部货款后才可发货。李春波查账后发现，原来尚有一部分货款由于财务上的行政原因没有及时支付。

法律分析

根据我国《民法典》第五百二十六条的规定，当事人互负债务，有先后履行顺序，应当先履行债务一方未履行的，后履行一方有权拒绝其履行请求。先履行一方履行债务不符合约定的，后履行一方有权拒绝其相应的履行请求。本案中，李春波的公司与对方公司约定先付款再发货，因为李春波公司财务的问题导致货款没有付清，于是对方行使先履行抗辩权，要求李春波公司先履行完毕付款义务再发货，于法有据。

法官提示

根据法律规定，先履行抗辩权的行使应当具备两个条件，一是适用于双务合同。所谓“双务”，是指合同双方都有义务，比如买卖合同当中，买方有支付货款的义务，卖方有交货的义务。二是债务有先后顺序，与通常的“一手交钱一手交货”也就是双方同时履行的买卖合同不一样，如本案中的先付款后发货就是付款义务在先，发货义务在后。如果没有支付货款，而要求对方发货的，对方就可以行使先履行抗辩权，要求买方按照合同约定支付货款后再发货。

相关法律

《中华人民共和国民法典》

第五百二十六条 当事人互负债务，有先后履行顺序，应当先履行债务一方未履行的，后履行一方有权拒绝其履行请求。先履行一方履行债务不符合约定的，后履行一方有权拒绝其相应的履行请求。

4. 什么是合同的不安抗辩权？

情景再现

林海成立了一家贸易公司，主要经营品牌家电代销业务。双方签订了合同，合同约定对方先交货，公司收到货物，清点确认后支付相应款项。但是公司刚成立，资金周转有些困难，加上与对方签订了合同，急需用钱，林海只好去银行贷款。银行要求提供价值相当的动产或者不动产作为担保，但林海没能找到价值相当的财产作为担保，因而银行拒绝贷款。此时，对方发货的时间已到，但迟迟未发货，林海便主动催问。原来，对方公司得知林海公司资金不足，便要求其提供担保才肯发货，可是林海根本无法提供担保。对方提出中止合同的履行，等林海的公司资金充足或者能提供有价值的担保以后再按照合同约定发货。林海找到律师咨询，律师告诉林海，对方公司是在行使不安抗辩权，是合法的。

法律分析

根据我国《民法典》第五百二十七条的规定，应当先履行债务的当事人，有确切证据证明对方有下列情形之一的，可以中止履行：（1）经营状况严重恶化；（2）转移财产、抽逃资金，以逃避债务；（3）丧失商业信誉；（4）有丧失或者可能丧失履行债务能力的其他情形。当事人没有确切证据中止履行的，应当承担违约责任。本案中，对方公司掌握了林海公司资金不足的状况，属于法律规定有丧失或者可能丧失履行债务能力的情形，在此情况下，对方公司有权行使不安抗辩权，中止履行合同义务，不属于违约行为。法律这样规定也是出于维护交易安全的考虑，以维持良好的经济秩序。现实生活中，在已经存在丧失履行义务能力的明显情形下，有能力履行合同义务的一方可以要求对方提供担保或者证明自己有能力继续履行合同，否则可以中止合同履行，这样不属于违约行为，不用承担违约责任。

相关法律

《中华人民共和国民法典》

第五百二十七条 应当先履行债务的当事人，有确切证据证明对方有下列情形之一的，可以中止履行：

（一）经营状况严重恶化；

（二）转移财产、抽逃资金，以逃避债务；

（三）丧失商业信誉；

（四）有丧失或者可能丧失履行债务能力的其他情形。

当事人没有确切证据中止履行的，应当承担违约责任。

5. 什么是合同中的代位权？

情景再现

盛辉开了一家商贸公司，经营二手车买卖。后来由于业务拓展，资金不够，盛辉向小额贷款公司贷了款，可是由于公司经营不善，接连亏损，贷款到期了，盛辉的公司无法偿还贷款。此时小额贷款公司查询到盛辉公司借了一些钱给别人，都已经到期了，由于盛辉顾及面子，没去讨要。小额贷款公司就向法院请求以自己的名义代位行使盛辉公司的债权，由小额贷款公司找盛辉公司的债务人讨要款项。

法律分析

根据我国《民法典》第五百三十五条的规定，因债务人怠于行使其债权或者与该债权有关的从权利，影响债权人的到期债权实现的，债权人可以向人民法院请求以自己的名义代位行使债务人对相对人的权利，但是该权利专属于债务人自身的除外。代位权的行使范围以债权人的到期债权为限。债权人行使代位权的必要费用，由债务人负担。相对人对债务人的抗辩，可以向债权人主张。结合本案，盛辉公司资金困难，无法偿还到期贷款，但是该公司本身有合法债权，只是顾及面子怠于行使，小额贷款公司向法院请求代位行使债权，于法有据。

相关法律

《中华人民共和国民法典》

第五百三十五条 因债务人怠于行使其债权或者与该债权有关的从权利，影响债权人的到期债权实现的，债权人可以向人民法院请求以自己的名义代位行使债务人对相对人的权利，但是该权利专属于债务人自身的除外。

代位权的行使范围以债权人的到期债权为限。债权人行使代位权的必要费用，由债务人负担。

相对人对债务人的抗辩，可以向债权人主张。

6. 什么是合同中的撤销权？

情景再现

小李和小蔡从小就是好兄弟，小蔡大学毕业后开了公司做生意，小李研究生毕业后工作不顺，也走上了创业之路，开办了一家公司。小蔡起步较早，所以在小李创业的时候，给了他很多资助。后来小蔡公司经营不善，欠了不少外债无法清偿。这时，小李的公司也出现了严重的经营困难，小蔡念及兄弟情义，免除了小李公司的债务。后来小蔡的债主得知后，向法院请求撤销小蔡对小李公司的债务免除行为。

法律分析

我国《民法典》第五百三十八条规定，债务人以放弃其债权、放弃债权担保、无偿转让财产等方式无偿处分财产权益，或者恶意延长其到期债权的履行期限，影响债权人的债权实现的，债权人可以请求人民法院撤销债务人的行为。第五百三十九条规定，债务人以明显不合理的低价转让财产、以明显不合理的高价受让他人财产或者为他人的债务提供担保，影响债权人的债权实现，债务人的相对人知道或者应当知道该情形的，债权人可以请求人民法院撤销债务人的行为。结合本案，小蔡公司因经营不善出现资金困难，无法偿还到期债务，但是小蔡公司本身有合法债权，也就是小李公司的欠款，但小蔡因为念及情义，免除了这项债权。这种行为虽然属于小蔡的自愿行为，但是侵害了其债权人的利益，在这种情况下，小蔡的债权人有权向法院请求撤销小蔡免除其对小李享有的合法债权的行为。

法官提示

根据法律规定，撤销权的行使应当是债务人有放弃到期债权、无偿转让财产或者以明显不合理的低价转让财产的行为，并且债务人的行为对债权人造成了危害，如不能偿还到期债务等。

相关法律

《中华人民共和国民法典》

第五百三十八条 债务人以放弃其债权、放弃债权担保、无偿转让财产等方式无偿处分财产权益，或者恶意延长其到期债权的履行期限，影响债权人的债权实现的，债权人可以请求人民法院撤销债务人的行为。

第五百三十九条 债务人以明显不合理的低价转让财产、以明显不合理的高价受让他人财产或者为他人的债务提供担保，影响债权人的债权实现，债务人的相对人知道或者应当知道该情形的，债权人可以请求人民法院撤销债务人的行为。

三、合同变更、转让和终止

1. 债权人转让债权，需要经过债务人的同意吗？

情景再现

李雯由于家境一般，创业初始需要

的资金也较多，只能靠借款解决。还未偿还债务的时候，其中一个朋友说他借给李雯的10万元的债权，转让给了另外一个人，李雯到时候向那个人还款即可。李雯表示不认识那个人，不同意朋友转让债权。但是朋友坚持说，债权的转让不需要李雯的同意，依照法律规定只需要通知李雯即可。

法律分析

我国《民法典》第五百四十五条规定，债权人可以将债权的全部或者部分转让给第三人，但是有下列情形之一的除外：（1）根据债权性质不得转让；（2）按照当事人约定不得转让；（3）依照法律规定不得转让。当事人约定非金钱债权不得转让的，不得对抗善意第三人。当事人约定金钱债权不得转让的，不得对抗第三人。该法第五百四十六条同时规定，债权人转让债权，未通知债务人的，该转让对债务人不发生效力。债权转让的通知不得撤销，但是经受让人同意的除外。本案中，李雯的朋友只要不存在《民法典》第五百四十五条规定的例外情形，就可以转让债权。并且，只需要通知李雯，不需要得到她的同意。李雯收到通知就发生效力，此后只需要向受让债权的人偿还借款即可。

法官提示

根据法律规定，债权人可以转让符合规定的债权，只要依法通知了债务人即可生效，并不需要获得债务人同意。但是通知债务人以后不得撤销，除非债务人同意。本案中，李雯的朋友通知李雯债权转让之后，便不能再撤销这个转让通知，除非李雯同意。

相关法律

《中华人民共和国民法典》

第五百四十五条 债权人可以将债权的全部或者部分转让给第三人，但是有下列情形之一的除外：

（一）根据债权性质不得转让；

（二）按照当事人约定不得转让；

（三）依照法律规定不得转让。

当事人约定非金钱债权不得转让的，不得对抗善意第三人。当事人约定金钱债权不得转让的，不得对抗第三人。

第五百四十六条 债权人转让债权，未通知债务人的，该转让对债务人不发生效力。

债权转让的通知不得撤销，但是经受让人同意的除外。

2. 债务人转让债务，需要经过债权人的同意吗？

情景再现

张春雷创业初始，主要通过向亲朋好友借款来解决资金问题。后来经营不善，难以盈利，张春雷就将部分债务转让给欠自己钱的人，由欠自己钱的人直接向自己的债权人还款。后张春雷部分债务到期，债权人要求其还款，张春雷主张自己的债务已经转移给了欠自己钱的人，让债权人直接向欠他钱的人主张还款。债权人称自己并未同意其转让债务的行为，坚持要求张春雷本人自己承担还款的责任。

法律分析

根据我国《民法典》第五百五十一

条的规定，债务人将债务的全部或者部分转移给第三人的，应当经债权人同意。债务人或者第三人可以催告债权人在合理期限内予以同意，债权人未作表示的，视为不同意。本案中，张春雷转让债务的行为，并未得到债权人的同意，所以他要求债权人直接向自己的债务人主张还款，不符合法律规定，即使他与自己的债务人签订了债务转让的合同，也不发生法律效力，张春雷依然要承担向债权人还款的责任。

相关法律

《中华人民共和国民法典》

第五百五十一条 债务人将债务的全部或者部分转移给第三人的，应当经债权人同意。

债务人或者第三人可以催告债权人在合理期限内予以同意，债权人未作表示的，视为不同意。

3. 当事人之间互负债务，能否相互抵销？

情景再现

李新尔和张大波是好朋友，两人都是经商世家出身。他们各自接管了家里的公司，成了合作伙伴。随着业务的不断拓展，两家公司的贸易往来越来越多，交易额也越来越大。两家公司相互负有对方的债务，在年度结算的时候，经由两家公司财务对账，决定将双方的债务相互抵销。

法律分析

根据我国《民法典》第五百六十八条的规定，当事人互负债务，该债务的标的物种类、品质相同的，任何一方可以将自己的债务与对方的到期债务抵销；但是，根据债务性质、按照当事人约定或者依照法律规定不得抵销的除外。当事人主张抵销的，应当通知对方。通知自到达对方时生效。抵销不得附条件或者附期限。该法第五百六十九条同时规定，当事人互负债务，标的物种类、品质不相同的，经协商一致，也可以抵销。结合本案，李新尔和张大波两人的公司业务往来频繁，互负金钱债务，债务的种类和品质相同，是可以相互抵销的。即使双方负有的债务不是相同种类、品质，经协商一致，也是可以抵销的。

相关法律

《中华人民共和国民法典》

第五百六十八条 当事人互负债务，该债务的标的物种类、品质相同的，任何一方可以将自己的债务与对方的到期债务抵销；但是，根据债务性质、按照当事人约定或者依照法律规定不得抵销的除外。

当事人主张抵销的，应当通知对方。通知自到达对方时生效。抵销不得附条件或者附期限。

第五百六十九条 当事人互负债务，标的物种类、品质不相同的，经协商一致，也可以抵销。

4. 什么是提存？

情景再现

李杰是一家商贸公司的老板，公司主要经营各类小商品的代销业务。通常公司与合作方签订合同，都是对方先交货，公司收到货物后清点确认，再支付相应款项。后来，对方公司依照合同约定将货物送到，但李杰的公司出现了资金周转问题，无法支付货款。李杰下令公司拒绝接收对方送来的货物，并且未说明原因。无奈之下，对方公司将货物申请提存，并书面告知了李杰的公司。

法律分析

提存，指由于债权人的原因而无法向其交付合同标的物时，债务人将该标的物交给提存机关而消灭债务的制度。提存机关是国家设立的接受提存物并进行保管，且应债务人请求将提存物发还债权人的机关。我国《民法典》第五百七十条第一款的规定，有下列情形之一，难以履行债务的，债务人可以将标的物提存：（1）债权人无正当理由拒绝受领；（2）债权人下落不明；（3）债权人死亡未确定继承人、遗产管理人，或者丧失民事行为能力未确定监护人；（4）法律规定的其他情形。第五百七十三条规定，标的物提存后，毁损、灭失的风险由债权人承担。提存期间，标的物的孳息归债权人所有。提存费用由债权人负担。第五百七十四条规定，债权人可以随时领取提存物，但债权人对债务人负有到期债务的，在债权人未履行债务或者提供担保之前，提存部门根据债务人的要求应当拒绝其领取提存物。债权人领取提存物的权利，自提存之日起五年内不行使而消灭，提存物扣除提存费用后归国家所有。

本案中，李杰公司在未向对方说明正当理由的情况下，拒绝接收对方的货物，对方公司可以申请提存。提存后，该批货物损失的风险和相关保管费用都由李杰公司来负担。李杰公司可以领取提存物，但是必须支付相应款项或者提供担保。如果李杰公司5年内不领取提存物，则提存物扣除提存费用后，归国家所有。需要说明的是，在本案中，无论李杰公司是否领取提存的货物，都需要向对方公司支付货款，付款责任不会因为拒绝接收对方货物而免除。

法官提示

在我国，公证机关是有权办理提存的机关，但不能因此认为公证机关是办理提存的唯一机关。如果提存和双方的争讼均由人民法院进行处理，则由法院办理提存货物更便于查明事实，节约时间、精力和费用，有利于纠纷的妥善解决。从司法实践的情况看，有的人民法院已开始办理提存事务，并取得了良好的效果。

相关法律

《中华人民共和国民法典》

第五百七十条 有下列情形之一，难以履行债务的，债务人可以将标的物提存：

（一）债权人无正当理由拒绝受领；

（二）债权人下落不明；

（三）债权人死亡未确定继承人、遗产管理人，或者丧失民事行为能力未确定监护人；

（四）法律规定的其他情形。

标的物不适于提存或者提存费用过高的，债务人依法可以拍卖或者变卖标的物，提存所得的价款。

第五百七十二条 标的物提存后，债务人应当及时通知债权人或者债权人的继承人、遗产管理人、监护人、财产代管人。

第五百七十三条 标的物提存后，毁损、灭失的风险由债权人承担。提存期间，标的物的孳息归债权人所有。提存费用由债权人负担。

第五百七十四条 债权人可以随时领取提存物。但是，债权人对债务人负有到期债务的，在债权人未履行债务或者提供担保之前，提存部门根据债务人的要求应当拒绝其领取提存物。

债权人领取提存物的权利，自提存之日起五年内不行使而消灭，提存物扣除提存费用后归国家所有。但是，债权人未履行对债务人的到期债务，或者债权人向提存部门书面表示放弃领取提存物权利的，债务人负担提存费用后有权取回提存物。

四、合同违约

1. 什么是违约责任？

情景再现

周春华大学毕业后选择自主创业，在亲朋好友的资助下开了一家公司做商品代销业务。经过一段时间的市场考察与分析，他选定了一个品牌男装作为合作方。双方签订合同，约定周春华公司根据自身需求下订单，对方照单发货，周春华公司收到货物，清点确认无误之后，全额支付相应货款。后对方根据订单发货，但周春华公司遭遇资金周转问题，无法支付货款，对方公司向人民法院起诉要求周春华承担违约责任。

法律分析

违反合同的民事责任，简称违约责任，是指合同当事人一方不履行合同义务或履行合同义务不符合合同约定所应承担的民事责任。根据我国《民法典》第五百七十七条的规定，当事人一方不履行合同义务或者履行合同义务不符合约定的，应当承担继续履行、采取补救措施或者赔偿损失等违约责任。本案中，周春华公司和对方公司签订了合同，对方公司依照合同约定交付货物。此时，周春华公司应当依照合同约定支付相应的款项。但其未能依照合同约定支付相应货款，违反了合同约定，需要承担继续履行、采取补救措施或者赔偿损失等违约责任。

相关法律

《中华人民共和国民法典》

第五百七十七条 当事人一方不履行合同义务或者履行合同义务不符合约定的，应当承担继续履行、采取补救措施或者赔偿损失等违约责任。

2. 瑕疵履行的，该怎么处理？

情景再现

小美在家人和朋友的资助下开了一家冷饮店，时值夏季，生意很好，客人建议小美在产品上增加花样。小美考虑后，决定增加花式茶饮和果酒。经朋友介绍，小美找到了一个经销商，签订了合同。支付货款之后，对方发货。小美发现收到的茶饮与果酒口味不对，且部分包装破损严重，于是找到对方理论，要求对方采取补救措施。

法律分析

瑕疵履行，指的是债务人虽然履行合同义务，但是有瑕疵，从而导致合同的履行不符合要求或丧失价值及效用的情形。瑕疵履行属于违约，瑕疵能够补正的，可以要求对方补正。根据我国《民法典》第五百八十二条的规定，履行不符合约定的，应当按照当事人的约定承担违约责任。对违约责任没有约定或者约定不明确，依据本法第五百一十条的规定仍不能确定的，受损害方根据标的的性质以及损失的大小，可以合理选择请求对方承担修理、重作、更换、退货、减少价款或者报酬等违约责任。本案中，对方虽然履行了交货的义务，但是其交付的货物口味不对，且很多包装严重破损，属于瑕疵履行。根据法律规定，需要承担违约责任。如果没有约定违约责任或者约定不明的，小美可以合理要求对方公司更换、退货，或者减少货款等。

相关法律

《中华人民共和国民法典》

第五百八十二条 履行不符合约定的，应当按照当事人的约定承担违约责任。对违约责任没有约定或者约定不明确，依据本法第五百一十条的规定仍不能确定的，受损害方根据标的的性质以及损失的大小，可以合理选择请求对方承担修理、重作、更换、退货、减少价款或者报酬等违约责任。

3. 违约金不能抵偿实际损失，该怎么办？

情景再现

小波和同学合伙开了一间餐馆，后经营有方，生意红火。他们扩大了店面，也开始承接举办大型宴席等。一日，餐馆同时承接了3户的婚宴，总计120桌，菜式也都差不多。小波他们提前找到比较合适的供应商，签订了订货合同，约定婚宴当日的蔬菜、肉类都由对方提供。由于承接的宴席较多，双方约定了违约责任，其中一项就是违约方需支付1万元违约金。婚宴前一日，所有蔬菜、肉类均需要到位了，合作方却突然告知无法备货，只能退还货款并愿意承担违约金。可是因为餐馆对蔬菜、肉类需求量较大，事发突然，只能通过零售商一点点收集，而且价格较高，为此对方支付的违约金根本无法抵偿实际损失。小波要求对方按照实际损失承担责任，却遭到了对方的拒绝。

法律分析

按照我国《民法典》第五百八十五条的规定，当事人可以约定一方违约时应当根据违约情况向对方支付一定数额的违约金，也可以约定因违约产生的损失赔偿额的计算方法。约定的违约金低于造成的损失的，人民法院或者仲裁机构可以根据当事人的请求予以增加；约定的违约金过分高于造成的损失的，人民法院或者仲裁机构可以根据当事人的请求予以适当减少。当事人就迟延履行约定违约金的，违约方支付违约金后，还应当履行债务。本案中，因为对方的违约，导致小波只能高价从零售商手中购买大量蔬菜、肉类，造成的实际损失大于违约金数额，但是对方拒绝承担实际损失，在这种情况下，小波可以保留好自己实际从零售商购买蔬菜、肉类的票据，证明实际损失大于违约金数额，向人民法院或仲裁机构要求对方增加违约金数额。

法官提示

实际损失赔偿原则是民法领域的重要原则，为充分保护守约方的利益，如果约定的违约金低于造成的损失的，当事人可以请求人民法院或者仲裁机构予以增加；为贯彻公平原则，适度保护违约方的正当权益，约定的违约金过分高于造成的损失的，当事人可以请求人民法院或者仲裁机构予以适当减少。

相关法律

《中华人民共和国民法典》

第五百八十五条 当事人可以约定一方违约时应当根据违约情况向对方支付一定数额的违约金，也可以约定因违约产生的损失赔偿额的计算方法。

约定的违约金低于造成的损失的，人民法院或者仲裁机构可以根据当事人的请求予以增加；约定的违约金过分高于造成的损失的，人民法院或者仲裁机构可以根据当事人的请求予以适当减少。

当事人就迟延履行约定违约金的，违约方支付违约金后，还应当履行债务。

4. 合同中的定金和订金有什么区别？

情景再现

向阳与朋友合伙开办了一家商贸公司，承接商品代购代销业务。在做了充分的市场调查与分析之后，他们获得了一家品牌化妆品的代销权限。双方签订了合同，约定向阳公司先支付一定的定金，然后对方公司交货，向阳公司确认后支付相应款项。后对方公司依照合同约定将货物送到，但是向阳公司在核查时发现，收到的大部分化妆品型号不对，并且很多外包装严重变形甚至已经损坏无法再次销售。向阳公司主张解除与对方的合同，但是对于已经支付的定金不知道该怎样主张权利，便咨询律师，请求帮助。

法律分析

所谓定金，是指合同当事人为了确保合同的履行，依据法律规定或者双方的约定，由一方在合同订立时或者订立后履行前，按照合同标的额的一定比例（不超过20%），预先给付对方当事人的金钱或其替代物。“订金”在法律上没有明文规定，不具有定金的性质，只是单方行为，不具有明显的担保性质。一般情况下，交付订金视作交付预付款。按照我国《民法典》第五百八十六条的规定，当事人可以约定一方向对方给付定金作为债权的担保。定金合同自实际交付定金时成立。定金的数额由当事人约定；但是，不得超过主合同标的额的百分之二十，超过部分不产生定金的效力。实际交付的定金数额多于或者少于约定数额的，视为变更约定的定金数额。第五百八十七条规定，债务人履行债务的，定金应当抵作价款或者收回。给付定金的一方不履行债务或者履行债务不符合约定，致使不能实现合同目的的，无权请求返还定金；收受定金的一方不履行债务或者履行债务不符合约定，致使不能实现合同目的的，应当双倍返还定金。本案中，对方公司收取了向阳公司的定金后，没有按照合同约定交付符合型号、质量等要求的货物，向阳公司可以根据合同约定解除合同，对方公司收取的定金，应当双倍返还给向阳公司。

需要特别指出的是，交付“订金”的一方主张定金权利的，人民法院不予支持。而出现在房屋认购书中的“订金”，主要是约束有购房意愿的人，在房屋认购书约定下支付一定的“订金”，其实是购房者对开发商的保证，如果在签订认购书之后，由于购房者的原因不再签订正式的房屋买卖合同的话，购房者交付的“订金”不予返还。根据现有法律规定，如果开发商违约，只要退还订金即可。

相关法律

《中华人民共和国民法典》

第五百八十六条 当事人可以约定一方向对方给付定金作为债权的担保。定金合同自实际交付定金时成立。

定金的数额由当事人约定；但是，不得超过主合同标的额的百分之二十，超过部分不产生定金的效力。实际交付的定金数额多于或者少于约定数额的，视为变更约定的定金数额。

第五百八十七条 债务人履行债务的，定金应当抵作价款或者收回。给付定金的一方不履行债务或者履行债务不符合约定，致使不能实现合同目的的，无权请求返还定金；收受定金的一方不履行债务或者履行债务不符合约定，致使不能实现合同目的的，应当双倍返还定金。

5. 合同中同时约定违约金与定金，违约时该适用哪一项？

情景再现

小丽从小性格外向开朗，毕业后进入一家贸易公司做销售代表。经过公司简短培训之后，小丽便开展了主要业务。小丽初次签订合同没有经验，法务审核合同的时候发现，其中既约定了违约金，又约定了定金。小丽自己也不清楚这两者之间有什么区别。

法律分析

违约金，指按照当事人的约定或者法律直接规定，一方当事人违约的，应向另一方支付的款项。违约金具有担保债务履行的功效，又具有惩罚违约方和补偿无过错方所受损失的效果。定金是在合同订立或在履行之前支付的一定数额的金钱或替代物作为担保的担保方式。按照我国《民法典》第五百八十八条之规定，当事人既约定违约金，又约定定金的，一方违约时，对方可以选择适用违约金或者定金条款。定金不足以弥补一方违约造成的损失的，对方可以请求赔偿超过定金数额的损失。本案中，小丽与对方签订的合同同时约定了违约金和定金，一方违约时，守约方可以选择适用违约金或者定金条款，但是二者不能同时适用。需要指出的是，如果选择适用违约金的话，之前支付的定金应当返还。

相关法律

《中华人民共和国民法典》

第五百八十八条 当事人既约定违约金，又约定定金的，一方违约时，对方可以选择适用违约金或者定金条款。

定金不足以弥补一方违约造成的损失的，对方可以请求赔偿超过定金数额的损失。

6. 什么情况下，合同中的违约责任可以免除？

情景再现

李旭开了一家海鲜餐厅，生意一直很好，这都归功于餐厅的海鲜都是由沿海城市的固定合作方按订单及时运送过来的，品质有保证。一次，李旭餐厅收货员在接货的时候，发现海鲜全部死亡。李旭根据合同约定的条件要求对方承担违约责任。对方公司经调查发现，海鲜死亡主要是由于途中遭遇暴雨所致，属于不可抗力，因此主张自己不应当承担违约责任。李旭不知道怎么维护自己的权利，便咨询律师朋友寻求帮助。

法律分析

本案涉及合同违约的“免责事由”。免责事由，是指免除违约方承担违约责任的原因和理由，主要分为法定免责事由和约定免责事由两种。法定免责事由是指由法律直接规定、不需要当事人约定即可援用的免责事由，主要指不可抗力；约定免责事由是指由当事人约定的免责条款。

据我国法律的规定，所谓不可抗力，是指不能预见、不能避免并不能克服的客观情况，构成要件包括：（1）不能预见，即当事人无法知道事件是否发生、何时何地发生、发生的情况如何，对此应以一般人的预见能力为标准；（2）不能避免，即无论当事人采取什么措施，或即使尽了最大努力，都不能防止或避免事件的发生；（3）不能克服，即以当事人自身的能力和条件无法战胜这种客观力量；不可抗力主要包括以下几种情形：自然灾害，如台风、洪水、冰雹；政府行为，如征收、征用；社会异常事件，如罢工、骚乱。按照我国《民法典》第五百九十条的规定，当事人一方因不可抗力不能履行合同的，根据不可抗力的影响，部分或者全部免除责任，但是法律另有规定的除外。因不可抗力不能履行合同的，应当及时通知对方，以减轻可能给对方造成的损失，并应当在合理期限内提供证明。当事人迟延履行后发生不可抗力的，不免除其违约责任。本案中，对方公司交付货物确实是由不可抗力导致的，因此，视情况可以部分或者全部免除其违约责任。

相关法律

《中华人民共和国民法典》

第五百九十条 当事人一方因不可抗力不能履行合同的，根据不可抗力的影响，部分或者全部免除责任，但是法律另有规定的除外。因不可抗力不能履行合同的，应当及时通知对方，以减轻可能给对方造成的损失，并应当在合理期限内提供证明。

当事人迟延履行后发生不可抗力的，不免除其违约责任。

五、买卖合同

1. 买卖商品时，所有权何时转移？

情景再现

小欣高中毕业就踏上了社会，与表姐合伙开了一家服装店。她与合作伙伴商定货物运到以后就支付货款。后对方公司将货物送到，但是小欣在核查货物时发现货物数量明显少于合同约定的数量。小欣要求对方补足货物，但是对方表示货物运到以后，商品所有权就已经转移到小欣一方，对于货物缺少的问题不承担责任。小欣一时不知道该怎么保护自己的权益。

法律分析

本案涉及所有权的转移。所有权的转移，主要指的是标的物从义务人一方转移到权利人一方。通常，动产的转移如果没有法律的特别规定或者当事人之间的特别约定，一般都是交付的时候所有权就发生转移。而不动产，如房屋等，所有权转移必须到主管机关办理登记才是法律意义上的转移。根据《民法典》第二百二十四条的规定，动产物权的设立和转让，自交付时发生效力，但是法律另有规定的除外。本案中，对方公司仅是将货物运到小欣一方，并没有完成交付手续，因此标的物的所有权还没有发生转移，对方公司必须依照合同约定补充交付数量不足的部分货物。

相关法律

《中华人民共和国民法典》

第二百二十四条 动产物权的设立和转让，自交付时发生效力，但是法律另有规定的除外。

2. 买卖合同所涉货物在运输途中损毁的，应该由谁承担责任？

情景再现

张强打算买辆车，联系了在一家国内知名的汽车生产商总部工作的李江。在李江的引导下，张强挑选了一辆车，李江通过内部关系给了他很优惠的折扣。张强付款之后，汽车公司从总部直接发货。不料，运送车子的挂车在途中发生了车祸，车上的车辆全都损毁，无一幸免。张强联系李江，要求汽车公司重新发货，但是公司表示货物一经发出，发生任何风险都得由张强自己承担。

法律分析

按照我国《民法典》第六百零四条的规定，标的物毁损、灭失的风险，在标的物交付之前由出卖人承担，交付之后由买受人承担，但是法律另有规定或者当事人另有约定的除外。本案中，作为标的物的汽车在运输途中损毁，尚未送到张强手中，也没有完成交付手续，因此根据法律规定以及双方当事人合同的约定，汽车损毁的相关风险还是由汽车公司承担，因此，汽车公司应当重新发货。

法官提示

在当事人没有约定的情况下，货物在运输途中损毁的主要问题是风险在何时由卖方转移给买方。但是需要说明的是，《民法典》第六百零六条规定，出卖人出卖交由承运人运输的在途标的物，除当事人另有约定外，毁损、灭失的风险自合同成立时起由买受人承担。这是针对货物运输在途双方当事人签订买卖合同的，合同成立之时，货物毁损、灭失的风险就由买方承担。

相关法律

《中华人民共和国民法典》

第六百零四条 标的物毁损、灭失

的风险，在标的物交付之前由出卖人承担，交付之后由买受人承担，但是法律另有规定或者当事人另有约定的除外。

第六百零六条 出卖人出卖交由承运人运输的在途标的物，除当事人另有约定外，毁损、灭失的风险自合同成立时起由买受人承担。

3. 买方逾期或者拒绝接收货物，是否需要对货物毁损、灭失承担责任？

情景再现

菲菲经过几番努力、多番磋商，获得了一家品牌化妆品的代销权限。双方签订了合同，约定货物运到以后就支付货款。后对方公司发货，并且按照约定的时间和地点将货物送到。可是这个时候，菲菲公司的财务出现困难，无法履行付款义务，于是拒绝依照合同约定接收货物。后货物不慎被盗了一部分，对方公司要求菲菲公司承担相应赔偿责任。

法律分析

按照我国《民法典》第六百零五条的规定，因买受人的原因致使标的物未按照约定的期限交付的，买受人应当自违反约定时起承担标的物毁损、灭失的风险。本案中，对方公司已经按照合同约定将货物送到，因此根据法律规定及双方合同约定，菲菲公司自违反约定之日起，就要承担货物的相应风险，因此在货物被盗时，对方公司要求其承担赔偿责任的主张于法有据。

法官提示

在当事人没有约定的情况下，以货物交付时间来决定风险转移时间与以货物所有权转移来决定风险转移时间是比较合理的法理考量。在买受方致使货物不能按时交付的情况下，自买受方违约之日起风险便转移到买受方。

相关法律

《中华人民共和国民法典》

第六百零五条 因买受人的原因致使标的物未按照约定的期限交付的，买受人应当自违反约定时起承担标的物毁损、灭失的风险。

4. 货物分批交付的，合同如何解除？

情景再现

星星开了一个家电超市，与合作方签订合同，约定对方货物运到以后就支付货款，但是货物分五批交付。后对方公司发货，并且按照约定的时间和地点将第一批货物送到，经星星清点确认，没有问题。对方公司按照合同约定又发了第二批货物，可是在星星清点的时候发现产品的型号不对，而且包装严重受损，很多甚至已经无法使用，且完好的部分货品质量也不符合要求。另外，根据第一批货物投入市场的反应来看，前景不好。星星认为这家公司的信誉不好，便想要解除合同。

法律分析

按照我国《民法典》第六百三十三条的规定，关于分批交货的买卖合同，主要有三个层次。第一，一般情况下，卖方不履行某一批标的物的交付，买方可以针对该批标的物不履行的情况要求卖方承担违约责任。如果卖方对其中一批标的物不交付或者交付不符合约定，致使该批标的物不能实现合同目的，买方可以就该批标的物主张对整个合同的部分解除。第二，如果卖方对某批标的物的根本违约，将导致对该批之后各批的根本违约，买方就有权解除合同中该批以及其后的这部分标的物。第三，某批标的物与整个合同的其他各批标的物可能是相互依存的，或者说是不可分的，否则整个合同的履行将不可能或者没有意义。在这种情况下，买方如果依法可以对该批标的物解除合同，可以直接解除整个合同。本案中，对方公司已经按照合同约定将第一批货物送到交付，并经星星清点确认没有问题。但是，第二批交付的货物无法销售，致使合同目的无法实现，因此星星可以就第二批货物解除合同。今后还有三批货物需要交付，星星如果需要一并解除的话，就需要举证证明第二批货物致使合同目的不能实现，并且致使今后其他各批货物都不能实现合同目的，才可以要求一并解除后面的几批合同。

相关法律

《中华人民共和国民法典》

第六百三十三条 出卖人分批交付标的物的，出卖人对其中一批标的物不交付或者交付不符合约定，致使该批标的物不能实现合同目的的，买受人可以就该批标的物解除。

出卖人不交付其中一批标的物或者交付不符合约定，致使之后其他各批标的物的交付不能实现合同目的的，买受人可以就该批以及之后其他各批标的物解除。

买受人如果就其中一批标的物解除，该批标的物与其他各批标的物相互依存的，可以就已经交付和未交付的各批标的物解除。

5. 分期付款的合同如何解除？

情景再现

钟童大学毕业后跟着父亲经商，沿袭父亲在商业方面的经验，很快便赚到了钱。钟童想买一台价值100万元的轿车，但是因为手头资金不足，于是办理了分期付款。付了首付30万元以后，钟童拿到了轿车。可是在之后的经营中，由于困难重重、接连亏损，钟童无力支付轿车的按揭款，后来欠款总计已达到30万元的时候，对方要求钟童要么支付全款，要么就解除合同，并且要求钟童支付车辆的使用费。钟童认为合同已经签订，自己也付了首付，不同意解除合同，但又不知道是否可行。

法律分析

按照我国《民法典》第六百三十四条的规定，分期付款的买受人未支付到期价款的数额达到全部价款的五分之一，经催告后在合理期限内仍未支付到期价款的，出卖人可以请求买受人支付全部价款或者解除合同。出卖人解除合同的，可以向买受人请求支付该标的物的使用费。本案中，钟童欠款已经达30万元，而轿车总价100万元，已经超过五分之一，因此出卖方有权要求钟童支付全款或者解除合同，支付使用费。

相关法律

《中华人民共和国民法典》

第六百三十四条 分期付款的买受人未支付到期价款的数额达到全部价款

的五分之一，经催告后在合理期限内仍未支付到期价款的，出卖人可以请求买受人支付全部价款或者解除合同。

出卖人解除合同的，可以向买受人请求支付该标的物的使用费。

6. 什么是样品买卖？

情景再现

小军想买一辆新车，于是邀上好友一起前往4S店看车。经过几番精心挑选，小军终于选定了一辆某合资品牌的轿车，但是商家说这是样品，已经没有库存了，如果需要只能请求厂家发货。因为小军对这款车的价格、性能、样式等都比较喜欢，于是决定等待，遂和4S店签订了购车合同，并支付了定金。车辆到了以后，小军兴高采烈地来到4S店，但是试驾后发现，这辆车在功能方面和那辆样品车不一样，小军认为自己被骗了，于是拒绝付款。但是4S店表示这个功能的不一致可能是厂家更换了技术，与他们无关，要求小军必须付款。无奈之下，小军找到律师朋友，请求帮助。

法律分析

样品买卖，又称货样买卖，是指以约定的货物样品决定标的物质量的买卖，出卖人应交付与所保留的样品有同一质量的标的物的买卖。按照我国《民法典》第六百三十五条的规定，凭样品买卖的当事人应当封存样品，并可以对样品质量予以说明。出卖人交付的标的物应当与样品及其说明的质量相同。第六百三十六条规定，凭样品买卖的买受人不知道样品有隐蔽瑕疵的，即使交付的标的物与样品相同，出卖人交付的标的物的质量仍然应当符合同种物的通常标准。

本案中，小军根据样品的性能、外观等才签订了车辆买卖合同并支付定金，商家最终交货的车辆性能与样品不同，违反了《民法典》对于样品买卖的规定，因此商家应当交付与样品质量性能一致的车辆，如果不能的话，需要承担违约责任。

相关法律

《中华人民共和国民法典》

第六百三十五条 凭样品买卖的当事人应当封存样品，并可以对样品质量予以说明。出卖人交付的标的物应当与样品及其说明的质量相同。

第六百三十六条 凭样品买卖的买受人不知道样品有隐蔽瑕疵的，即使交付的标的物与样品相同，出卖人交付的标的物的质量仍然应当符合同种物的通常标准。

7. 试用期限届满，买家未作表示的，该怎么处理？

情景再现

林强自主创业，很快赚到了一些钱，就想买一台价值百万的轿车犒劳自己。经过精心挑选，林强终于选定了一辆某品牌的轿车，但是因为总金额较大，林强有些犹豫。于是商家提出，可以约定试用期一个月，如果林强觉得车还可以就签订买卖合同，如果觉得不行就不签合同，只需要支付一定的使用费即可。林强觉得还算合理，就与商家签订了试用期的协议。谁知林强由于生意太忙没有注意期限，试用期满了以后，也没有作出任何表示。又过了一段时间，商家发来一个函件称，由于试用期满林强没有提出异议，视为认同商品质量，要求其支付车辆价款。林强则认为车辆性能虽然不错，但是价格太贵，决定不购买，无奈之下他打电话给律师朋友，寻求帮助。

法律分析

试用买卖是指约定买受人先行试用标的物，然后在一定期间内决定是否购买的买卖合同。试用买卖与一般买卖相比，具有以下法律特征：试用买卖合同约定由买方享有先行试用的权利，以买方试用后在一定期限内表示认可为生效条件。按照我国《民法典》第六百三十八条第一款的规定，试用买卖的买受人在试用期内可以购买标的物，也可以拒绝购买。试用期限届满，买受人对是否购买标的物未作表示的，视为购买。本案中，林强由于自己的原因忘记了试用期，试用期届满后未作任何表示，根据法律规定，应当视为其同意购买该车辆，因此商家的主张于法有据。

相关法律

《中华人民共和国民法典》

第六百三十八条 试用买卖的买受人在试用期内可以购买标的物，也可以拒绝购买。试用期限届满，买受人对是否购买标的物未作表示的，视为购买。

试用买卖的买受人在试用期内已经支付部分价款或者对标的物实施出卖、出租、设立担保物权等行为的，视为同意购买。

六、赠与合同

1. 赠送东西给他人可以附加义务吗？

情景再现

张华大学毕业后，找到一份稳定的工作，由于处于事业起步阶段，没有能力买车。好友李朋高中毕业后就一直经商，赚了不少钱，将自己正在开的车赠送给了张华，但是因为这台车是李朋赚到钱后买的第一台车，对于他来说具有重要的意义，便要求张华不能将车辆出让、转赠给其他人。张华则认为，既然李朋已经将车辆赠送给自己，自己就享有车辆的所有权，因此李朋的要求可以不用顾及。

法律分析

我国《民法典》第六百五十七条规定，赠与合同是赠与人将自己的财产无偿给予受赠人，受赠人表示接受赠与的合同。第六百六十一条规定，赠与可以附义务。赠与附义务的，受赠人应当按照约定履行义务。本案中，李朋将车辆赠与张华，但因这是他购买的第一辆车，于他有纪念意义，故要求张华不得出让和转赠，这就是附义务的赠与，张华作为受赠人应当遵守李朋附加的义务。

法官提示

赠与合同是指赠与方将自己所有的物品、现金或者某种权利无偿赠送给他人的行为。赠与也可以附义务，即赠与一方要求受赠方履行某种义务，如果受赠方不履行义务，赠与方有权撤销赠与。但这种义务一般与赠与人的利益无关，否则就属于有偿地赠送。如果将某种物送给他人并要求给付一定的金钱，就不是赠与。

相关法律

《中华人民共和国民法典》

第六百五十七条 赠与合同是赠与

人将自己的财产无偿给予受赠人，受赠人表示接受赠与的合同。

第六百六十一条 赠与可以附义务。

赠与附义务的，受赠人应当按照约定履行义务。

2. 赠送给他人的物品有瑕疵，需要承担责任吗？

情景再现

周礼大学毕业考上了公务员，想买一辆车代步，但刚工作，没有能力买车。发小陈江决定将正在开的车赠送给周礼，自己再重新买一辆。但由于这辆车已经开了有一段时间，车上空调不能使用，左后门也不能正常打开，可能还有一些没有发现的问题，但是周礼认为没有大碍，只要能用就行。后来有一次周礼开车外出，刹车突然失灵，周礼因此受伤。周礼找到陈江，要求陈江承担医疗费用，但是陈江的老婆认为周礼受伤与陈江无关，车本来就是好意赠送的，陈江不应当承担任何责任。

法律分析

按照我国《民法典》第六百六十二条的规定，赠与的财产有瑕疵的，赠与人不承担责任。附义务的赠与，赠与的财产有瑕疵的，赠与人在附义务的限度内承担与出卖人相同的责任。赠与人故意不告知瑕疵或者保证无瑕疵，造成受赠人损失的，应当承担赔偿责任。

本案中，陈江将车辆赠与周礼，周礼明知陈江的车辆有些问题，还是接受了赠与；陈江并没有对车辆作出无瑕疵的保证，也不存在故意不告知车辆瑕疵的情况，因此其对于周礼受伤不必承担责任。

相关法律

《中华人民共和国民法典》

第六百六十二条 赠与的财产有瑕疵的，赠与人不承担责任。附义务的赠与，赠与的财产有瑕疵的，赠与人在附义务的限度内承担与出卖人相同的责任。

赠与人故意不告知瑕疵或者保证无瑕疵，造成受赠人损失的，应当承担赔偿责任。

3. 赠与人撤销赠与，有时间限制吗？

情景再现

张冬冬是个爱猫人士，收养了很多猫咪。李春春是张冬冬的朋友，看到张冬冬时常在朋友圈发帖展示和猫的互动，也想养只猫做伴。李春春提出向张冬冬买一只猫，张冬冬表示自己养了很多猫，如果李春春真心要养可以送她一只。于是李春春挑了一只纯黑的猫，并说要先把家里重新整理一遍并购置一些养猫的用品，过几天再来取猫。然而，就在答应李春春后没几天，张冬冬便反悔了，告诉李春春黑猫不送了。可是，李春春认为，两人都已经说好了，张冬冬不能出尔反尔。

法律分析

《民法典》第六百五十八条规定在赠与财产的权利转移之前，赠与人可以撤销赠与，但是具有救灾、扶贫、助残等社会公益、道德义务性质的赠与合同或者经过公证的赠与合同，不适用该规定。本案中，张冬冬答应将自己养的黑猫送给李春春，但是在把黑猫实际交付给李春春之前撤销赠与，是符合法律规定的。

相关法律

《中华人民共和国民法典》

第六百五十八条 赠与人在赠与财产的权利转移之前可以撤销赠与。

经过公证的赠与合同或者依法不得撤销的具有救灾、扶贫、助残等公益、道德义务性质的赠与合同，不适用前款规定。

4. 赠与人可以不履行赠与义务吗？

情景再现

王庄与周强是生意伙伴，两人合作多年也培养出一定的友情。一次，周强应邀到王庄家做客，王庄向周强展示了自己收藏的很多珍贵精美的古董。周强对其中一个花瓶赞不绝口，甚是喜爱。王庄见状，便大方地提出将这个花瓶赠送给周强。周强表示要先去买个精美的橱柜，然后再来取花瓶。后来周强因生意较忙，一段时间过去了，还是没来领取花瓶。就在这段时间，王庄生意亏损严重，妻子又突然查出患有白血病，治疗需要很多钱。于是王庄打算将花瓶卖掉，不再赠送给周强。

法律分析

按照我国《民法典》第六百六十六条的规定，赠与人的经济状况显著恶化，严重影响其生产经营或者家庭生活的，可以不再履行赠与义务。本案中，王庄答应将花瓶赠送给周强，但是花瓶还没有实际交付给周强，而此时，王庄经济状况突发重大转变，家庭又急需重大开支，因此可以不再履行赠与义务。

相关法律

《中华人民共和国民法典》

第六百六十六条 赠与人的经济状况显著恶化，严重影响其生产经营或者家庭生活的，可以不再履行赠与义务。

七、借款合同

1. 借款合同约定的利息可否预先扣除？

情景再现

张欣和李月从小在一起长大。张欣家境较好，高中毕业就踏上社会，在父母的帮助下开办了一家贸易公司，在生意场上混得顺风顺水。李月大学毕业后，总是找不到合适的工作，于是回到老家准备创业。但是因为家境所限，于是她找到好友张欣借款20万元作为创业启动资金。两人约定借款期限为两年，年利率为20%。在交付款项的时候，张欣即扣除了第一年的利息4万元，李月实际到手款项为16万元。

法律分析

按照《民法典》第六百七十条的规定，借款的利息不得预先在本金中扣除。利息预先在本金中扣除的，应当按照实际借款数额返还借款并计算利息。本案中，张欣借款给李月，约定了年利率是20%，在交付的时候扣除了第一年的利息，根据法律规定，扣除利息的行为违反法律规定，双方应当以实际得款即16万元来计算本金和利息。

法官提示

在民间借贷的实践中，出借方往往

会在实际出借资金之前，将全部或者部分利息扣除后再将资金借给对方，但在借条或借款协议中约定的借款金额却是本金与扣除过的利息之和，且往往只出现本金而无利息，借款人还款时也要归还借据上的数额。比如借款合同写的是10万元，约定年利率10%，首年利息就是1万元，但是实际上借款人只收到出借人交付的9万元而已。出借人以这种借款形式达到收取非法高额利息和规避一定风险的目的。按照法律规定，预先扣除利息的行为违反法律规定，应以实际得款为本金。

相关法律

《中华人民共和国民法典》

第六百七十条 借款的利息不得预先在本金中扣除。利息预先在本金中扣除的，应当按照实际借款数额返还借款并计算利息。

2. 借款人不及时还款造成了贷款人的损失，逾期利息如何计算？

情景再现

周江与王朔大学毕业后都选择了自主创业，周江开了一家服装店，王朔开了一家餐馆。周江服装店的顾客定位为年轻群体，加上周江自己也比较会打扮，服装店生意很不错。相比之下，王朔餐厅生意很冷清，但是由于租房租了一年，实际也投入了很多，只能想办法继续营业下去。迫于资金不足，无奈之下，王朔找到周江，请求借款20万元。两人约定借款期限为两年，年利率为20%。两年过后，还款期限届满，周江的服装店也出现经营困难，于是要求王朔赶紧还钱，但是王朔无法还钱。此时由于款项未到位，周江未能及时支付一批货款造成了损失，周江一气之下要求王朔承担损失赔偿责任。

法律分析

按照我国《民法典》第六百七十六条的规定，借款人未按照约定的期限返还借款的，应当按照约定或者国家有关规定支付逾期利息。本案中，周江借款给王朔，后王朔未能及时还款导致周江遭受了一定的损失，按照法律规定，王朔逾期还款应当承担支付逾期利息的责任。双方如果没有约定逾期利息的计算方式，根据《最高人民法院关于审理民间借贷案件适用法律若干问题的规定》第二十八条第二款的规定来计算：（1）既未约定借期内利率，也未约定逾期利率，出借人主张借款人自逾期还款之日起参照当时一年期贷款市场报价利率标准计算的利息承担逾期还款违约责任的，人民法院应予支持；（2）约定了借期内利率但是未约定逾期利率，出借人主张借款人自逾期还款之日起按照借期内利率支付资金占用期间利息的，人民法院应予支持。也就是说，双方当事人在借款时候没有约定利息，也没有约定逾期还款需要承担利息的，出借人要求借款人从逾期还款之日起按照参照当时一年期贷款市场报价利率标准计算来支付利息是符合法律规定的；另外，如果约定了利息，但是没有约定逾期借款之后的利息，出借人可以要求按照原利息一直计算到还款之时。据此可知，对于本案的情况，逾期利息利率的确定可以依照借期内的利率予以确定。但是根据《最高人民法院关于审理民间借贷案件适用法律若干问题的规定》（法释〔2020〕17号）第二十八条第一款规定，借贷双方对逾期利率有约定的，从其约定，但是以不超过合同成立时一年期贷款市场报价利率四倍为限。同时第二十九条规定，出借人与借款人既约定了逾期利率，又约定了违约金或者其他费用，出借人可以选择主张逾期利息、违约金或者其他费用，也可以一并主张，但是总计超过合同成立时一年期贷款市场报价利率四倍的部分，人民法院不予支持。逾期利率是有上限要求的，即不超过合同成立时一年期贷款市场报价利率四倍为限，同时逾期利息和违约金等是可以一并主张的，但是总计超过合同成立时一年期贷款市场报价利率四倍的部分也得不到法律的支持。

相关法律

《中华人民共和国民法典》

第六百七十六条 借款人未按照约定的期限返还借款的，应当按照约定或者国家有关规定支付逾期利息。

《最高人民法院关于审理民间借贷案件适用法律若干问题的规定》

第二十八条 借贷双方对逾期利率有约定的，从其约定，但是以不超过合同成立时一年期贷款市场报价利率四倍为限。

未约定逾期利率或者约定不明的，人民法院可以区分不同情况处理：

（一）既未约定借期内利率，也未约定逾期利率，出借人主张借款人自逾期还款之日起参照当时一年期贷款市场报价利率标准计算的利息承担逾期还款违约责任的，人民法院应予支持；

（二）约定了借期内利率但是未约定逾期利率，出借人主张借款人自逾期还款之日起按照借期内利率支付资金占用期间利息的，人民法院应予支持。

第二十九条 出借人与借款人既约定了逾期利率，又约定了违约金或者其他费用，出借人可以选择主张逾期利息、违约金或者其他费用，也可以一并主张，但是总计超过合同成立时一年期贷款市场报价利率四倍的部分，人民法院不予支持。

3. 借款利息怎样确定才能受到法律保护？

情景再现

宋春大学毕业后考上了家乡县城的公务员，干了两年，觉得工作很枯燥收入也很低，就想下海经商。但是宋春手头启动资金不足，也不想拖家里人后腿，于是，找到好友小梅借款20万元。两人约定借款期限为两年，但是利率难以确定。宋春认为，如果约定高了自己承受不起，也不好约定低了让好友吃亏，毕竟都是血汗钱。

法律分析

按照《民法典》第六百七十九条、第六百八十条的规定，自然人之间的借款合同，自贷款人提供借款时成立。借款合同对支付利息没有约定的，视为没有利息。自然人之间的借款合同约定支付利息的，借款的利率不得违反国家有关限制借款利率的规定。宋春和小梅之间的借款属于自然人之间的借款，根据《最高人民法院关于审理民间借贷案件适用法律若干问题的规定》第二十五条的规定，出借人请求借款人按照合同约定利率支付利息的，人民法院应予支持，但是双方约定的利率超过合同成立时一年期贷款市场报价利率四倍的除外。本案中，宋春和小梅的借款合同，利率以不超过合同成立时一年期贷款市场报价利率四倍为界限，合同成立时一年期贷款市场报价利率四倍以下的才符合法律规定。

法官提示

民间借贷利率的特点就是当资金紧缺时，利率提高；需求疲软时，利率下降，利率完全受市场自发调节。双方当事人可以约定民间借贷的利率，但是不能超过法律规定的限度。

相关法律

《中华人民共和国民法典》

第六百七十九条 自然人之间的借款合同，自贷款人提供借款时成立。

第六百八十条 禁止高利放贷，借款的利率不得违反国家有关规定。

借款合同对支付利息没有约定的，视为没有利息。

借款合同对支付利息约定不明确，当事人不能达成补充协议的，按照当地或者当事人的交易方式、交易习惯、市场利率等因素确定利息；自然人之间借款的，视为没有利息。

《最高人民法院关于审理民间借贷案件适用法律若干问题的规定》

第二十四条 借贷双方没有约定利息，出借人主张支付利息的，人民法院不予支持。

自然人之间借贷对利息约定不明，出借人主张支付利息的，人民法院不予支持。除自然人之间借贷的外，借贷双方对借贷利息约定不明，出借人主张利息的，人民法院应当结合民间借贷合同的内容，并根据当地或者当事人的交易方式、交易习惯、市场报价利率等因素确定利息。

第二十五条 出借人请求借款人按照合同约定利率支付利息的，人民法院应予支持，但是双方约定的利率超过合同成立时一年期贷款市场报价利率四倍的除外。

前款所称“一年期贷款市场报价利率”，是指中国人民银行授权全国银行间同业拆借中心自2019年8月20日起每月发布的一年期贷款市场报价利率。

4. 借款人未按约定及时取走借款的，利息怎样计算？

情景再现

陈力由于专业所限，毕业后老是找不到合适的工作，于是回到老家准备创业。陈力急需启动资金，就向银行申请了贷款并获得批准，借款期限两年，自合同签订之日起算，年利率为10%。银行批准贷款后，好友李方答应借款20万元给陈力，并且不要利息。陈力高兴之余，就没有将银行放贷的20万元取出，他认为，只要不取出那笔钱，钱就还是银行的，自己不用支付利息。

法律分析

向金融机构借款和自然人之间的借款不一样。法律规定，自然人之间的借款合同，自出借人提供借款时生效，只要出借人没有提供借款，借款合同就还未生效。而向金融机构借款，需要按照合同约定确定借款合同生效的时间和条件，只要合同生效了就应当按照约定计算时间和利息。根据《民法典》第六百七十一条第二款的规定，借款人未按照约定的日期、数额收取借款的，应当按照约定的日期、数额支付利息。据此可知，银行放贷后，陈力作为借款人即便未按照约定的日期和数额收取借款，也要按照约定的日期、数额支付相应的利息。

相关法律

《中华人民共和国民法典》

第六百七十一条 贷款人未按照约定的日期、数额提供借款，造成借款人损失的，应当赔偿损失。

借款人未按照约定的日期、数额收取借款的，应当按照约定的日期、数额支付利息。

5. 借款人未按照约定用途使用借款，银行可以提前收回借款吗？

情景再现

周大强下海经商失利，于是决定返乡创业。因为是农村户口，周大强能够享受当地政府和银行提供的创业贷款，但这是政策扶持的低息贷款，必须专款专用，严格按照申报目的使用贷款资金。周大强向银行申请贷款用于养殖业发展，银行同意贷款 20 万元，约定贷款期限为 5 年，年利率 3% 且前三年为免息期，贷款只能用于养殖业发展。周大强获得贷款后，觉得养殖业挣钱太慢，于是将钱拿去开餐馆，银行发现后，要求提前收回贷款。

法律分析

如果借款合同双方对借款的用途作出了约定，那么借款人获得款项后应当按照约定的用途使用借款，如果没有用于合同约定的事项，就属于违约行为。按照《民法典》第六百七十三条的规定，贷款人可以停止发放借款、提前收回借款或者解除合同。本案中，银行放贷后，周大强作为借款人未按照约定将借款用于开展养殖业，而是用于开餐馆，银行要求提前收回贷款于法有据。

相关法律

《中华人民共和国民法典》

第六百七十三条 借款人未按照约定的借款用途使用借款的，贷款人可以停止发放借款、提前收回借款或者解除合同。

6. 借款合同没有约定还款期限，怎么处理？

情景再现

小张和小王在大学时是好朋友，毕业之后也一直保持不错的同学情谊。工作了几年后，小张萌生了自己创业的念头，就积极做准备，然而万事开头难，事业刚开始就遇到了资金困难。小王听说之后，主动联系小张表示愿意帮忙。原来小王毕业之后事业一直比较顺利，收入颇丰。小张拟了一份借款合同拿给小王看，小王发现合同里没说明还款时间，有点不确定怎么办。

法律分析

《民法典》第五百一十条规定，合同生效后，当事人就质量、价款或者报酬、履行地点等内容没有约定或者约定不明确的，可以协议补充；不能达成补充协议的，按照合同相关条款或者交易习惯确定。第六百七十五条同时规定，借款人应当按照约定的期限返还借款。对借款期限没有约定或者约定不明确，依照《民法典》第五百一十条的规定仍不能确定的，借款人可以随时返还；贷款人可以催告借款人在合理期限内返还。本案中，两人的合同没有约定还款期限，小王可以和小张另行约定还款期限。如果不能约定，那么小王可以通知小张在合理期限内返还。

相关法律

《中华人民共和国民法典》

第五百一十条 合同生效后，当事人就质量、价款或者报酬、履行地点等内容没有约定或者约定不明确的，可以协议补充；不能达成补充协议的，按照合同相关条款或者交易习惯确定。

第六百七十五条 借款人应当按照约定的期限返还借款。对借款期限没有约定或者约定不明确，依据本法第五百一十条的规定仍不能确定的，借款人可以随时返还；贷款人可以催告借款人在合理期限内返还。

7. 提前偿还借款的话，利息是否要按合同约定的时间支付？

情景再现

小张大学毕业后考上了大学所在城市的公务员，到了结婚成家的年纪，他决定买房，但首付款还差一些，于是找到家境较好且生意做得很顺利的小李借钱，两人约定借款期限为5年，年利率为3%。后小张省吃俭用，不到两年就凑足了欠款，准备提前还款，但不知道利息是否要按照5年来算，打算找个懂法律的人问问。

法律分析

按照《民法典》第六百七十七条的规定，借款人提前返还借款的，除当事人另有约定外，应当按照实际借款的期间计算利息。本案中，小张若提前还款，则其根据实际借款的期间支付利息即可，而不用按照合同约定的5年来计算利息。

法官提示

除非当事人之间有特别约定，借款人提前返还借款的，按照实际借款的期间计算利息即可。这样的法律规定其实是提倡借款人提前还款，可以少支付利息，对于贷款人来说也可以尽早收回资金另作他用。

相关法律

《中华人民共和国民法典》

第六百七十七条 借款人提前返还借款的，除当事人另有约定外，应当按照实际借款的期间计算利息。

八、租赁合同

1. 口头租房合同的效力如何？

情景再现

刘丽华高中毕业后，到广东打工，两年后攒了一些钱，于是决定回到老家创业。在亲朋好友的帮助下，刘丽华筹集到了足够的资金。通过朋友帮忙介绍，她在老家县城找到了一个位置不错的店铺。因为是熟人，刘丽华与房东只是口头约定租金3000元一个月，租期一年，刘丽华每个月初将租金交给房东即可。

法律分析

按照《民法典》的规定，当事人订立合同，可以采用书面形式、口头形式或者其他形式。租赁合同，是出租人将租赁物交付承租人使用、收益，承租人支付租金的合同。根据《民法典》第七百零七条的规定，租赁期限六个月以上的，应当采用书面形式。当事人未采用书面形式的，视为不定期租赁。在不定期租赁中，除非另有约定，双方均可随时解除合同。据此可知，刘丽华和房东达成的是口头租赁合同，但由于双方约定的租期为 1 年，没有采用书面形式，属于不定期租赁。

相关法律

《中华人民共和国民法典》

第四百六十九条第一款 当事人订立合同，可以采用书面形式、口头形式或者其他形式。

第七百零三条 租赁合同是出租人将租赁物交付承租人使用、收益，承租人支付租金的合同。

第七百零七条 租赁期限六个月以上的，应当采用书面形式。当事人未采用书面形式，无法确定租赁期限的，视为不定期租赁。

2. 出租的房子不符合要求，出租人是否要承担责任？

情景再现

张甲毕业后在大城市工作，暂时只能租房住。张甲通过好友找到了房源，因为是朋友介绍，房主小李没要押金就把房子租给了张甲。张甲住进去没多久，发现房屋墙面脱落严重，屋顶还有渗水，于是找到小李要求解决问题，小李则表示：本来不要押金就已经是看在朋友的面子上了，张甲应该自己出钱解决这些问题。

法律分析

按照《民法典》第七百零八条的规定，出租人应当按照约定将租赁物交付承租人，并在租赁期限内保持租赁物符合约定的用途。本案中，小李的房屋墙面脱落严重，房顶漏水，显然不能满足张甲居住的需要，按照法律规定，应当由小李来负责修缮房屋直至房屋符合租用要求为止。

相关法律

《中华人民共和国民法典》

第七百零八条 出租人应当按照约定将租赁物交付承租人，并在租赁期限内保持租赁物符合约定的用途。

3. 租房人任意改变房屋的用途，出租人该怎么办？

情景再现

郑奇租了老刘的房子办公司，和老刘约定房屋做办公室使用。一年后，郑奇的公司扩大规模，又雇用了很多员工，郑奇就将办公室搬到了旁边的一栋楼里，把老刘的房子改造成了食堂，供职工用餐。一次偶然的机会，老刘去找郑奇，发现自己的房子早已是油烟四溅，墙体发黑发黄。老刘非常不满，要求郑奇给个说法。

法律分析

按照《民法典》第七百零九条和第七百一十一条的规定，承租人应当按照约定的方法使用租赁物。如果租赁双方对租赁物的使用方法没有约定或者约定不明确，后续未签订协议，按照合同有关条款或者交易习惯也无法确定的，应当按照租赁物的性质使用。如果承租人未按照约定的方法或者租赁物的性质使用租赁物，致使租赁物受到损失，出租人可以解除合同并要求赔偿损失。本案中，无论是基于法律规定还是双方的约定，郑奇都只能将房屋用作办公室，他把房屋当成员工食堂使用，并造成墙体发黑发黄，违反了合同约定和法律规定。老刘据此可以解除合同并要求郑奇赔偿损失。

相关法律

《中华人民共和国民法典》

第七百零九条 承租人应当按照约定的方法使用租赁物。对租赁物的使用方法没有约定或者约定不明确，依据本法第五百一十条的规定仍不能确定的，应当依据租赁物的性质使用。

第七百一十一条 承租人未按照约定的方法或者未根据租赁物的性质使用租赁物，致使租赁物受到损失的，出租人可以解除合同并请求赔偿损失。

4. 出租人有维修的义务吗？

情景再现

黄飞国庆节准备与好朋友一起去自驾游，共有9个人同行，谁的车都坐不下。黄飞有大车驾照，于是他们决定租一辆中巴车。途中，车辆因为本身有问题需要维修，黄飞联系租车行说明了中巴车需要维修的情况，但是租车行以中巴车在租车行开出时没有问题为由拒绝承担维修的费用，后黄飞一行将车辆拖去修车厂修理，花了1000元修理费。后来租期满了，他们回到租车行还车，要租车行承担维修车辆的费用，却遭到了租车行的拒绝。黄飞等人与租车行仅就租期和租金做了约定，并未涉及维修等事宜，不知道怎么办才好。

法律分析

按照《民法典》的规定，出租人应当履行租赁物的维修义务，但是当事人另有约定的除外。承租人在租赁物需要维修时可以请求出租人在合理期限内维修。出租人未履行维修义务的，承租人可以自行维修，维修费用由出租人负担。因维修租赁物影响承租人使用的，应当相应减少租金或者延长租期。本案中，对于维修问题，黄飞与租车行没有特别约定，在黄飞等人发现所租赁的中巴车需要维修时，与租车行进行了沟通，租车行拒绝承担责任，在此种情况下，黄飞可以自行维修，但是费用由租车行负担。如果因车辆维修导致黄飞受到其他实际损失，则可以要求租车行减少租金或者延长租期。

相关法律

《中华人民共和国民法典》

第七百一十二条 出租人应当履行租赁物的维修义务，但是当事人另有约定的除外。

第七百一十三条 承租人在租赁物需要维修时可以请求出租人在合理期限内维修。出租人未履行维修义务的，承租人可以自行维修，维修费用由出租人负担。因维修租赁物影响承租人使用的，应当相应减少租金或者延长租期。

因承租人的过错致使租赁物需要维修的，出租人不承担前款规定的维修义务。

5. 承租人可以擅自装修房屋吗？

情景再现

小丁夫妻俩来到大城市打拼，租房子住是免不了的。通过互联网找到合适的房子之后，小丁与房东签了合同，就跟妻子住了进去。因为对居住环境有所要求，加上还有点设计功底，小丁没有跟房东说，就把房子按照自己的意愿重新装修了一遍。过了半年，房东来收房租的时候，发现自己的房子变了样，勃然大怒，非得让小丁赔偿不可。

法律分析

按照我国《民法典》第七百一十五条的规定，出租人与承租人签订租赁合同之后，承租人对租赁物进行改善或者增设部件等，需要征得出租人同意，否则就要承担相应的责任，如恢复原状或赔偿损失。

本案中，小丁夫妻俩如果要装修和改变房屋格局，应当征求房东的同意。现在，房东可以要求小丁恢复房屋原状或者赔偿相应的损失。

相关法律

《中华人民共和国民法典》

第七百一十五条　承租人经出租人同意，可以对租赁物进行改善或者增设他物。

承租人未经出租人同意，对租赁物进行改善或者增设他物的，出租人可以请求承租人恢复原状或者赔偿损失。

6. 承租人可以转租吗？

情景再现

小林和小李都是开咖啡店的，小林的店铺规模较大，装备都很齐全，有三台价格很贵的咖啡豆烘烤机。由于咖啡机价格较高，小李的店铺规模也较小，于是便向小林租了一台咖啡机，两人签订了合同。后来小李的朋友小张也想开咖啡店，就向小李租了原本属于小林的这台咖啡机。租了咖啡机之后，由于小张使用不当，造成了咖啡机的损坏。租期届满时，小林要求小李及时将咖啡机送还，小李找到小张，才知道咖啡机已经损坏的事实。

法律分析

按照《民法典》第七百一十六条的规定，承租人经出租人同意，可以将租赁物转租给第三人。转租后，承租人与出租人之间的租赁合同继续有效，第三人对租赁物造成损失的，承租人应当赔偿损失。若承租人未经出租人同意就转租，则出租人有权解除合同。本案中，小李将从小林处租来的咖啡机转租给了小张，小林并不知情，小李也是直到租期届满才知道咖啡机已经被小张损坏。根据法律规定，对于小张对咖啡机造成的损失，小李应当向小林承担赔偿责任。

相关法律

《中华人民共和国民法典》

第七百一十六条　承租人经出租人同意，可以将租赁物转租给第三人。承租人转租的，承租人与出租人之间的租赁合同继续有效；第三人造成租赁物损失的，承租人应当赔偿损失。

承租人未经出租人同意转租的，出租人可以解除合同。

7. 转租合同期限超过原租赁合同期限，效力如何？

情景再现

A公司由于业务需要租了一套房子，接手房屋后,A公司发现房屋格局有点问题，不太适合办公使用。后来A公司经过一番周折，找到了更合适的房子，于是在征得房东同意后，将先租的房屋转租给了别人。后来房东发现，自己租给A公司的租期是两年，但是A公司租给别人是30个月，于是找到A公司相关负责人协商解决此事。

法律分析

《民法典》第七百一十七条规定，承租人经出租人同意将租赁物转租给第三人，转租期限超过承租人剩余租赁期限的，超过部分的约定对出租人不具有法律约束力，但是出租人与承租人另有约定的除外。本案中，A公司与他人的转租合同中超出原租赁合同期限的部分是无效的，如果房东和A公司能够达成新的协议延长租期的话，也可以认定为有效。

相关法律

《中华人民共和国民法典》

第七百一十七条 承租人经出租人同意将租赁物转租给第三人，转租期限超过承租人剩余租赁期限的，超过部分的约定对出租人不具有法律约束力，但是出租人与承租人另有约定的除外。

8. 租赁中的房屋买卖后，原租赁合同的效力如何？

情景再现

晓红一家租住在一套房子里，家里刚有了小宝宝，正是忙得不可开交的时候。谁知晓红就在这时接到房东要求自己另找房子租住的消息，原来房东因为某些原因把晓红租的房子卖了，手续都已经办好了。新房主知道房子里还有租户之后非常不满，认为房主换了之后，原来的租赁合同就自动失效了，要求晓红立刻腾出房屋，原来的房东这才着急通知。手忙脚乱的晓红一下子蒙了，不知道自己能不能继续住在这里。

法律分析

按照《民法典》第七百二十五条的规定，租赁物在承租人按照租赁合同占有期限内发生所有权变动的，不影响租赁合同的效力。因此在本案中，虽然房屋已经转卖，但是原来的租赁合同仍然有效，而不是自动失效，新房主的主张于法无据。本案中原房东的做法也欠妥，根据《民法典》第七百二十六条的规定，原房主应当在出卖房屋之前的合理期限内通知晓红，晓红享有以同等条件优先购买的权利；但是，房屋按份共有人行使优先购买权或者出租人将房屋出卖给近亲属的除外。出租人履行通知义务后，承租人在十五日内未明确表示购买的，视为承租人放弃优先购买权。

法官提示

房屋所有权变动不影响租赁合同的效力，专业上被称作“买卖不破租赁”，也就是在租赁关系存续期间，即使所有权人将租赁物出让给他人，对租赁关系也不产生任何影响，买受人不能以自己已成为租赁物的所有人为由，否认原租赁关系的存在并要求承租人返还租赁物。

相关法律

《中华人民共和国民法典》

第七百二十五条 租赁物在承租人按照租赁合同占有期限内发生所有权变动的，不影响租赁合同的效力。

第七百二十六条 出租人出卖租赁房屋的，应当在出卖之前的合理期限内通知承租人，承租人享有以同等条件优先购买的权利；但是，房屋按份共有人行使优先购买权或者出租人将房屋出卖给近亲属的除外。

出租人履行通知义务后，承租人在十五日内未明确表示购买的，视为承租人放弃优先购买权。

9. 合同到期承租人不续租，却继续使用的，该怎么处理？

情景再现

苏青辞职之后一直想做点小生意，刚好邻居家的门面房空闲，就租了下来，准备开一家小吃店。双方签订了租赁合同，约定租期为一年。一年后租期届满，忙着做生意的苏青一直没顾上跟邻居谈房子续租的事，邻居也没提意见。

法律分析

按照《民法典》第七百三十四条的规定，租赁期限届满，承租人继续使用租赁物，出租人没有提出异议的，原租赁合同继续有效，但是租赁期限为不定期。租赁期限届满，房屋承租人享有以同等条件优先承租的权利。据此，本案中租期届满后，苏青还一直在房屋内做生意，邻居也没有提出异议，因此他们的租赁合同继续有效，只是租赁期限变成了不定期。

在不定期租赁中，除非另有约定，双方均可随时解除合同。因此租赁期届满后，苏青和邻居都享有随时解除合同的权利，但是在合同解除之前，原租赁合同继续有效，双方按照原租赁合同履行各自义务，享有各自权利。

相关法律

《中华人民共和国民法典》

第七百三十三条 租赁期限届满，承租人应当返还租赁物。返还的租赁物应当符合按照约定或者根据租赁物的性质使用后的状态。

第七百三十四条 租赁期限届满，承租人继续使用租赁物，出租人没有提出异议的，原租赁合同继续有效，但是租赁期限为不定期。

租赁期限届满，房屋承租人享有以同等条件优先承租的权利。

九、委托合同

1. 代他人处理事务，先行垫付费用，可否要求被代理方支付利息？

情景再现

刘涛和彭杰是从小长大的两兄弟。刘涛外出打工挣到了一些钱，于是回到老家县城开起了一间小餐馆，彭杰也不想到处打工了，就到刘涛店里帮忙。彭杰主要负责店里的采购，平时采购都是彭杰先垫付钱，两人约定好，每半年结清一次。半年后，刘涛的店铺扣除成本以后，所剩无几，无法付清彭杰的垫付款，于是两人约定到年底再结算。到年底结算的时候，彭杰的老婆认为，自己家垫出去的钱金额不小，如果存在银行，一年的利息都能作家用了，于是让彭杰跟刘涛要一些垫付款的利息。

法律分析

根据《民法典》第九百二十一条规定，委托人应当预付处理委托事务的费用。受托人为处理委托事务垫付的必要费用，委托人应当偿还该费用并支付利息。因此根据法律规定，彭杰受刘涛委托为店里采购物品，并垫付相应的费用，刘涛负有偿还垫付款义务并应当支付相应的利息。

法官提示

我国《民法典》第九百一十九条规定，委托合同是委托人和受托人约定，由受托人处理委托人事务的合同。第九百二十条规定，委托人可以特别委托受托人处理一项或者数项事务，也可以概括委托受托人处理一切事务。本案中，刘涛是委托人，彭杰是受托人，二者之间成立了委托合同关系。

相关法律

《中华人民共和国民法典》

第九百一十九条 委托合同是委托人和受托人约定，由受托人处理委托人事务的合同。

第九百二十条 委托人可以特别委托受托人处理一项或者数项事务，也可以概括委托受托人处理一切事务。

第九百二十一条 委托人应当预付处理委托事务的费用。受托人为处理委托事务垫付的必要费用，委托人应当偿还该费用并支付利息。

2. 可否将代他人处理的事务，再委托给其他人办理？

情景再现

李欢开了一家贸易公司，主要经营产品代销。生意步入轨道之后，需要聘请一个助手。适逢李欢的发小周晨想换工作，于是应李欢的邀请，到了李欢公司帮忙。由于两人关系很好，周晨都是作为李欢的代理人对外开展业务。后来公司业务量越来越大，周晨就想把李欢委托自己的部分事项转委托给弟弟帮忙处理。

法律分析

本案涉及委托合同中的“转委托”，所谓转委托，是指代理人为了被代理人的利益需要，将自己享有的代理权的全部或一部分转委托给他人行使。转委托代理的条件有三个：（1）必须是为了被代理人的利益需要；（2）转委托的代理权不能超过原代理人的代理权；（3）转委托应事先取得被代理人的同意，或者事后由被代理人追认。

根据《民法典》第九百二十三条的规定，受托人应当亲自处理委托事务。经委托人同意，受托人可以转委托。转委托经同意或者追认的，委托人可以就委托事务直接指示转委托的第三人，受托人仅就第三人的选任及其对第三人的指示承担责任。转委托未经同意或者追认的，受托人应当对转委托的第三人的行为承担责任；但是，在紧急情况下受托人为了维护委托人的利益需要转委托第三人的除外。本案中，原则上周晨要亲自处理李欢委托的事项，但是如果李欢同意，他可以将事项转委托给别人。在李欢同意的情况下，周晨只需要对选任第三人以及自己对第三人的指示承担责任。如果转委托没有经过李欢同意，周晨就要对第三人的行为承担责任，但维护李欢利益的紧急情况除外。

相关法律

《中华人民共和国民法典》

第九百二十三条 受托人应当亲自处理委托事务。经委托人同意，受托人可以转委托。转委托经同意或者追认的，委托人可以就委托事务直接指示转委托的第三人，受托人仅就第三人的选任及其对第三人的指示承担责任。转委托未经同意或者追认的，受托人应当对转委托的第三人的行为承担责任；但是，在紧急情况下受托人为了维护委托人的利益需要转委托第三人的除外。

3. 受托人以自己的名义签订的合同，对委托人有约束力吗？

情景再现

李欣与王宇是好朋友，两人都是开公司做生意的。后来，李欣公司越做越大，兼并了王宇的公司，王宇成为李欣的代理人对外开展业务。但是每次王宇对外洽谈事务、签订合同等，都是以自己的名义进行的。

法律分析

根据《民法典》第九百二十五条的规定，受托人以自己的名义，在委托人的授权范围内与第三人订立的合同，第三人在订立合同时知道受托人与委托人之间的代理关系的，该合同直接约束委托人和第三人；但是，有确切证据证明该合同只约束受托人和第三人的除外。本案中，王宇在开展业务、签订合同的时候，如果交易方知道李欣与王宇的代理关系，这份合同直接在交易方和李欣之间发生效力。如果协议中明确协议内容只约束王宇和交易方，就不对李欣发生效力。

相关法律

《中华人民共和国民法典》

第九百二十五条 受托人以自己的名义，在委托人的授权范围内与第三人订立的合同，第三人在订立合同时知道受托人与委托人之间的代理关系的，该合同直接约束委托人和第三人；但是，有确切证据证明该合同只约束受托人和第三人的除外。

4. 受托人以自己名义与第三人订立合同，第三人不知道委托人存在的话，委托人是否可以对第三人行使权利？

情景再现

张先生是一家贸易公司的老总，生意越做越大。后来张先生兼并了一个规模较小的公司，并将其负责人李先生雇为副手，作为自己的代理人对外开展业务。李先生经常以自己的名义与他人签订合同，有时候交易方甚至并不知道张先生和李先生存在委托关系。

法律分析

通常情况下，受托人要以委托人的名义与第三人订立合同。但在某些情况下，受托人以自己的名义与第三人订立合同时，第三人不知道受托人与委托人之间的代理关系时，要根据第三人的不同情况来分析，这是因为当事人可以主张的权利是有一定区别的。

根据《民法典》第九百二十六条的规定，受托人以自己的名义与第三人订立合同时，第三人不知道受托人与委托人之间的代理关系的，受托人因第三人的原因对委托人不履行义务，受托人应当向委托人披露第三人，委托人因此可以行使受托人对第三人的权利。但是，第三人与受托人订立合同时如果知道该委托人就不会订立合同的除外。受托人因委托人的原因对第三人不履行义务，受托人应当向第三人披露委托人，第三人因此可以选择受托人或者委托人作为相对人主张其权利，但是第三人不得变更选定的相对人。委托人行使受托人对第三人的权利的，第三人可以向委托人主张其对受托人的抗辩。第三人选定委托人作为其相对人的，委托人可以向第三人主张其对受托人的抗辩以及受托人对第三人的抗辩。

本案中，张先生是委托人，李先生是受托人。李先生以自己的名义签订合同，对方不知道李先生与张先生的代理关系的话，如何处理要区别对待。（1）因为交易方不履行合同义务导致李先生无法向张先生履行义务的时候，李先生应当向张先生说明第三人的具体情况，这个时候，张先生就可以直接根据合同约定向交易方主张权利。但是如果交易方与李先生订立合同时候知道李先生只是作为受托人，就不会签订合同的话，证明交易方只愿意与李先生签订合同，此时，张先生不能对交易方行使权利。（2）李先生因为张先生的原因不能向第三人履行义务时候，李先生应当向第三人披露张先生的情况，此时第三人可以选择向张先生或者李先生主张权利，但是选定以后不能变更。（3）张先生对第三人行使权利的时候，第三人可以将用于对抗李先生的因素对抗张先生。第三人选定张先生作为相对人的时候，张先生可以用其对李先生的抗辩理由对抗第三人，也可以用李先生对第三人的抗辩来对抗第三人。简言之，李先生与交易方的约定、权利与义务的行使，张先生都完全享有相同的权利与义务。

相关法律

《中华人民共和国民法典》

第九百二十六条 受托人以自己的名义与第三人订立合同时，第三人不知道受托人与委托人之间的代理关系的，受托人因第三人的原因对委托人不履行义务，受托人应当向委托人披露第三人，委托人因此可以行使受托人对第三人的权利。但是，第三人与受托人订立合同时如果知道该委托人就不会订立合同的除外。

受托人因委托人的原因对第三人不履行义务，受托人应当向第三人披露委托人，第三人因此可以选择受托人或者委托人作为相对人主张其权利，但是第三人不得变更选定的相对人。

委托人行使受托人对第三人的权利的，第三人可以向委托人主张其对受托人的抗辩。第三人选定委托人作为其相对人的，委托人可以向第三人主张其对受托人的抗辩以及受托人对第三人的抗辩。

5. 因受托人的原因导致损失，委托人解除委托合同，受托人还能获取报酬吗？

情景再现

周老板开了一家公司做产品承销业务，起初他与妻子完全可以应付得过来，后来生意规模扩大，越来越忙，周老板就想找个得力的助手来帮忙。经过朋友推荐，李爽被周老板录用。李爽虽然沟通能力很不错，但是在生意场上毕竟是新手，在代理周老板开展业务的过程中，出现了很多差错，造成了不少损失。周老板想解除与李爽的委托合同，但不清楚是否还需要支付李爽报酬。

法律分析

根据《民法典》第九百二十八条的规定，受托人完成委托事务的，委托人应当按照约定向其支付报酬。因不可归责于受托人的事由，委托合同解除或者委托事务不能完成的，委托人应当向受托人支付相应的报酬。当事人另有约定的，按照其约定。本案中，周老板是委托人，李爽是受托人。委托合同的解除是由于李爽导致了大量损失，因此，周老板解除委托合同可以不支付李爽报酬。

相关法律

《中华人民共和国民法典》

第九百二十八条 受托人完成委托事务的，委托人应当按照约定向其支付报酬。

因不可归责于受托人的事由，委托合同解除或者委托事务不能完成的，委托人应当向受托人支付相应的报酬。当事人另有约定的，按照其约定。

6. 受托人因过错造成损失的，需要承担赔偿责任吗？

情景再现

张大力经人介绍，将刚大学毕业的周雪雇用到自己公司，作为自己的委托代理人对外开展业务。但因周雪阅历有限，也比较粗心大意，刚开始做业务就导致了不少损失。后来张大力对周雪进行了系统的业务指导和培训，依然没有任何成效。之后，在一单较大的业务中，周雪导致公司承担了较重的违约责任，张大力准备要求其赔偿公司的损失。

法律分析

根据《民法典》第九百二十九条的规定，有偿的委托合同，因受托人的过错造成委托人损失的，委托人可以请求赔偿损失。无偿的委托合同，因受托人的故意或者重大过失造成委托人损失的，委托人可以请求赔偿损失。受托人超越权限造成委托人损失的，应当赔偿损失。本案中，张大力是委托人，周雪是受托人。张大力雇用周雪代理自己对外开展业务是有偿的，周雪因自身原因导致的损失，应当按照法律规定承担赔偿责任。

相关法律

《中华人民共和国民法典》

第九百二十九条 有偿的委托合同，因受托人的过错造成委托人损失的，委托人可以请求赔偿损失。无偿的委托合同，因受托人的故意或者重大过失造成委托人损失的，委托人可以请求赔偿损失。

受托人超越权限造成委托人损失的，应当赔偿损失。

7. 委托合同在哪些情况下可以解除?

情景再现

李晴自主创业，在亲朋好友的扶持下开了一家贸易公司，随着业务扩展，李晴想委托一个得力的助理帮助开展业务，于是经过几番挑选之后，最终与陈静签订了委托合同。可是陈静做事很粗心，经过多次沟通，依然改观不大，李晴无奈之下想解除委托合同，但是不知道有没有什么法律风险。

法律分析

根据《民法典》第九百三十三条的规定，委托人或者受托人可以随时解除委托合同。因解除合同造成对方损失的，除不可归责于该当事人的事由外，无偿委托合同的解除方应当赔偿因解除时间不当造成的直接损失，有偿委托合同的解除方应当赔偿对方的直接损失和合同履行后可以获得的利益。据此，本案中，李晴因为陈静不能胜任助理的工作需要，可以解除委托合同。

相关法律

《中华人民共和国民法典》

第九百三十三条 委托人或者受托人可以随时解除委托合同。因解除合同造成对方损失的，除不可归责于该当事人的事由外，无偿委托合同的解除方应当赔偿因解除时间不当造成的直接损失，有偿委托合同的解除方应当赔偿对方的直接损失和合同履行后可以获得的利益。

十、运输合同

1. 货车司机未按约定路线运输，增加的运费由谁承担?

情景再现

林生经营一间海鲜餐厅，生意比较红火。后来林生把自己的好兄弟王磊请来帮忙。有一次供货商发货，运费由餐厅承担，但运费较平时高出许多。林生不愿意承担过高的运费，就让王磊调查此事。王磊调取承运货车的GPS数据后发现，该货车并未按照约定路线运输而是绕了圈子，导致了运输成本的增加。

法律分析

《民法典》第八百一十二条、第八百一十三条规定，承运人应当按照约定的或者通常的运输路线将旅客、货物运输到约定地点。旅客、托运人或者收货人应当支付票款或者运输费用。承运人未按照约定路线或者通常路线运输增加票款或者运输费用的，旅客、托运人或者收货人可以拒绝支付增加部分的票款或者运输费用。本案中，承运的货车司机未按照约定的路线导致运费增加，根据法律规定，林生可以拒绝支付增加的运输费用。

相关法律

《中华人民共和国民法典》

第八百一十二条 承运人应当按照约定的或者通常的运输路线将旅客、货物运输到约定地点。

第八百一十三条 旅客、托运人或者收货人应当支付票款或者运输费用。承运人未按照约定路线或者通常路线运输增加票款或者运输费用的，旅客、托运人或者收货人可以拒绝支付增加部分的票款或者运输费用。

2. 旅客因自己时间安排不合理错过了乘车时间，损失由谁承担？

情景再现

王力是公司销售部门的业务员，需要全国各地到处跑。有一次，王力预订了去北京的高铁票，但是由于自己时间安排不周，错过了乘坐时间。请问由此产生的损失该由谁承担呢？

法律分析

根据《民法典》第八百一十六条的规定，旅客因自己的原因不能按照客票记载的期限乘坐的，应当在约定的期限内办理退票或者变更手续；逾期办理的，承运人可以不退票款，并不再承担运输义务。本案中，王力因为时间安排不合理而未能按时乘车，应当按照高铁部门规定的程序办理退票、变更手续，如果退票变更的时间也错过了，那么损失只能由自己承担。

相关法律

《中华人民共和国民法典》

第八百一十六条 旅客因自己的原因不能按照客票记载的期限乘坐的，应当在约定的期限内办理退票或者变更手续；逾期办理的，承运人可以不退票款，并不再承担运输义务。

3. 旅客坚持要带烟花乘坐长途大巴车，车站是否能拒绝其上车？

情景再现

在外打工的小桐准备乘坐长途大巴车回家过年，购买了很多新奇的烟花放在行李箱里。在安检环节，工作人员发现了小桐行李箱里的烟花，要求他抛弃烟花。小桐不肯抛弃，于是车站拒绝让他上车，小桐一气之下拿出车票要求赔偿损失。

法律分析

根据《民法典》第八百一十八条的规定，旅客不得随身携带或者在行李中夹带易燃、易爆、有毒、有腐蚀性、有放射性以及可能危及运输工具上人身和财产安全的危险物品或者违禁物品。旅客违反前款规定的，承运人可以将危险物品或者违禁物品卸下、销毁或者送交有关部门。旅客坚持携带或者夹带危险物品或者违禁物品的，承运人应当拒绝运输。本案中，车站要求小桐抛弃烟花，但小桐执意要带，车站拒绝其上车于法有据，小桐不得要求车站赔偿损失。

法官提示

日常生活中，我们要遵守公共秩序，维护公共安全，在乘坐交通工具时违反禁止性规定夹带违禁品，将自己与他人的人身安全置于危险之中，是极其不负责任的行为。

相关法律

《中华人民共和国民法典》

第八百一十八条 旅客不得随身携带或者在行李中夹带易燃、易爆、有毒、有腐蚀性、有放射性以及可能危及运输工具上人身和财产安全的危险物品或者违禁物品。

旅客违反前款规定的，承运人可以将危险物品或者违禁物品卸下、销毁或者送交有关部门。旅客坚持携带或者夹带危险物品或者违禁物品的，承运人应当拒绝运输。

4. 免票的乘客在途中受伤的，公交公司需要承担赔偿责任吗？

情景再现

秋高气爽之时，小高带着父母外出旅游散心，两位老人享受公交公司优惠活动免票乘车。谁知途中发生车祸，导致两位老人受伤，于是小高要求公交公司承担赔偿责任，但是公交公司主张老人免票乘车，自己不应承担责任。

法律分析

根据《民法典》第八百二十三条的规定，承运人应当对运输过程中旅客的伤亡承担赔偿责任；但是，伤亡是旅客自身健康原因造成的或者承运人证明伤亡是旅客故意、重大过失造成的除外。这个规定适用于按照免票、持优待票或者经承运人许可搭乘的无票旅客。本案中，两位老人因交通事故意外受伤，并非其自身健康原因，也不是其故意或者重大过失导致的，因此，公交公司作为承运人应当承担责任。

法官提示

无论是享受免票、半票，还是优待票待遇，只要是合法上车的人，都与承运人建立了运输合同关系，承运人在发生事故时都要承担相应的责任。

相关法律

《中华人民共和国民法典》

第八百二十三条 承运人应当对运输过程中旅客的伤亡承担赔偿责任；但是，伤亡是旅客自身健康原因造成的或者承运人证明伤亡是旅客故意、重大过失造成的除外。

前款规定适用于按照规定免票、持优待票或者经承运人许可搭乘的无票旅客。

5. 在运输过程中乘客自带物品毁损，司机需要承担责任吗？

情景再现

张大娘从老家乘坐客车去看望在城里工作的儿子，带了很多土鸡蛋。途中张大娘口渴，由于一时找不到水杯，就在行李中四处翻找，此时正遇上拐弯，张大娘不小心把整筐鸡蛋都打翻了。到站后，张大娘气愤不已，要求司机赔偿300元钱。

法律分析

根据《民法典》第八百二十四条第一款的规定，在运输过程中旅客随身携带物品毁损、灭失，承运人有过错的，应当承担赔偿责任。本案中，鸡蛋的毁损是张大娘自己不小心导致的，司机没有任何过错，因此张大娘要求司机承担赔偿责任于法无据。

相关法律

《中华人民共和国民法典》

第八百二十四条 在运输过程中旅客随身携带物品毁损、灭失，承运人有过错的，应当承担损害赔偿责任。

旅客托运的行李毁损、灭失的，适用货物运输的有关规定。

PART 10

懂点法律常识

侵权理赔更有理

作为一个社会人，我们在日常生活中享有很多民事权益，包括生命权、健康权、姓名权、名誉权、荣誉权、肖像权、隐私权、婚姻自主权、监护权、所有权、用益物权、担保物权、著作权、专利权、商标专用权、发现权、股权、继承权等人身、财产权益等。社会生活的纷繁复杂，我们享有的权益多，遭受侵犯的概率也大，因此有必要掌握相关的法律常识，在维护自身合法权益的同时，也避免侵害他人的合法权益。权益侵害与保护相关的法律主要是《中华人民共和国民法典》（总则、侵权责任编），其中包含了民事权益的范围、侵权责任的构成、承担侵权责任的方式、不承担责任和减轻责任的情形、责任主体的特殊规定，以及产品责任、机动车交通事故责任、医疗损害责任、环境污染责任、高度危险责任、饲养动物责任、物件损害责任等具体规定。

一、侵权责任的一般规定

1. 承担侵权责任需要满足哪些条件?

情景再现

李大爷老两口退休后和儿子一同生活。一天，李大爷在楼下散步，看到小区一处正在施工，感到好奇，就过去看看是什么情况。原来王大爷正在对自家电路进行改造。不料就在这时，王大爷疏忽大意，不小心将扳手掉落，直接砸在了李大爷头上，顿时鲜血直流，对方赶紧将李大爷送往医院，并通知了他的家人。

法律分析

根据我国《民法典》第一百一十条、第一百一十二条、第一百一十四条、第一百一十八条的规定，侵害民事权益，应当依法承担侵权责任。所谓民事权益，包括生命权、身体权、健康权、姓名权、肖像权、名誉权、荣誉权、隐私权、婚姻自主权、监护权、继承权、所有权、用益物权、担保物权、著作权、专利权、商标专用权、发现权、股权等人身、财产权益。因此，根据法律规定，侵害上述民事权益的，需要依法承担相应的法律责任。一般来说，行为人因故意或过失侵害他人财产权和人身权，并造成损害，要承担侵权责任。侵权责任通常有四个要件：加害行为的实施、损害结果的出现、损害结果与加害行为之间存在因果关系、行为人有过错。本案中，李大爷被砸伤，受侵害的是健康权。加害行为是王大爷掉落扳手；损害结果是李大爷被砸伤；李大爷被砸伤的结果是由王大爷扳手掉落造成的，也就是李大爷被砸伤与王大爷扳手掉落之间有因果关系；王大爷由于疏忽大意导致扳手掉落存在过错。所以，王大爷是侵权人，李大爷是被侵权人，王大爷对李大爷的受伤结果需要承担相应的赔偿责任。

法官提示

侵权责任法律是民事法律的范畴，保护的是民事主体的合法权益，如上所述，法律对侵权行为需要承担的侵权责任范围予以列举式的明确规定。同时需注意的是，侵权人因同一行为应当承担行政责任或者刑事责任的，不影响依法承担侵权责任。因同一行为应当承担侵权责任和行政责任、刑事责任，侵权人的财产不足以支付的，先承担侵权责任。侵权责任的承担与其他法律责任的承担不冲突，承担侵权责任后还需要依法承担其他法律责任。

相关法律

《中华人民共和国民法典》

第一百一十条 自然人享有生命权、身体权、健康权、姓名权、肖像权、名誉权、荣誉权、隐私权、婚姻自主权等权利。

法人、非法人组织享有名称权、名誉权和荣誉权。

第一百一十二条 自然人因婚姻家庭关系等产生的人身权利受法律保护。

第一百一十四条 民事主体依法享有物权。

物权是权利人依法对特定的物享有直接支配和排他的权利，包括所有权、用益物权和担保物权。

第一百一十八条 民事主体依法享有债权。

债权是因合同、侵权行为、无因管理、不当得利以及法律的其他规定，权利人请求特定义务人为或者不为一定行为的权利。

第一百八十七条 民事主体因同一行为应当承担民事责任、行政责任和刑事责任的，承担行政责任或者刑事责任不影响承担民事责任；民事主体的财产不足以支付的，优先用于承担民事责任。

2. 在哪些情况下，虽然满足承担侵权责任的要件，但是行为人不必承担侵权责任？

情景再现

周奶奶老伴儿去世多年，虽然有两个儿子，但是对她不管不顾。周奶奶脾气也很古怪，大家都不愿意和她来往。一天，周奶奶在电视上看到一则老人“碰瓷儿”的新闻，心生邪念，也要上街去“碰瓷儿”，赚点零花钱。刚出门，周奶奶正好看见一个收购旧家电的师傅骑着三轮车往这边走，就猛冲上去，对方来不及刹车，将周奶奶撞倒在地。周奶奶受了伤，但是幸好不算很严重。周奶奶不依不饶，要求三轮车师傅赔偿2万元钱医药费。

法律分析

通常情况下，根据《民法典》第一千一百六十五条的规定，行为人因过错侵害他人民事权益造成损害的，应当承担侵权责任。但是法律并不认为凡是符合侵权行为构成要件的，都需要承担责任。根据《民法典》第一百八十条至第一百八十二条及第一千一百七十四条和第一千一百七十五条的规定，损害是由受害人故意、不可抗力或者正当防卫等造成的情况，行为人不需要承担责任。本案中，周大娘故意“碰瓷儿”，导致自己受伤，因此，三轮车师傅不必承担赔偿责任。

法官提示

《民法典》除了规定需要承担责任的一般情形和构成要件，同时也规定了在特定情况下不必承担侵权责任的情形以及减轻或者免除行为人责任的情形。《民法典》第一千一百七十三条规定，被侵权人对同一损害的发生或者扩大有过错的，可以减轻侵权人的责任。第一百八十一条规定，因正当防卫造成损害的，不承担民事责任。正当防卫超过必要的限度，造成不应有的损害的，正当防卫人应当承担适当的民事责任。第一百八十二条规定，因紧急避险造成损害的，由引起险情发生的人承担民事责任。危险由自然原因引起的，紧急避险人不承担民事责任，可以给予适当补偿。紧急避险采取措施不当或者超过必要的限度，造成不应有的损害的，紧急避险人应当承担适当的民事责任。在被侵权人也有过错、正当防卫超过必要限度、紧急避险等情况下，可以适当减轻行为人的责任。

相关法律

《中华人民共和国民法典》

第一百八十条 因不可抗力不能履行民事义务的，不承担民事责任。法律另有规定的，依照其规定。

不可抗力是不能预见、不能避免且

不能克服的客观情况。

第一百八十一条 因正当防卫造成损害的，不承担民事责任。

正当防卫超过必要的限度，造成不应有的损害的，正当防卫人应当承担适当的民事责任。

第一百八十二条 因紧急避险造成损害的，由引起险情发生的人承担民事责任。

危险由自然原因引起的，紧急避险人不承担民事责任，可以给予适当补偿。

紧急避险采取措施不当或者超过必要的限度，造成不应有的损害的，紧急避险人应当承担适当的民事责任。

第一千一百七十三条 被侵权人对同一损害的发生或者扩大有过错的，可以减轻侵权人的责任。

第一千一百七十四条 损害是因受害人故意造成的，行为人不承担责任。

第一千一百七十五条 损害是因第三人造成的，第三人应当承担侵权责任。

3. 两人共同将对方打伤，责任该如何分担？

情景再现

小钢和小铁从小学到高中一直都是同班同学，非常要好，被称为“钢铁二人组”。后来两人分别到了北京、上海上大学，假期回到家第一件事情就是聚在一起联络感情，互通趣闻。两人相约来到了最喜欢的饭店吃饭，本来正聊得热络，邻桌来了一对情侣，举止实在是不雅观。于是，小钢上前客气地让对方小声一些，公众场合注意影响，但是男方生气了，出言不逊，还想动手，小铁见状直接冲上去与对方扭打起来，女方也出手相助。小钢将女生拉开，和小铁一起狠狠地将男方揍了一顿，饭店老板见情况不妙，立刻报警。经医院诊断，对方被打成轻微伤，“钢铁二人组”则几乎毫发无损，警方认为达不到刑事立案条件，要求两人进行赔偿。但两家人都不知道责任如何分担。

法律分析

《民法典》第一千一百六十八条、第一千一百七十条规定，二人以上共同实施侵权行为，造成他人损害的，应当承担连带责任。所谓连带责任，是指依照法律规定或者当事人约定，两个或者两个以上当事人对其共同债务全部承担或部分承担，当责任人为多人时，每个人都负有清偿全部债务的责任，各责任人之间有连带关系。其中一人或者数人的行为造成他人损害，能够确定具体侵权人的，由侵权人承担责任；不能确定具体侵权人的，行为人承担连带责任。本案中，小钢和小铁共同将对方打成轻微伤，并不能确定具体是谁最终导致了这一结果，也分不清楚谁的力量更大、导致的伤害更严重，因此，两人需要对被害人遭受的伤害承担连带赔偿责任。至于两家内部如何分担责任，可以自行协商，如果无法协商一致，那么应该各自承担一半。

法官提示

日常生活中，难免会发生磕磕碰碰，双方当事人应该本着团结互助、友好协商的原则来处理彼此间的关系，如果遇到冲突，应该沉着冷静地解决，不能动不动就大打出手，武力并不能解决问题，而且往往会导致侵权责任的发生。

相关法律

《中华人民共和国民法典》

第一千一百六十八条 二人以上共同实施侵权行为，造成他人损害的，应当承担连带责任。

第一千一百七十条 二人以上实施危及他人人身、财产安全的行为，其中一人或者数人的行为造成他人损害，能够确定具体侵权人的，由侵权人承担责任；不能确定具体侵权人的，行为人承担连带责任。

4. 给他人造成人身损害的，具体应赔偿哪些项目？

情景再现

张春华拿到驾照后没几天，就独自一人开着父亲的车子出门。在一处急转弯，由于驾驶技巧不熟练，张春华遇到正在横穿马路的李冬冬，来不及刹车，将其撞伤。交警到达现场之后，两家人为赔偿问题争执不休，无法达成一致。李冬冬的家人决定向人民法院提起诉讼，请求法院判定具体的赔偿数额。

法律分析

《民法典》第一千一百七十九条规定，侵害他人造成人身损害的，应当赔偿医疗费、护理费、交通费、营养费、住院伙食补助费等为治疗和康复支出的合理费用，以及因误工减少的收入。造成残疾的，还应当赔偿辅助器具费和残疾赔偿金；造成死亡的，还应当赔偿丧葬费和死亡赔偿金。另外，根据《最高人民法院关于审理人身损害赔偿案件适用法律若干问题的解释》的规定，受害人遭受人身损害，按照具体情况可获得的赔偿包括医疗费、误工费、护理费、交通费、住院伙食补助费、营养费、残疾赔偿金、残疾辅助器具费、丧葬费、死亡赔偿金、精神损害抚慰金等。

本案中，张春华需要赔偿李冬冬的项目有医疗费、误工费、护理费、交通费、住宿费、住院伙食补助费、必要的营养费。一般情况下，如果对方有工作或者需要靠自己劳动为生，还需要按照相关标准来赔偿误工损失费。

相关法律

《中华人民共和国民法典》

第一千一百七十九条 侵害他人造成人身损害的，应当赔偿医疗费、护理费、交通费、营养费、住院伙食补助费等为治疗和康复支出的合理费用，以及因误工减少的收入。造成残疾的，还应当赔偿辅助器具费和残疾赔偿金；造成死亡的，还应当赔偿丧葬费和死亡赔偿金。

5. 伤害造成他人残疾的，该如何赔偿？

情景再现

薛城开了一家小额贷款公司，以高于银行同期的利率借款给急需用钱的公司或个人。但是公司借出去的很多款项不只利息拿不到，连本金也收不回来。后来听朋友建议，薛城请了一些身材魁梧的人负责催收借款，并告知他们实在不行还可以用暴力威胁。周立江在薛城公司借款10万元用于赌博，全部输光后根本无力偿还借款。薛城多次找到周立江要求还钱，均无果。一气之下，薛城带着几个身材彪悍的大汉，对周立江拳打脚踢，将正在周立江家做客并起身劝架的周立海也一并打了。由于出手过猛，周立江晕了过去，薛城等人立即将他送医。经鉴定，周立江为IX（九级）伤残，周立海为轻微伤，周立江家人要求薛城负赔偿责任。

法律分析

《民法典》第一千一百七十九条规定，侵害他人造成人身损害的，应当赔偿医疗费、护理费、交通费、营养费、住院伙食补助费等为治疗和康复支出的合理费用，以及因误工减少的收入。造成残疾的，还应当赔偿辅助器具费和残疾赔偿金；造成死亡的，还应当赔偿丧葬费和死亡赔偿金。另外，根据《最高人民法院关于审理人身损害赔偿案件适用法律若干问题的解释》的规定，受害人遭受人身损害，按照具体情况可获得的赔偿包括医疗费、误工费、护理费、交通费、住院伙食补助费、营养费、残疾赔偿金、残疾辅助器具费、丧葬费、死亡赔偿金、精神损害抚慰金等。

本案中，薛城需要赔偿轻微伤受害者周立海的项目有医疗费、误工费、护理费、交通费、住宿费、住院伙食补助费、必要的营养费，如果周立海有工作或者需要靠自己劳动为生，还需要按照相关标准来赔偿误工损失。由于周立江被鉴定为Ⅸ（九级）伤残，薛城等人不仅要被追究刑事责任，还应当承担除去上述项目外，按照有关标准承担残疾赔偿金、残疾辅助器具费、被扶养人生活费，以及因康复护理、继续治疗实际发生的必要的康复费、护理费、后续治疗费等民事责任。另外，根据《民法典》第一千一百八十三条的规定，侵害自然人人身权益造成严重精神损害的，被侵权人有权请求精神损害赔偿。因故意或者重大过失侵害自然人具有人身意义的特定物造成严重精神损害的，被侵权人有权请求精神损害赔偿。本案中，如果伤害行为导致周立江精神受到严重损害，薛城等人很可能还需要承担精神损害赔偿金。

相关法律

《中华人民共和国民法典》

第一千一百七十九条 侵害他人造成人身损害的，应当赔偿医疗费、护理费、交通费、营养费、住院伙食补助费等为治疗和康复支出的合理费用，以及因误工减少的收入。造成残疾的，还应当赔偿辅助器具费和残疾赔偿金；造成死亡的，还应当赔偿丧葬费和死亡赔偿金。

第一千一百八十三条 侵害自然人人身权益造成严重精神损害的，被侵权人有权请求精神损害赔偿。

因故意或者重大过失侵害自然人具有人身意义的特定物造成严重精神损害的，被侵权人有权请求精神损害赔偿。

6. 伤害导致对方死亡的，应如何赔偿？

情景再现

高考结束后，班长小华组织全班同学毕业聚会。因为所选的餐馆面积较小，聚会的人数较多，虽然预订了位置，但人员到齐以后，仍然有两桌客人尚在用餐。小华便上前与那两桌客人协商，问可否提早结束用餐，以方便他们聚会。就在交涉过程中，小华与两桌客人发生了言语冲突，进而上升到肢体暴力。其中一桌的一个高大男子，因为喝了一些酒，拿起一个啤酒瓶猛击小华的头部数下，把小华打得头破血流。同学见状立刻报警，小华在送医途中不幸死亡。

法律分析

《民法典》第一千一百七十九条规定，侵害他人造成人身损害的，应当赔偿医疗费、护理费、交通费、营养费、住院伙食补助费等为治疗和康复支出的合理费用，以及因误工减少的收入。造成残疾的，还应当赔偿辅助器具费和残疾赔偿金；造成死亡的，还应当赔偿丧葬费和死亡赔偿金。另外，根据《最高人民法院关于审理人身损害赔偿案件适用法律若干问题的解释》的规定，受害人遭受人身损害按照具体情况可获得的赔偿包括医疗费、误工费、护理费、交通费、住院伙食补助费、营养费、残疾赔偿金、残疾辅助器具费、丧葬费、死亡赔偿金、精神损害抚慰金等。

本案中，由于小华在送医途中就不幸死亡，用啤酒瓶猛击小华头部的男子应当按照有关标准承担丧葬费、被扶养人生活费、死亡补偿费以及受害人亲属办理丧葬事宜支出的交通费、住宿费和误工损失等其他合理费用。另外，根据《民法典》第一千一百八十三条的规定，侵害自然人人身权益造成严重精神损害的，被侵权人有权请求精神损害赔偿。因故意或者重大过失侵害自然人具有人身意义的特定物造成严重精神损害的，被侵权人有权请求精神损害赔偿。

相关法律

《中华人民共和国民法典》

第一千一百七十九条 侵害他人造成人身损害的，应当赔偿医疗费、护理费、交通费、营养费、住院伙食补助费等为治疗和康复支出的合理费用，以及因误工减少的收入。造成残疾的，还应当赔偿辅助器具费和残疾赔偿金；造成死亡的，还应当赔偿丧葬费和死亡赔偿金。

第一千一百八十三条 侵害自然人人身权益造成严重精神损害的，被侵权人有权请求精神损害赔偿。

因故意或者重大过失侵害自然人具有人身意义的特定物造成严重精神损害的，被侵权人有权请求精神损害赔偿。

7. 被侵权人死亡，哪些人有权请求侵权人承担责任？

情景再现

陈庆龙是一个见义勇为的人。一天，陈庆龙刚进小区，就发现三个彪形大汉围着小区的保安，还动手推搡。陈庆龙见状上前了解情况，不料三个人态度恶劣不说，还动手打起了保安，陈庆龙在劝阻过程中，也与三个人扭打在一起。三个人拳脚相加，将陈庆龙和保安打得头破血流，后路过的邻居报警。陈庆龙经医治无效不幸死亡。陈庆龙父母均健在，与妻子结婚三年，孩子才两岁，还有很多亲戚。

法律分析

《民法典》第一千一百七十九条规定，侵害他人造成人身损害的，应当赔偿医疗费、护理费、交通费、营养费、住院伙食补助费等为治疗和康复支出的合理费用，以及因误工减少的收入。造成残疾的，还应当赔偿辅助器具费和残疾赔偿金；造成死亡的，还应当赔偿丧葬费和死亡赔偿金。根据《最高人民法院关于审理人身损害赔偿案件适用法律若干问题的解释》的规定，受害人遭受人身损害按照具体情况可获得的赔偿包括医疗费、误工费、护理费、交通费、住院伙食补助费、营养费、残疾赔偿金、残疾辅助器具费、丧葬费、死亡赔偿金、精神损害抚慰金等。

《民法典》第一千一百八十一条第一款明确规定，被侵权人死亡的，其近亲属有权请求侵权人承担侵权责任。因此，本案中，只有近亲属有权请求，民事诉讼中的近亲属包括：配偶、父母、子女、兄弟姐妹、祖父母、外祖父母、孙子女、外孙子女。

相关法律

《中华人民共和国民法典》

第一千一百七十九条 侵害他人造成人身损害的，应当赔偿医疗费、护理费、交通费、营养费、住院伙食补助费等为治疗和康复支出的合理费用，以及因误工减少的收入。造成残疾的，还应当赔偿辅助器具费和残疾赔偿金；造成死亡的，还应当赔偿丧葬费和死亡赔偿金。

第一千一百八十一条 被侵权人死亡的，其近亲属有权请求侵权人承担侵权责任。被侵权人为组织，该组织分立、合并的，承继权利的组织有权请求侵权人承担侵权责任。

被侵权人死亡的，支付被侵权人医疗费、丧葬费等合理费用的人有权请求侵权人赔偿费用，但是侵权人已经支付该费用的除外。

《最高人民法院关于审理人身损害赔偿案件适用法律若干问题的解释》

第二十三条 精神损害抚慰金适用《最高人民法院关于确定民事侵权精神损害赔偿责任若干问题的解释》予以确定。

8. 医疗费、误工费、护理费、交通费、住院伙食补助费、营养费应根据什么标准来确定？

情景再现

张方林高考失利，家境又不好，于是选择南下打工。一次在工厂里与工友打牌消遣，张方林认为对手使诈，两人发生口角，后上升为肢体暴力。张方林身体瘦弱个头也较小，对方还拿了椅子作为工具，三两下将他打倒在地，后其他工友极力劝阻并及时将张方林送往医院救治。爸妈在老家得知张方林受伤的消息后，都赶来照顾。

法律分析

《最高人民法院关于审理人身损害赔偿案件适用法律若干问题的解释》第六条至第十一条对损害赔偿的标准作了具体规定：

1. 医疗费根据医疗机构出具的医药费、住院费等收款凭证，结合病历和诊断证明等相关证据确定。赔偿义务人对治疗的必要性和合理性有异议的，应当承担相应的举证责任。医疗费的赔偿数额，按照一审法庭辩论终结前实际发生的数额确定。器官功能恢复训练所必要的康复费、适当的整容费以及其他后续治疗费，赔偿权利人可以待实际发生后另行起诉。但根据医疗证明或者鉴定结论确定必然发生的费用，可以与已经发生的医疗费一并予以赔偿。

2. 误工费根据受害人的误工时间和收入状况确定。误工时间根据受害人接受治疗的医疗机构出具的证明确定。受害人因伤致残持续误工的，误工时间可以计算至定残日前一天。受害人有固定收入的，误工费按照实际减少的收入计算。受害人无固定收入的，按照其最近三年的平均收入计算；受害人不能举证证明其最近三年的平均收入状况的，可以参照受诉法院所在地相同或者相近行业上一年度职工的平均工资计算。

3. 护理费根据护理人员的收入状况和护理人数、护理期限确定。护理人员有收入的，参照误工费的规定计算；护理人员没有收入或者雇佣护工的，参照当地护工从事同等级别护理的劳务报酬标准计算。护理人员原则上为一人，但医疗机构或者鉴定机构有明确意见的，可以参照确定护理人员人数。护理期限应计算至受害人恢复生活自理能力时止。受害人因残疾不能恢复生活自理能力的，可以根据其年龄、健康状况等因素确定合理的护理期限，但最长不超过二十年。受害人定残后的护理，应当根据其护理依赖程度并结合配制残疾辅助器具的情况确定护理级别。

4. 交通费根据受害人及其必要的陪护人员因就医或者转院治疗实际发生的费用计算。交通费应当以正式票据为凭；有关凭据应当与就医地点、时间、人数、次数相符合。

5. 住院伙食补助费可以参照当地国家机关一般工作人员的出差伙食补助标准予以确定。受害人确有必要到外地治疗，因客观原因不能住院，受害人本人及其陪护人员实际发生的住宿费和伙食费，其合理部分应予赔偿。

6. 营养费根据受害人伤残情况参照医疗机构的意见确定。

综上所述，本案中，动手将张方林打伤的工友需要严格按照法律规定的标准，承担张方林的医疗费、误工费、护理费、交通费、住院伙食补助费、营养费等费用。

相关法律

《中华人民共和国民法典》

第一千一百七十九条 侵害他人造成人身损害的，应当赔偿医疗费、护理费、交通费、营养费、住院伙食补助费等为治疗和康复支出的合理费用，以及因误工减少的收入。造成残疾的，还应当赔偿辅助器具费和残疾赔偿金；造成死亡的，还应当赔偿丧葬费和死亡赔偿金。

9. 被害人致残的，残疾赔偿金、残疾辅助器具费应根据什么标准来确定？

情景再现

张东林没有驾照，但是跟着好朋友学过驾驶。一天，他来到好朋友开的汽车修理厂玩，将他人送往修理厂维修并已经修理好的车辆开出去兜风。不料，途中由于操作不慎，张东林将刚放学回家的初中生盼盼撞伤。盼盼被送往医院救治后，左腿截肢落下了残疾。盼盼的家人心痛不已，与张东林对赔偿的事宜进行协商，未达成一致，遂将张东林告上法庭。

法律分析

《最高人民法院关于审理人身损害赔偿案件适用法律若干问题的解释》第十二条规定，残疾赔偿金根据受害人丧失劳动能力程度或者伤残等级，按照受诉法院所在地上一年度城镇居民人均可支配收入标准，自定残之日起按二十年计算。但六十周岁以上的，年龄每增加一岁减少一年；七十五周岁以上的，按五年计算。受害人因伤致残但实际收入没有减少，或者伤残等级较轻但造成职业妨害严重影响其劳动就业的，可以对残疾赔偿金作相应调整。如果被致残者需要使用残疾辅助器具，那么根据该司法解释第十三条的规定，残疾辅助器具费按照普通适用器具的合理费用标准计算。伤情有特殊需要的，可以参照辅助器具配制机构的意见确定相应的合理费用标准。辅助器具的更换周期和赔偿期限参照配制机构的意见确定。

综上，本案中，盼盼被张东林撞伤，落下终身残疾，根据法律规定，张东林需要承担盼盼的残疾赔偿金，相关标准按照 20 年计算，还要参照法律规定的标准承担残疾辅助器具的费用。

相关法律

《中华人民共和国民法典》

第一千一百七十九条 侵害他人造成人身损害的，应当赔偿医疗费、护理费、交通费、营养费、住院伙食补助费等为治疗和康复支出的合理费用，以及因误工减少的收入。造成残疾的，还应当赔偿辅助器具费和残疾赔偿金；造成死亡的，还应当赔偿丧葬费和死亡赔偿金。

10. 被害人死亡的，丧葬费、死亡赔偿金应根据什么标准来确定？

情景再现

小华今年十岁，暑假的一天，他和小伙伴们到郊区的田野里嬉戏。几个人玩儿了一阵，就跑到了旁边正在施工的工地上。突然工地的塔吊上掉落一块重物，不幸砸在了小华身上，小华当场死亡。小华的家人悲痛不已，找到施工单位要求赔偿，但是双方对赔偿标准争执不下，只好诉诸法院，请求法院依法裁决。

法律分析

关于丧葬费、死亡赔偿金的具体标准，《最高人民法院关于审理人身损害赔偿案件适用法律若干问题的解释》第十四条规定，丧葬费按照受诉法院所在地上一年度职工月平均工资标准，以六个月总额计算。第十五条规定，死亡赔偿金按照受诉法院所在地上一年度城镇居民人均可支配收入标准，按二十年计算。但六十周岁以上的，年龄每增加一岁减少一年；七十五周岁以上的，按五年计算。

综上所述，本案中，小华的丧葬费总额按照上一年他所在城市的上一年度职工月平均工资的六倍计算，死亡赔偿金总额为上一年度城镇居民人均可支配收入或者农村居民人均纯收入（具体依据小华的户籍性质来定）的二十倍。

相关法律

《中华人民共和国民法典》

第一千一百七十九条 侵害他人造成人身损害的，应当赔偿医疗费、护理费、交通费、营养费、住院伙食补助费等为治疗和康复支出的合理费用，以及因误工减少的收入。造成残疾的，还应当赔偿辅助器具费和残疾赔偿金；造成死亡的，还应当赔偿丧葬费和死亡赔偿金。

《最高人民法院关于审理人身损害赔偿案件适用法律若干问题的解释》

第十四条 丧葬费按照受诉法院所

在地上一年度职工月平均工资标准，以六个月总额计算。

第十五条 死亡赔偿金按照受诉法院所在地上一年度城镇居民人均可支配收入标准，按二十年计算。但六十周岁以上的，年龄每增加一岁减少一年；七十五周岁以上的，按五年计算。

11. 受害人致残或者死亡的，被扶养人的生活费应根据什么标准来确定？

情景再现

胡大力在村子不远处的木工厂工作。一天，在工作过程中，胡大力不慎被卷入机器，导致双腿截肢，基本丧失了劳动能力。胡大力是家里的顶梁柱，与妻子育有两个孩子，分别是四岁和六岁。胡大力父亲早年去世，母亲六十二岁，因患病已卧床多年，丧失劳动力，由胡大力和两个哥哥共同扶养。木工厂厂长与胡大力一家人就赔偿事宜，特别是抚养两个孩子和扶养母亲生活费问题无法达成协议，最终诉诸法院。

法律分析

关于被扶养人扶养费的具体标准，《最高人民法院关于审理人身损害赔偿案件适用法律若干问题的解释》第十七条规定，被扶养人生活费根据扶养人丧失劳动能力程度，按照受诉法院所在地上一年度城镇居民人均消费支出标准计算。被扶养人为未成年人的，计算至十八周岁；被扶养人无劳动能力又无其他生活来源的，计算二十年。但六十周岁以上的，年龄每增加一岁减少一年；七十五周岁以上的，按五年计算。被扶养人是指受害人依法应当承担扶养义务的未成年人或者丧失劳动能力又无其他生活来源的成年近亲属。被扶养人还有其他扶养人的，赔偿义务人只赔偿受害人依法应当负担的部分。被扶养人有数人的，年赔偿总额累计不超过上一年度城镇居民人均消费支出额。

综上所述，本案中，胡大力需要抚养两个未成年的孩子，赡养六十二岁的母亲。因为胡大力的妻子也对孩子有抚养义务，两个孩子的生活费应按照胡大力所在地的城镇居民人均年生活消费支出为标准计算到两个孩子十八周岁为总数除以二。母亲因为无劳动力又无其他生活来源且年满六十二岁，加之胡大力有两个哥哥，应当与两个哥哥一起承担母亲的赡养义务，因此，母亲最终的扶养费数额以所在地的城镇居民人均年生活消费支出为标准计算十八年为总数再除以三。两个孩子加母亲的扶养费的年赔偿总额不能超过上一年度农村居民人均年生活消费支出额。

相关法律

《中华人民共和国民法典》

第一千一百七十九条 侵害他人造成人身损害的，应当赔偿医疗费、护理费、交通费、营养费、住院伙食补助费等为治疗和康复支出的合理费用，以及因误工减少的收入。造成残疾的，还应当赔偿辅助器具费和残疾赔偿金；造成死亡的，还应当赔偿丧葬费和死亡赔偿金。

《最高人民法院关于审理人身损害赔偿案件适用法律若干问题的解释》

第十六条 被扶养人生活费计入残疾赔偿金或者死亡赔偿金。

第十七条 被扶养人生活费根据扶

养人丧失劳动能力程度，按照受诉法院所在地上一年度城镇居民人均消费支出标准计算。被扶养人为未成年人的，计算至十八周岁；被扶养人无劳动能力又无其他生活来源的，计算二十年。但六十周岁以上的，年龄每增加一岁减少一年；七十五周岁以上的，按五年计算。

被扶养人是指受害人依法应当承担扶养义务的未成年人或者丧失劳动能力又无其他生活来源的成年近亲属。被扶养人还有其他扶养人的，赔偿义务人只赔偿受害人依法应当负担的部分。被扶养人有数人的，年赔偿总额累计不超过上一年度城镇居民人均消费支出额。

12. 权利受到侵害，可以要求精神损害赔偿吗？

情景再现

周武和李文经共同好友介绍认识。结婚后，两人因感情基础薄弱，矛盾不断。一天，李文下班后与同事相约到KTV唱歌，周武得知后火速赶到KTV，不分青红皂白就将在场的一名男同事打了一顿，还声称李文和其有染。后经大伙儿极力劝阻，周武才停下来。可是因为出手太重，被打的男同事伤势严重，花了大量的费用并经过了很长时间的治疗休养才痊愈。除此之外，周武声称李文与该男同事有不正当关系的事在单位闹得沸沸扬扬，给两人的工作与生活都造成了不小的困扰。后受害人找到周武要求赔偿，周武拒绝，受害人便诉诸法院，请求法院依法裁决。

法律分析

根据《民法典》第一千一百八十三条的规定，侵害自然人人身权益造成严重精神损害的，被侵权人有权请求精神损害赔偿。因故意或者重大过失侵害自然人具有人身意义的特定物造成严重精神损害的，被侵权人有权请求精神损害赔偿。被害人要求侵权人承担精神损害赔偿于法有据。对于精神损害赔偿的数额，《最高人民法院关于审理人身损害赔偿案件适用法律若干问题的解释》第二十三条规定，精神损害抚慰金适用《最高人民法院关于确定民事侵权精神损害赔偿责任若干问题的解释》予以确定。故此，本案中需要承担的精神损害赔偿的数额应综合以上几个因素予以考虑。

另外，根据本案实际情况，受害人也有一定过错，因此可以根据其过错适度减轻侵权人精神损害赔偿的责任。

本案中，李文的男同事被周武暴打受伤，还被当众污蔑与李文有染，身心皆受到侵害。周武除了要承担李文男同事人身损害赔偿的相关费用，依法还应当承担合理的精神损害赔偿金。

相关法律

《中华人民共和国民法典》

第一千一百八十三条 侵害自然人人身权益造成严重精神损害的，被侵权人有权请求精神损害赔偿。

因故意或者重大过失侵害自然人具有人身意义的特定物造成严重精神损害的，被侵权人有权请求精神损害赔偿。

《最高人民法院关于审理人身损害赔偿案件适用法律若干问题的解释》

第二十三条 精神损害抚慰金适用《最高人民法院关于确定民事侵权精神损害赔偿责任若干问题的解释》予以确定。

13. 当事人双方对损害的发生都没有过错的，损失应该由谁来承担？

情景再现

小花和小林经各自的好友介绍认识，发展成恋人关系，后同居生活。期间，小花两次遭受宫外孕，分别到当地医院做了两次手术，第一次为右侧输卵管切除术，第二次为左侧输卵管胚囊取出术，后经司法鉴定机构鉴定，小花身体所受损伤构成Ⅸ（九级）伤残。后因为各种琐事，小花和小林矛盾不断升级，甚至大打出手，小花决定结束这段感情，但是对于自己身体所受的伤害，要求小林予以赔偿。小林则认为，小花的身体损害属于意外事件，自己不应当承担赔偿责任。为此两人僵持不下，闹至法院请求法官公正裁决。

法律分析

小林和小花同居最后导致小花宫外孕，继而接受手术遭受损害，双方对于损害结果的发生都没有主观过错。但是小花身体经历两次手术受到损害，若让小花独自承担后果，有违公平和情理，根据《民法典》第一千一百八十六条的规定，受害人和行为人对损害的发生都没有过错的，依照法律的规定由双方分担损失。根据既往司法实践经验，当事人对造成损害均无过错，但一方是在为对方的利益或者共同的利益进行活动的过程中受到损害的，可以责令对方或者受益人给予一定的经济补偿。所以，本案中，小花的身体遭受损害应当由小花与小林共同合理分担。

相关法律

《中华人民共和国民法典》

第一千一百八十六条 受害人和行为人对损害的发生都没有过错的，依照法律的规定由双方分担损失。

14. 受害人对损害的发生也有过错的，侵害人可否减轻赔偿责任？

情景再现

一天，小丽和男朋友到湿地公园游玩。湿地公园的一个近水台附近正在施工，施工方拉了警戒线并树立“施工危险”的警告牌。小丽因为很喜欢近水台处的黄色水仙花，于是要求男友翻过警戒线，折几枝带回家插在花瓶里。不料，高处的施工架上有物品掉落，小丽男友被砸伤并当场昏迷，小丽急忙将男友送医。后来，小丽一直无法与湿地公园施工方达成一致的赔偿方案，小丽认为施工方应当承担全部赔偿责任，但施工方主张，小丽男友对损害结果的发生也有过错，应当减轻己方的赔偿责任。

法律分析

根据《民法典》第一千一百七十三条的规定，被侵权人对同一损害的发生或者扩大有过错的，可以减轻侵权人的责任。本案中，施工方已经设置了警戒线和警示标志，小丽男友跨过警戒线去采水仙花，对于受伤的结果存在过错，按照法律规定，可以减轻施工方的赔偿责任。

法官提示

在实践中，大部分侵权行为案件的损害结果是由于侵害人一方的故意或过失行为引起。但是在某些特定情形下，受害人因自己的故意或者过失行为导致了损害后果的发生或者扩大，就需要承担一定的责任。

相关法律

《中华人民共和国民法典》

第一千一百七十三条 被侵权人对同一损害的发生或者扩大有过错的，可以减轻侵权人的责任。

第一千一百七十四条 损害是因受害人故意造成的，行为人不承担责任。

第一千一百八十三条 侵害自然人人身权益造成严重精神损害的，被侵权人有权请求精神损害赔偿。

因故意或者重大过失侵害自然人具有人身意义的特定物造成严重精神损害的，被侵权人有权请求精神损害赔偿。

15. 因紧急避险造成他人损害的，要承担责任吗?

情景再现

一天下班之后，陆远跟哥们儿一起去一家烧烤店聚餐。点菜的时候，陆远闻到浓烈的煤气味，并且隐约听到气体泄漏的声音，而旁边的厨师还在炒菜。陆远见情况不妙，立刻拿起店里的灭火器直接喷向厨师用的煤气灶，并大声让店主将煤气阀门关闭。因为发现及时，加上陆远动作快，没有造成爆炸等严重后果。但是因为事发紧急，陆远使用灭火器时没有把握好方向，导致厨师摔倒在地，造成其手肘骨折且有轻微烫伤。事后，厨师要求陆远承担医药费等损失，陆远则认为自己是不得已为之，损失应当由店家承担。店家不同意，表示是陆远的行为直接导致厨师的受伤，应当由陆远负责赔偿。

法律分析

本案涉及紧急避险情况下的侵权责任赔偿。所谓紧急避险，是指行为人面对紧急险情，为了使一个较大的合法权益不受损害，不得已损害他人某个价值较小的合法权益的行为。根据《民法典》第一百八十二条的规定，因紧急避险造成损害的，由引起险情发生的人承担民事责任。危险由自然原因引起的，紧急避险人不承担民事责任，可以给予适当补偿。紧急避险采取措施不当或者超过必要的限度，造成不应有的损害的，紧急避险人应当承担适当的民事责任。综合考虑，本案中，陆远不是险情的引发人，其所采取的措施也没有明显不当或者超过必要限度，因此，厨师的损失应当由店家来承担。

相关法律

《中华人民共和国民法典》

第一百八十二条 因紧急避险造成损害的，由引起险情发生的人承担民事责任。

危险由自然原因引起的，紧急避险人不承担民事责任，可以给予适当补偿。

紧急避险采取措施不当或者超过必要的限度，造成不应有的损害的，紧急避险人应当承担适当的民事责任。

16. 因不可抗力造成他人损害的，要承担责任吗？

情景再现

蒋小金家住在一个沿海城市的郊区小镇，每天开车到城里上班。由于家里没有车库，蒋小金平时都是将车停放在家门口的路边。一天晚上刮起了台风，第二天蒋小金出门的时候，发现邻居家阳台钢架顶棚掉落，将自己的车子砸坏了。蒋小金找到邻居要求其赔偿自己的损失。邻居则认为，自己的钢架顶棚安装了没多久，质量与安装工艺都没有问题，顶棚被台风刮倒，自己不存在任何过错，不应当承担蒋小金车子损坏的赔偿责任。

法律分析

本案涉及不可抗力情况下侵权责任的赔偿问题。所谓不可抗力，主要指不能预见、不能避免并不能克服的客观情况，包括自然灾害，如台风、地震、洪水、冰雹；政府行为，如征收、征用等；社会异常事件，如罢工、骚乱等情况。根据《民法典》第一百八十条第一款的规定，因不可抗力不能履行民事义务的，不承担民事责任。法律另有规定的，依照其规定。本案中，蒋小金的车子因邻居家钢架顶棚掉落而被砸坏，根本原因是台风，属于不可抗力，依照法律规定，邻居不需要承担蒋小金车子损坏的赔偿责任。

法官提示

不可抗力事件的范围主要由两部分构成：一是由自然原因引起的自然现象，如火灾、旱灾、地震、风灾、大雪、山崩等；二是由社会原因引起的社会现象，如战争、动乱、政府干预、罢工、禁运、市场行情等。值得注意的是，不可抗力作为免责条款具有强制性。基于法律的规定，当事人不得约定将不可抗力排除在免责事由之外，也就是说，只要是不可抗力就会免责，即使当事人约定了不可抗力不作为免责条件，这样的约定也是无效的。

相关法律

《中华人民共和国民法典》

第一百八十条 因不可抗力不能履行民事义务的，不承担民事责任。法律另有规定的，依照其规定。

不可抗力是不能预见、不能避免且不能克服的客观情况。

17. 因正当防卫造成他人损害的，要承担责任吗？

情景再现

林小龙与黄小虎为同村村民，都以开小货车为生，一次两人因为拉货业务发生了争执。林小龙见说不过黄小虎，气急败坏地跑回家拿了一把菜刀，对着黄小虎乱砍。黄小虎在躲闪过程中，顺手拿起旁边的一根铁棍朝林小龙的头部敲了一下，林小龙应声倒地，鲜血直流。周围的人赶紧将他送到医院治疗，所幸没有伤及要害，只是花了不少医药费。事情发生的时候，已经有人报了警，公安机关经过侦查，认为黄小虎属于正当防卫，不应追究其刑事责任，因此撤销了立案。林小龙对公安机关的处理不服，向法院提起诉讼，要求黄小虎赔偿医疗费等损失。

法律分析

本案涉及正当防卫情况下的侵权责任赔偿。所谓正当防卫，指对正在进行不法侵害行为的人，而采取的制止不法侵害的行为，对不法侵害人造成损害的情况。根据《民法典》第一百八十一条的规定，因正当防卫造成损害的，不承担民事责任。正当防卫超过必要的限度，造成不应有的损害的，正当防卫人应当承担适当的民事责任。本案中，黄小虎在逃避过程中拿起铁棍将林小龙打伤，是为了防止自己受到来自林小龙的伤害，属于正当防卫。公安机关也认定此次事件属于正当防卫，而林小龙未能提供相反证据推翻该结论，因此，黄小虎对林小龙造成的损害不应承担赔偿责任。

法官提示

防卫行为必须在必要合理的限度内进行，否则就构成防卫过当。法律规定正当防卫不承担赔偿责任，意义在于保障社会公共利益和其他合法权利免受正在进行的不法侵害，鼓励公民和正在进行的不法侵害做斗争。

相关法律

《中华人民共和国民法典》

第一百八十一条 因正当防卫造成损害的，不承担民事责任。

正当防卫超过必要的限度，造成不应有的损害的，正当防卫人应当承担适当的民事责任。

二、产品责任

1. 产品爆炸造成使用者受伤，应由谁来承担侵权责任？

情景再现

大军和小橙正在甜蜜的恋爱期间，两人为了节省开支便搬到一起居住。两人厨艺都不错，经常一起做饭，很是温馨。不久，小橙发现大军带来的旧电饭锅太小而且经常不听使唤，某次在商场看到打折促销的某品牌电饭锅，大小合适、价格实惠，便买了一个。一个周末，小橙和大军邀请好几个朋友到家里吃饭，正好用新买的电饭锅煮饭。朋友中的小朱和小孔到厨房帮大军，后来大军发现没有大葱就出门去买，小橙在客厅张罗剩下的人吃零食、水果。不料就在此时，电饭锅发生爆炸，里面的高温混合物喷发出来，导致小朱和小孔被不同程度地烫伤。后经技术部门鉴定，这款电饭锅存在严重的质量问题。

法律分析

《民法典》第一千二百零二条的规定，因产品存在缺陷造成他人损害的，生产者应当承担侵权责任。第一千二百零三条规定，因产品存在缺陷造成他人损害的，被侵权人可以向产品的生产者请求赔偿，也可以向产品的销售者请求赔偿。产品缺陷由生产者造成的，销售者赔偿后，有权向生产者追偿。因此，本案中，小孔和小朱的损失既可以向电饭锅的销售者请求赔偿，也可以向生产者请求赔偿。因为质量问题本身是由电饭锅的生产者导致的，因此，如果销售者进行了赔偿，在赔偿以后，可以根据法律规定向生产者追偿。

法官提示

法律规定了由于产品缺陷造成损害的受害人可以向销售者请求承担赔偿责任，因为销售者是直接将产品出卖给消费者的人，应当对自己所销售的产品质量承担保证义务。要求销售者承担赔偿责任，也便于受害者主张权利，因为在销售环节中，生产者并未直接与消费者发生联系。为了公平，如果产品质量是由生产者造成的，那么销售者在承担赔偿责任以后，可以依法向生产者追偿。

相关法律

《中华人民共和国民法典》

第一千二百零二条 因产品存在缺陷造成他人损害的，生产者应当承担侵权责任。

第一千二百零三条 因产品存在缺陷造成他人损害的，被侵权人可以向产品的生产者请求赔偿，也可以向产品的销售者请求赔偿。

产品缺陷由生产者造成的，销售者赔偿后，有权向生产者追偿。因销售者的过错使产品存在缺陷的，生产者赔偿后，有权向销售者追偿。

2. 因销售者的过错使产品存在缺陷而造成他人损害，应由谁承担侵权责任？

情景再现

张帅大学毕业后，留在大学所在的城市工作。由于单位不提供住宿，张帅与大学同学一起合租。经过几番比对，他们选定了一套离单位距离近，租金也相对划算的房子。唯一不足的是，房东没有给他们配洗衣机。张帅与室友去家电超市选购了一款功能齐全、价格合适的洗衣机。然而，第一次使用，张帅就被电击受伤。后经技术部门核查，确定是洗衣机内部元件受潮毁损导致的漏电，而最终调查结果显示，元件受潮是店家库房贮存时没有采取必要的防潮措施导致的。

法律分析

根据《民法典》第一千一百六十五条的规定，行为人因过错侵害他人民事权益造成损害的，应当承担侵权责任。依照法律规定推定行为人有过错，其不能证明自己没有过错的，应当承担侵权责任。第一千二百零三条规定，因产品存在缺陷造成他人损害的，被侵权人可以向产品的生产者请求赔偿，也可以向产品的销售者请求赔偿。因销售者的过错使产品存在缺陷的，生产者赔偿后，有权向销售者追偿。

本案中，张帅遭受的损失既可以向销售者请求赔偿也可以向生产者请求赔偿，因为质量问题是由销售者导致的，因此如果是生产者履行了赔偿义务，可以根据法律规定向销售者追偿。

相关法律

《中华人民共和国民法典》

第一千一百六十五条 行为人因过错侵害他人民事权益造成损害的，应当承担侵权责任。

依照法律规定推定行为人有过错，其不能证明自己没有过错的，应当承担侵权责任。

第一千二百零三条 因产品存在缺陷造成他人损害的，被侵权人可以向产品的生产者请求赔偿，也可以向产品的销售者请求赔偿。

产品缺陷由生产者造成的，销售者赔偿后，有权向生产者追偿。

因销售者的过错使产品存在缺陷的，生产者赔偿后，有权向销售者追偿。

3. 因仓储者的过错使产品存在缺陷造成他人损害，应由谁承担侵权责任？

情景再现

周扬家里电冰箱坏了，原本周扬妈妈想去实体家电行买一台新的，但周扬觉得现在网上电商出售的家电都是厂商认证授权或者直接售卖的，售后服务也和实体店购买的完全一样，而且价格还比实体店优惠很多，于是根据妈妈的要求，在网上买了一台品牌电冰箱。冰箱送到家以后，厂商还派专人免费进行安装。使用没有多久，周扬妈妈发现，冰箱的灯有时候不亮，冰箱门还偶尔有漏电的感觉，但是想到问题不是很严重，就没有太在意。一天，周扬奶奶在家做饭，刚打开冰箱门就触电受伤，幸好周扬妈妈及时将她送往医院救治。后经技术部门查验，冰箱在厂商委托的区域货仓贮存的时候，由于货仓的顶棚破损未及时修缮，导致冰箱被雨水浸湿，内部元件受到损坏。

法律分析

本案中，实际是由第三人即仓储公司未妥善保管致使产品受损并最终导致周扬奶奶受伤，根据《民法典》第一千二百零四条的规定，因运输者、仓储者等第三人的过错使产品存在缺陷，造成他人损害的，产品的生产者、销售者赔偿后，有权向第三人追偿。因此，周扬奶奶既可以向销售者请求赔偿，也可以向生产者请求赔偿，但是因为质量问题本身是由第三人仓储者管理不当导致的，因此销售者、生产者在赔偿以后，可以向仓储者追偿。

相关法律

《中华人民共和国民法典》

第一千二百零四条 因运输者、仓储者等第三人的过错使产品存在缺陷，造成他人损害的，产品的生产者、销售者赔偿后，有权向第三人追偿。

三、机动车交通事故责任

1. 机动车所有人与使用人不是同一人时，发生交通事故后由谁承担赔偿责任？

情景再现

小欢上大学后在学校附近的驾校报了名。经过系统的学习，小欢如愿以偿地在放寒假前拿到了驾照。寒假回到家，小欢很想过把车瘾，正好小舅买了新车，便把旧车借给小欢使用。一天，小欢驾车和几个好朋友外出游玩，不小心将路边骑自行车的人撞伤，对方要求赔偿，小欢以自己不是车辆所有人为由拒绝赔偿。

法律分析

根据《民法典》第一千二百零九条的规定，因租赁、借用等情形机动车所有人、管理人与使用人不是同一人时，发生交通事故造成损害，属于该机动车一方责任的，由机动车使用人承担赔偿责任；机动车所有人、管理人对损害的发生有过错的，承担相应的赔偿责任。本案中，对于骑行路人的损失，首先由保险公司在机动车强制保险责任限额范围内予以赔偿，不足的部分应当由实际使用人即小欢来承担赔偿责任。本案中，小舅将车辆借给持有驾照的小欢使用，对于事故的发生并无过错，无须承担责任。

相关法律

《中华人民共和国民法典》

第一千二百零九条 因租赁、借用等情形机动车所有人、管理人与使用人不是同一人时，发生交通事故造成损害，属于该机动车一方责任的，由机动车使用人承担赔偿责任；机动车所有人、管理人对损害的发生有过错的，承担相应的赔偿责任。

2. 未办理所有权转移登记的机动车发生交通事故，应由谁来承担赔偿责任？

情景再现

处于事业起步阶段的小于，没有能力买新车，朋友小张得知后，表示可以将自己的旧车低价转让给他。小于欣然同意。两人因为关系较好，就没有订立书面的买卖合同，也没有办理车辆的所有权变更登记。一日，小于开车去郊外玩，不小心将行人撞伤。那么该行人应该找谁要求赔偿呢？

法律分析

根据《民法典》第一千二百一十条的规定，当事人之间已经以买卖或者其他方式转让并交付机动车但是未办理登记，发生交通事故造成损害，属于该机动车一方责任的，由受让人承担赔偿责任。在车辆所有人和实际控制人不是同一人的情况下，车辆实际控制人驾驶车辆导致他人遭受损伤的，应当由车辆实际控制人来承担责任。因为受害人无从查证车辆实际所有人与车辆实际控制人的关系，如果车辆所有人没有过错，车辆又不在其控制之下，让其承担责任既不公平也不合理。因此，本案中，该行人的损失首先由保险公司在机动车强制保险责任限额范围内予以赔偿，如果还不够，则应当由实际使用人即小于来承担赔偿责任。

相关法律

《中华人民共和国民法典》

第一千二百一十条 当事人之间已经以买卖或者其他方式转让并交付机动车但是未办理登记，发生交通事故造成损害，属于该机动车一方责任的，由受让人承担赔偿责任。

3. 盗窃、抢劫或者抢夺的机动车发生交通事故造成损害的，应由谁承担赔偿责任？

情景再现

张金在生意场上如鱼得水，不久就赚到了人生第一桶金，如愿购买了自己心仪的品牌轿车。但是由于车库管理不当，车辆被偷走。谁知小偷在逃走过程中，由于紧张加之晚上视野不好，将路边行人撞伤后逃逸了。受害者记住了车牌号，查到车辆所有人为张金，于是将张金诉至法院请求赔偿损失。

法律分析

根据《民法典》第一千二百一十五条的规定，盗窃、抢劫或者抢夺的机动车发生交通事故造成损害的，由盗窃人、抢劫人或者抢夺人承担赔偿责任。盗窃人、抢劫人或者抢夺人与机动车使用人不是同一人，发生交通事故造成损害，属于该机动车一方责任的，由盗窃人、抢劫人或者抢夺人与机动车使用人承担连带责任。保险人在机动车强制保险责任限额范围内垫付抢救费用的，有权向交通事故责任人追偿。因此，对于受害路人的损失，在盗车人被绳之以法之前，首先由车辆投保的保险公司在机动车强制保险责任限额范围内垫付抢救费用。在盗车人身份确认以后，保险公司可以依法行使追偿的权利。车辆实际所有人张金本身也是受害者，不用承担赔偿责任。

法官提示

针对被抢劫、盗窃等车辆发生的交通事故，保险公司在垫付急救费用以后通常可以行使追偿的权利，所有的损失都应当由犯罪行为人自行承担。原因就是犯罪行为人获得车辆本身就是违法的。但是为了便于受害人及时得到救助，保险公司可以先行垫付抢救费等紧急费用，事后再依法追偿。

相关法律

《中华人民共和国民法典》

第一千二百一十五条 盗窃、抢劫或者抢夺的机动车发生交通事故造成损害的，由盗窃人、抢劫人或者抢夺人承担赔偿责任。盗窃人、抢劫人或者抢夺人与机动车使用人不是同一人，发生交通事故造成损害，属于该机动车一方责任的，由盗窃人、抢劫人或者抢夺人与机动车使用人承担连带责任。

保险人在机动车强制保险责任限额范围内垫付抢救费用的，有权向交通事故责任人追偿。

4. 机动车驾驶人发生交通事故后逃逸的，受害人该如何主张权利？

情景再现

陈星工作几年之后，终于攒钱买了车。陈星第一次开车上路很激动，没有注意行车安全，结果不慎将路边行人撞伤。陈星看到受害人躺在那里一动不动，十分害怕，就踩下油门逃离了现场。但旁观的路人记住了陈星的车牌号码，最终陈星被警方抓获。

法律分析

根据《民法典》第一千二百一十六条的规定，机动车驾驶人发生交通事故后逃逸，该机动车参加强制保险的，由保险人在机动车强制保险责任限额范围内予以赔偿；机动车不明、该机动车未参加强制保险或者抢救费用超过机动车强制保险责任限额，需要支付被侵权人人身伤亡的抢救、丧葬等费用的，由道路交通事故社会救助基金垫付。道路交通事故社会救助基金垫付后，其管理机构有权向交通事故责任人追偿。本案中，在陈星被绳之以法之前，受害路人的损失首先会由车辆投保的保险公司在机动车强制保险责任限额范围内予以赔偿；如果不能确定肇事车辆或者该车辆没有投保，那么会由道路交通事故社会救助基金垫付必要的抢救、丧葬费用，在肇事者归案后，基金管理机构可以向肇事者追偿。

法官提示

行为人在交通事故发生后，于情于理都应当积极及时救助受害者，将损失减少到最小。交通肇事逃逸会被追究刑事责任。

相关法律

《中华人民共和国民法典》

第一千二百一十六条 机动车驾驶人发生交通事故后逃逸，该机动车参加强制保险的，由保险人在机动车强制保险责任限额范围内予以赔偿；机动车不明、该机动车未参加强制保险或者抢救费用超过机动车强制保险责任限额，需要支付被侵权人人身伤亡的抢救、丧葬等费用的，由道路交通事故社会救助基金垫付。道路交通事故社会救助基金垫付后，其管理机构有权向交通事故责任人追偿。

5. 分期付款购买的车辆尚未获得车辆所有权时，造成他人损害的，赔偿责任该如何承担？

情景再现

李海大学毕业后在家乡县城做了一段时间公务员，后来下海经商。做生意需要外出洽谈业务，没有车实在很不方便，但是李海手头资金有限，只能在朋友推荐下分期付款购买了一辆车。可是因为驾驶技术不娴熟，车子买了没多久李海就将路边行人撞伤了。受害人要求赔偿，但是李海认为车辆还在分期付款阶段，自己并没有真正获得车辆的所有权，因此应当由车辆销售方承担相应责任。

法律分析

《最高人民法院关于购买人使用分期付款购买的车辆从事运输因交通事故造成他人财产损失保留车辆所有权的出卖方不应承担民事责任的批复》明确规定：采取分期付款方式购车，出卖方在购买方付清全部车款前保留车辆所有权的，购买方以自己名义与他人订立货物运输合同并使用该车运输时，因交通事故造成他人财产损失的，出卖方不承担民事责任。根据该条文的意思，以及参照《民法典》第一千二百一十条的规定，当事人之间已经以买卖或者其他方式转让并交付机动车但是未办理登记，发生交通事故造成损害，属于该机动车一方责任的，由受让人承担赔偿责任。第一千二百一十三条规定，机动车发生交通事故造成损害，属于该机动车一方责任的，先由承保机动车强制保险的保险人在强制保险责任限额范围内予以赔偿；不足部分，由承保机动车商业保险的保险人按照保险合同的约定予以赔偿；仍然不足或者没有投保机动车商业保险的，由侵权人赔偿。因此，本案中受害路人的损失，应当先由保险公司在机动车强制保险责任限额范围内予以赔偿，不足部分由李海承担赔偿责任，车辆销售方不承担赔偿责任。

法官提示

分期付款的车辆买卖只是基于分期付款买卖合同约定，所有权由卖方保留，但买方是实际使用人，因此即便是分期付款未转移所有权，仍可以参照适用《民法典》关于车辆所有人与实际使用人不一致的规定来处理赔偿事宜。

相关法律

《中华人民共和国民法典》

第一千二百一十条 当事人之间已经以买卖或者其他方式转让并交付机动车但是未办理登记，发生交通事故造成损害，属于该机动车一方责任的，由受让人承担赔偿责任。

第一千二百一十三条 机动车发生交通事故造成损害，属于该机动车一方责任的，先由承保机动车强制保险的保险人在强制保险责任限额范围内予以赔偿；不足部分，由承保机动车商业保险的保险人按照保险合同的约定予以赔偿；仍然不足或者没有投保机动车商业保险的，由侵权人赔偿。

《最高人民法院关于购买人使用分期付款购买的车辆从事运输因交通事故造成他人财产损失保留车辆所有权的出卖方不应承担民事责任的批复》

采取分期付款方式购车，出卖方在购买方付清全部车款前保留车辆所有权的，购买方以自己名义与他人订立货物运输合同并使用该车运输时，因交通事故造成他人财产损失的，出卖方不承担民事责任。

四、医疗损害责任

1. 患者在诊疗过程中受到损害，应由谁来承担赔偿责任？

情景再现

孙大爷突发疾病，身体疼得不行，女儿连忙将他送到医院诊治，医生经过诊断，认为是急性阑尾炎，于是对其进行了切除阑尾的手术。可是手术后孙大爷回到家，身体不见好转，反而越来越虚弱，于是第二次病倒。远在上海的儿子听说后，将孙大爷接到了上海的大医院诊治。结果经医生诊断，孙大爷先前所患并非阑尾炎，而是胆囊疾病，在上海经过一段时间治疗后，孙大爷恢复了健康。孙大爷的儿子非常生气，他认为老家医院的医生不负责任，不仅误诊还将健康的器官给切除了，于是要讨个说法。

法律分析

根据我国《民法典》第一千二百一十八条的规定，患者在诊疗活动中受到损害，医疗机构或者其医务人员有过错的，由医疗机构承担赔偿责任。本案中，孙大爷病发后，当地医院医生没有尽到应有的诊疗义务，将病情诊断错误，并切除了孙大爷没有任何问题的阑尾，属于诊疗医生的过错。根据上述规定，孙大爷受到的损害，应由医院来承担赔偿责任。

法官提示

医务人员在对患者诊疗时应尽到善良、谨慎的注意义务，否则，如果出现失误，不仅对患者的身体造成损害，医院还要承担赔偿责任。

相关法律

《中华人民共和国民法典》

第一千二百一十八条 患者在诊疗活动中受到损害，医疗机构或者其医务人员有过错的，由医疗机构承担赔偿责任。

2. 医务人员未向患者说明病情和医疗措施，造成患者受到损害，是否需要承担赔偿责任？

情景再现

周盼盼在一次大学体育课的体能训练过程中，突然晕厥，老师和同学及时将其送到医院救治。周盼盼的父母从老家前来照顾，几天后，医生通知说可以出院了。周盼盼回到学校上课，父母也安心地回到老家。没过多久，周盼盼与同学打网球的时候，又出现了晕厥，且比上次更严重，同学再次将她送到了医院。这次接诊的医生说，周盼盼患有心脏病，容易发生心肌梗死，不能劳累和做体力消耗较大的体育运动。虽然周盼盼前不久刚接受过治疗，但是医生没有告知周盼盼及父母病情及治疗措施，也没有给予其他任何提示，导致这次病情更加严重，难以治疗。周盼盼的父母来到上次诊疗的医院，请求其承担赔偿责任。

法律分析

根据我国《民法典》第一千二百一十九条规定，医务人员在诊疗活动中应当向患者说明病情和医疗措施。需要实施手术、特殊检查、特殊治疗的，医务人员应当及时向患者具体说明医疗风险、替代医疗方案等情况，并取得其明确同意；不能或者不宜向患者说明的，应当向患者的近亲属说明，并取得其明确同意。医务人员未尽到前款义务，造成患者损害的，医疗机构应当承担赔偿责任。

本案中，周盼盼第一次病发被老师和同学及时送医，诊疗的医生没有尽到应有的诊疗义务，在没有向患者和家属说明病情和诊疗措施的情况下，就告知周盼盼出院，导致周盼盼因未采取防范措施而加重了病情。因此，医院应当对其承担赔偿责任。

法官提示

医疗行为事关病患的健康乃至生命，病人和家属通常情况下有权知道自己的病情和将采取的医疗措施，这样既能更好地配合诊疗行为，也可以在日后对疾病采取有效的预防和相关的应对措施。

相关法律

《中华人民共和国民法典》

第一千二百一十九条 医务人员在诊疗活动中应当向患者说明病情和医疗措施。需要实施手术、特殊检查、特殊治疗的，医务人员应当及时向患者具体说明医疗风险、替代医疗方案等情况，并取得其明确同意；不能或者不宜向患者说明的，应当向患者的近亲属说明，并取得其明确同意。

医务人员未尽到前款义务，造成患者损害的，医疗机构应当承担赔偿责任。

3. 医疗机构抢救生命垂危的患者，是否必须取得患者或者近亲属的同意？

情景再现

李婶儿的两个儿子都在城里工作，老伴儿去世后，她一个人在农村生活。有一次，李婶突发疾病，晕倒在地。乡亲及时将她送到当地医院抢救。医生说李婶儿的情况要立即做手术，但是手术需要患者或近亲属签字同意才可以实施。李婶儿持续昏迷，儿子又都不在身边，帮忙的乡亲要代签，医生又不同意。乡亲问医生能不能通融一下，但是医生强调必须家属签字同意才可以。无奈之下，乡亲将李婶儿送到另外一家医院，主治医生及时向医院领导报告情况，获得了同意，便立刻实施手术保住了李婶儿的生命。但是因为错过了最佳抢救时间，李婶儿的身体一直很虚弱。后来，李婶儿的儿子认为第一家医院没有及时救治，导致母亲身体受到损伤，应当承担赔偿责任，于是找到第一家医院理论。

法律分析

根据我国《民法典》第一千二百二十条规定，因抢救生命垂危的患者等紧急情况，不能取得患者或者其近亲属意见的，经医疗机构负责人或者授权的负责人批准，可以立即实施相应的医疗措施。

本案中，李婶儿病发后，当地医院医生在无法取得李婶儿及家人的签字同意的情况下拒绝采取抢救措施，不符合及时诊治病人的医德规范，对李婶儿的损害有一定的过错，应当承担赔偿责任。

法官提示

对于生命垂危的患者，及时救治是能保住性命的唯一方法，错过了最佳救治时间，后果不堪设想。在重大紧急情况下，如果难以找到家属签字确认，患者自身又无法表达意愿的时候，医生应当及时请示医疗机构负责人，尽快采取救治措施。

相关法律

《中华人民共和国民法典》

第一千二百二十条 因抢救生命垂危的患者等紧急情况，不能取得患者或者其近亲属意见的，经医疗机构负责人或者授权的负责人批准，可以立即实施相应的医疗措施。

4. 医疗机构拒绝提供与纠纷有关的病历资料，受损害的患者该怎么办？

情景再现

周欣与李欢结婚之后，一直想要个宝宝，但是经过多番努力依然没有怀孕迹象。后来小两口去专科医院检查，医生问了一下情况就开了一些药物。用药一段时间后，周欣一直说小腹疼痛。一天，周欣实在是疼痛难忍，李欢又将她送往另一家医院治疗。经过医生诊断，周欣是因为服用了错误的药物，身体机能受损导致的小腹疼痛。经过一段时间的治疗，周欣恢复了健康。夫妻二人找到第一次诊疗的专科医院讨说法，但是对方态度强硬，并且拒绝提供任何诊疗记录，无奈之下两人只能寻求法律帮助。

法律分析

根据我国《民法典》第一千二百二十五条规定，医疗机构及其医务人员应当按照规定填写并妥善保管住院志、医嘱单、检验报告、手术及麻醉记录、病理资料、护理记录等病历资料。患者要求查阅、复制前款规定的病历资料的，医疗机构应当及时提供。本案中，周欣第一次就诊的专科医院拒不提供周欣当时的病历资料违反了法律的规定。

相关法律

《中华人民共和国民法典》

第一千二百二十五条 医疗机构及其医务人员应当按照规定填写并妥善保管住院志、医嘱单、检验报告、手术及麻醉记录、病理资料、护理记录等病历资料。

患者要求查阅、复制前款规定的病历资料的，医疗机构应当及时提供。

5. 输入不合格的血液造成患者损害的，应由谁承担赔偿责任？

情景再现

家住农村的王大爷在地里干活，被山上突然滚落下来的石块击伤，导致大量出血。附近的乡亲赶紧把他送到医院抢救，因为失血过多，医院便给王大爷输了血，又经过几日诊治，王大爷顺利出院。同一年，王大爷的女儿带他到市里的医院复查并进行例行体检的时候，发现王大爷感染了肝炎病毒。由于之前王大爷每年体检从未查出感染肝炎病毒，王大爷的女儿认为一定是那次在医院输入的血液不合格，才导致王大爷感染，于是决定起诉医院要求赔偿。

法律分析

根据我国《民法典》第一千二百二十三条规定，因药品、消毒产品、医疗器械的缺陷，或者输入不合格的血液造成患者损害的，患者可以向药品上市许可持有人、生产者、血液提供机构请求赔偿，也可以向医疗机构请求赔偿。患者向医疗机构请求赔偿的，医疗机构赔偿后，有权向负有责任的药品上市许可持有人、生产者、血液提供机构追偿。

本案中，王大爷每年身体健康检查都没有检测出感染肝炎病毒，在受伤后也未有再次输血等医疗行为的发生，故此可以判定王大爷感染肝炎病毒是由于受伤输血导致的。王大爷的女儿可以搜集相应的送医、诊疗资料等向医院主张要求赔偿。医院在赔偿后，如果有证据能证明血液问题是由生产者或者血液提供机构造成的，则可以向他们追偿。

相关法律

《中华人民共和国民法典》

第一千二百二十三条 因药品、消毒产品、医疗器械的缺陷，或者输入不合格的血液造成患者损害的，患者可以向药品上市许可持有人、生产者、血液提供机构请求赔偿，也可以向医疗机构请求赔偿。患者向医疗机构请求赔偿的，医疗机构赔偿后，有权向负有责任的药品上市许可持有人、生产者、血液提供机构追偿。

6. 医疗机构能随便泄露患者的隐私吗？

情景再现

张倩和李华经人介绍相识，互相觉得对方还不错，打算过阵子选个好日子结婚。就在这时，李华无意中看到报纸上刊登的无痛人流的广告中有张倩的照片。原来，这家医院将张倩此前在该院做的无痛人流手术作为推广病历，在报纸上大肆宣传。李华十分生气，认为自己如果和张倩结婚，会被众人耻笑，愤而与张倩分手。分手后，张倩痛苦万分，要求医院赔偿损失，但是该医院认为张倩做无痛人流手术是真实的情况，他们没有捏造事实，拒绝赔偿。无奈之下，张倩诉至法院。

法律分析

根据我国《民法典》第一千二百二十六条的规定，医疗机构及其医务人员应当对患者的隐私和个人信息保密。泄露患者的隐私和个人信息，或者未经患者同意公开其病历资料的，应当承担侵权责任。本案中，医院拒绝赔偿的理由是其没有捏造事实，这样的抗辩并不成立。根据前述法律规定，病历属于个人隐私，医院在未经张倩同意的情况下将其公开，并且给她造成了严重后果，应当承担侵权赔偿责任。

法官提示

病历属于病人的隐私，通常情况下，医院和医护人员都应当遵守保密义务，确实需要公开的，需要经过患者的同意。如果未经患者同意任意公开，造成严重后果和损害的，需要承担赔偿责任。

相关法律

《中华人民共和国民法典》

第一千二百二十六条 医疗机构及其医务人员应当对患者的隐私和个人信息保密。泄露患者的隐私和个人信息，或者未经患者同意公开其病历资料的，应当承担侵权责任。

7. 医院能否随意让患者做不必要的检查？

情景再现

张大娘在做家务时不慎摔倒，女儿及时将她送到医院救治。医生诊断张大娘是手肘骨折，需要住几天院。张大娘女儿需要上班，考虑到母亲的情况不是非常严重，就只是午餐、晚餐时间来陪伴她。几天后，医生通知张大娘可以出院了。结账的时候，张大娘的女儿觉得费用比预期高了很多，结账后仔细查看结账单才发现，医院给张大娘做了很多名目繁复的检查，而真正针对治疗骨折所产生的费用并不是很多。于是张大娘女儿找到医院讨要说法，医生告知这都是必要的项目，非做不可。

法律分析

根据我国《民法典》第一千二百二十七条的规定，医疗机构及其医务人员不得违反诊疗规范实施不必要的检查。本案中，张大娘本是意外受伤骨折，针对骨折进行治疗便可，但是医院让张大娘做了很多无关的检查，收取了高额的检查费用，这不符合医疗规范，也违反了《民法典》的规定，因此，张大娘女儿有权请求医院将无关检查的费用予以退还。

相关法律

《中华人民共和国民法典》

第一千二百二十七条 医疗机构及其医务人员不得违反诊疗规范实施不必要的检查。

五、饲养动物损害责任

1. 饲养的动物造成他人损害的，应如何承担赔偿责任？

情景再现

老刘有一只喂养了多年的狗，唤作大黄。老刘每天都会带着它在小区里面散步。有一天，大黄遇到小区张大婶，不知怎么地就冲上去将她的脚踝咬伤了。张大婶要求老刘赔偿，但是老刘认为狗咬伤张大婶并不是自己指使的，因此，拒绝赔偿。

法律分析

本案涉及动物致人损害的民事责任。根据我国《民法典》第一千二百四十五条的规定，饲养的动物造成他人损害的，动物饲养人或者管理人应当承担侵权责任；但是，能够证明损害是因被侵权人故意或者重大过失造成的，可以不承担或者减轻责任。本案中，大黄将张大婶咬伤，老刘作为大黄的饲养人，理应承担赔偿责任。

需要注意的是，我国法律对动物致人损害民事责任采取无过错责任的归责原则。也就是说，不管老刘有无过错，都应当承担大黄咬伤人的赔偿责任，除非是受害人故意造成的损害，才可以减轻或者免除相应赔偿责任。本案中，大黄是自发攻击张大婶的，不存在张大婶故意导致大黄攻击自己的情况，因此，责任应当由老刘承担。

相关法律

《中华人民共和国民法典》

第一千二百四十五条 饲养的动物造成他人损害的，动物饲养人或者管理人应当承担侵权责任；但是，能够证明损害是因被侵权人故意或者重大过失造成的，可以不承担或者减轻责任。

2. 因第三人的过错致使动物造成他人损害的，赔偿责任应由谁来承担？

情景再现

林大爷有一只养了好几年的黑猫，对它宠爱有加。每天晚饭后，林大爷都会带着猫到院子里遛弯。这只黑猫性情温顺，从未攻击过人。一日傍晚，林大爷照常带着猫在院子里遛弯，邻居老李头过来饶有兴致地逗猫，见它依然很温顺，便厉声呵斥并作出要打猫的动作。黑猫受到惊吓，突然跳起，将旁边玩耍的小朋友果儿抓伤。果儿妈妈见状，立刻将孩子送医，并打了狂犬疫苗。后来因为赔偿事宜，果儿家人和林大爷、逗猫的老李头争执未果。

法律分析

根据《民法典》第一千二百五十条的规定，因第三人的过错致使动物造成他人损害的，被侵权人可以向动物饲养人或者管理人请求赔偿，也可以向第三人请求赔偿。动物饲养人或者管理人赔偿后，有权向第三人追偿。本案中，因老李头的挑逗，林大爷的猫咪将果儿抓伤，果儿妈妈可以要求林大爷或者老李头承担赔偿责任。如果林大爷进行了赔偿，有权向逗猫的老李头追偿。

相关法律

《中华人民共和国民法典》

第一千二百五十条 因第三人的过错致使动物造成他人损害的，被侵权人可以向动物饲养人或者管理人请求赔偿，也可以向第三人请求赔偿。动物饲养人或者管理人赔偿后，有权向第三人追偿。

六、其他物体损害责任

1. 阳台花盆等物件意外坠落造成他人损害，是否需要承担赔偿责任？

情景再现

陈思思和李晓华是一对情侣。一个

周末，李晓华来到陈思思小区楼下等她一起去吃饭。在这时，三楼阳台落下一个鱼缸，正好砸在了李晓华头上，鱼缸碎片将他的胳膊划了一条很深的伤口。陈思思赶紧将李晓华送到医院进行包扎。事后两人找到三楼住户要求赔偿。但是三楼住户认为鱼缸是因为风太大被吹落的，不是他们人为推下的，所以拒绝承担责任。陈思思和李晓华不服，于是打算到法院提起诉讼。

法律分析

根据我国《民法典》第一千二百五十三条的规定，建筑物、构筑物或者其他设施及其搁置物、悬挂物发生脱落、坠落造成他人损害，所有人、管理人或者使用人不能证明自己没有过错的，应当承担侵权责任。所有人、管理人或者使用人赔偿后，有其他责任人的，有权向其他责任人追偿。本案中，三楼住户将鱼缸摆放在阳台上，没有考虑到鱼缸会有滑落的危险，属于管理上的过错，应当承担赔偿责任。

法官提示

很多人习惯在窗台上晒东西、摆放花盆等物品。有的人甚至在窗外焊铁架子上放杂物。这样做很可能造成物品坠落而导致楼下经过的人受伤，因此，尽量不要在阳台、窗台上摆放易掉落的物品。

相关法律

《中华人民共和国民法典》

第一千二百五十三条 建筑物、构筑物或者其他设施及其搁置物、悬挂物发生脱落、坠落造成他人损害，所有人、管理人或者使用人不能证明自己没有过错的，应当承担侵权责任。所有人、管理人或者使用人赔偿后，有其他责任人的，有权向其他责任人追偿。

2. 房屋设施倒塌致人损害的，由谁承担赔偿责任？

情景再现

李强去某条街上的冷饮店买喝的，由于人比较多，只能站在门外排队。旁边的楼体正在修缮，突然有户阳台垮塌，直接砸在了李强身上。施工单位立即拨打了120急救电话，将李强送到医院，李强在医院治疗了好长时间才痊愈。事后，李强找到施工单位要求赔偿。但施工单位认为是建设方委托他们来修缮房屋的，让李强找建设方。李强有点困惑了，不知道接下来该怎么办。

法律分析

根据我国《民法典》第一千二百五十二条的规定，建筑物、构筑物或者其他设施倒塌、塌陷造成他人损害的，由建设单位与施工单位承担连带责任，但是建设单位与施工单位能够证明不存在质量缺陷的除外。建设单位、施工单位赔偿后，有其他责任人的，有权向其他责任人追偿。因所有人、管理人、使用人或者第三人的原因，建筑物、构筑物或者其他设施倒塌、塌陷造成他人损害的，由所有人、管理人、使用人或者第三人承担侵权责任。本案中，施工单位和建设方对李强的损害赔偿承担连带责任，李强找施工单位寻求赔偿于法有据，施工单位不能拒绝赔偿。

相关法律

《中华人民共和国民法典》

第一千二百五十二条 建筑物、构筑物或者其他设施倒塌、塌陷造成他人损害的，由建设单位与施工单位承担连带责任，但是建设单位与施工单位能够证明不存在质量缺陷的除外。建设单位、施工单位赔偿后，有其他责任人的，有权向其他责任人追偿。

因所有人、管理人、使用人或者第三人的原因，建筑物、构筑物或者其他设施倒塌、塌陷造成他人损害的，由所有人、管理人、使用人或者第三人承担侵权责任。

3. 抛掷或坠落的物品造成他人损害，难以确定具体侵权人的，谁应当承担赔偿责任?

情景再现

张倩和李华是情侣，两人相约周末出去玩。这天，李华早早来到楼下等张倩，就在这时，楼上突然飞出一个花瓶，正好砸在了李华头上，李华晕倒在地。后张倩将李华送到医院，经过几天治疗终于出院。两人想主张权利，但是因为不能确定是哪一户抛出的物品，因此两人犯了难，最终请了律师帮忙。

法律分析

根据我国《民法典》第一千二百五十四条规定，禁止从建筑物中抛掷物品。从建筑物中抛掷物品或者从建筑物上坠落的物品造成他人损害的，由侵权人依法承担侵权责任；经调查难以确定具体侵权人的，除能够证明自己不是侵权人的外，由可能加害的建筑物使用人给予补偿。可能加害的建筑物使用人补偿后，有权向侵权人追偿。物业服务企业等建筑物管理人应当采取必要的安全保障措施防止前款规定情形的发生；未采取必要的安全保障措施的，应当依法承担未履行安全保障义务的侵权责任。发生本条第一款规定的情形的，公安等机关应当依法及时调查，查清责任人。本案中，因为无法确定是哪一户抛出的花瓶，那么根据法律规定，李华所站位置上方的住户都需要证明不是自己抛出的花瓶，否则需要承担补偿责任。

法官提示

有的人喜欢将垃圾和一些不用的物品直接从窗口抛出去，但是殊不知，这会导致很多意外的发生。随便抛出物品是不道德的行为，也会造成很多危险，应当予以杜绝。

相关法律

《中华人民共和国民法典》

第一千二百五十四条 禁止从建筑物中抛掷物品。从建筑物中抛掷物品或者从建筑物上坠落的物品造成他人损害的，由侵权人依法承担侵权责任；经调查难以确定具体侵权人的，除能够证明自己不是侵权人的外，由可能加害的建筑物使用人给予补偿。可能加害的建筑物使用人补偿后，有权向侵权人追偿。

物业服务企业等建筑物管理人应当采取必要的安全保障措施防止前款规定情形的发生；未采取必要的安全保障措施的，应当依法承担未履行安全保障义务的侵权责任。

发生本条第一款规定的情形的，公安

等机关应当依法及时调查，查清责任人。

4. 堆放物倒塌致人损害，赔偿责任该如何承担？

情景再现

一天，周立江下班后骑自行车回家，刚进入小区，发现小区路口附近有一堆杂物，他刚走到杂物堆旁，杂物堆突然垮塌，周立江从自行车上摔下来，被杂物砸伤。后周立江被家人送往医院，经过几天的治疗终于出院。周立江找到堆放杂物的住户要求承担赔偿责任，遭到拒绝。

法律分析

根据我国《民法典》第一千二百五十五条的规定，堆放物倒塌、滚落或者滑落造成他人损害，堆放人不能证明自己没有过错的，应当承担侵权责任。本案中，周立江因杂物垮塌受伤并入院治疗，按照法律规定，堆放物品的住户除非能证明自己堆放杂物不存在任何过错，否则按照法律规定，就应当承担周立江因此而遭受损害的赔偿责任。

相关法律

《中华人民共和国民法典》

第一千二百五十五条 堆放物倒塌、滚落或者滑落造成他人损害，堆放人不能证明自己没有过错的，应当承担侵权责任。

5. 公共道路上堆放、倾倒、遗撒妨碍通行的物品造成他人损害的，赔偿责任该如何承担？

情景再现

小区外路边的某餐馆正在装修，外面堆放了不少装修产生的建筑垃圾。运输装修垃圾的车辆在运输过程中，不慎将建筑垃圾撒了一地，其中还有废旧钢筋、墙钉等尖锐物品。开车回家的张欣进入这一路段发现有异样，还来不及避让，车胎就被散落的废旧钢筋和墙钉扎破，她下车查看状况的时候，不小心又被倒立的钉子扎伤脚底。

法律分析

根据我国《民法典》第一千二百五十六条的规定，在公共道路上堆放、倾倒、遗撒妨碍通行的物品造成他人损害的，由行为人承担侵权责任。公共道路管理人不能证明已经尽到清理、防护、警示等义务的，应当承担相应的责任。本案中，餐馆应当及时清除装修的废料，公路旁边行人与车辆都较多，更应当注意。建筑垃圾包含很多坚硬尖锐的物件，极易导致车辆的损坏，装卸废料的车辆如有散落，受影响的范围会随之扩大，装修方更应当注意及时清理。如果未能及时清理，造成他人人身及财产受损的，就应当承担赔偿责任。对于张欣车胎受到的破坏以及其自身被扎伤，餐馆主人都应该承担赔偿责任，并需要及时将道路清理干净。

法官提示

在施工过程中，产生的废料通常较多，体积较大的应当妥善堆放，或者尽量堆放在隐蔽无人的地方，如果造成他人损害的，有关单位和个人应当承担侵权责任。

相关法律

《中华人民共和国民法典》

第一千二百五十六条 在公共道路上堆放、倾倒、遗撒妨碍通行的物品造成他人损害的，由行为人承担侵权责任。公共道路管理人不能证明已经尽到清理、防护、警示等义务的，应当承担相应的责任。

6. 修缮地下线路未采取安全措施致人损害的，该如何承担赔偿责任？

情景再现

一天，小敏妈妈接小敏放学，在家附近的路段有一个井盖被掀起，两人都没有注意到，小敏不慎跌入，妈妈为了救小敏也不慎跌入。路过的行人见状，及时报警，并协助将两人送往医院救治。后来得知，井盖被掀起是因为电信公司修缮地下线路设施，但是未放置任何警示标志。小敏爸爸找到电信公司主张权利遭到拒绝，无奈之下请求相关部门协助解决赔偿事宜。

法律分析

根据我国《民法典》第一千二百五十八条的规定，在公共场所或者道路上挖掘、修缮安装地下设施等造成他人损害，施工人不能证明已经设置明显标志和采取安全措施的，应当承担侵权责任。窨井等地下设施造成他人损害，管理人不能证明尽到管理职责的，应当承担侵权责任。本案中，电信公司修缮公路边的地下线路，应当竖立警示标志，或在周围拉警戒线，以防行人不注意跌入导致损伤。针对此种情况，法律规定了举证责任倒置的原则，也就是需要施工方证明自己已经尽到管理职责，否则，在既未设置任何警示标志或采取拉警戒线，也未安排专人疏导的情况下，对于小敏和小敏妈妈因跌入井下受伤造成的损失，施工方或有关负责单位应当承担损害赔偿责任。

法官提示

在公共场所施工过程中，必须设立警示标志，如果未能尽到管理义务，造成他人损害的，有关单位和个人应当承担侵权责任。

相关法律

《中华人民共和国民法典》

第一千二百五十八条 在公共场所或者道路上挖掘、修缮安装地下设施等造成他人损害，施工人不能证明已经设置明显标志和采取安全措施的，应当承担侵权责任。

窨井等地下设施造成他人损害，管理人不能证明尽到管理职责的，应当承担侵权责任。

后 记

真心实作
清如秋水

——杨虹

真心实作，清如秋水——作为一名曾经的一线法官，引用老师的话，“对这份工作已注入了深深的感情，有当事人握手言和的喜悦，也有苦口婆心后当事人甩手离去的失望；有当事人发自内心称赞、感激的自豪，也有不被别人理解甚至恶语相向时的悲凉。娑婆世界，有情众生，理解、帮助了别人，成就了自己的慈悲、冷静和豁达”。

谨以此书献给我的老师——杨虹，一名从事审判工作近三十年的民商事法官。

严 威

图书在版编目(CIP)数据

不可不懂法：公民必备法律常识 / 严威著. —2版
—北京：中国法制出版社, 2023.2（2025.11重印）
ISBN 978-7-5216-3192-0

Ⅰ.①不… Ⅱ.①严… Ⅲ.①法律－基本知识－中国
Ⅳ.①D920.4

中国版本图书馆CIP数据核字（2022）第225191号

责任编辑：王佩琳 封面设计：李 宁

不可不懂法：公民必备法律常识
BUKE BUDONGFA: GONGMIN BIBEI FALÜ CHANGSHI

著者 / 严 威
经销 / 新华书店
印刷 / 北京虎彩文化传播有限公司
开本 / 710毫米×1000毫米 16开 印张 / 16.5 字数 / 361千
版次 / 2023年2月第2版 2025年11月第7次印刷

中国法制出版社出版
书号ISBN 978-7-5216-3192-0 定价：49.80元

北京市西城区西便门西里甲16号西便门办公区
邮政编码：100053 传真：010-63141600
网址：http://www.zgfzs.com 编辑部电话：010-63141836
市场营销部电话：010-63141612 总编室电话：010-63141606
（如有印装质量问题，请与本社总编室联系。）